U0033690

西藏踏查（一）

歐陽無畏藏尼遊記

From Tibet to Nepal: The Records of Chhos-hPhel-hJigs-Med

歐陽無畏　原著

韓敬山　審訂

民國日記｜總序

呂芳上
民國歷史文化學社社長

　　人是歷史的主體，人性是歷史的內涵。「人事有代謝，往來成古今」（孟浩然），瞭解活生生的「人」，才較能掌握歷史的真相；愈是貼近「人性」的思考，才愈能體會歷史的本質。近代歷史的特色之一是資料閎富而駁雜，由當事人主導、製作而形成的資料，以自傳、回憶錄、口述訪問、函札及日記最為重要，其中日記的完成最即時，描述較能顯現內在的幽微，最受史家重視。

　　日記本是個人記述每天所見聞、所感思、所作為有選擇的紀錄，雖不必能反映史事整體或各個部分的所有細節，但可以掌握史實發展的一定脈絡。尤其個人日記一方面透露個人單獨親歷之事，補足歷史原貌的闕漏；一方面個人隨時勢變化呈現出不同的心路歷程，對同一史事發為不同的看法和感受，往往會豐富了歷史內容。

　　中國從宋代以後，開始有更多的讀書人有寫日記的習慣，到近代更是蔚然成風，於是利用日記史料作歷

史研究成了近代史學的一大特色。本來不同的史料，各有不同的性質，日記記述形式不一，有的像流水帳，有的生動引人。日記的共同主要特質是自我（self）與私密（privacy），史家是史事的「局外人」，不只注意史實的追尋，更有興趣瞭解歷史如何被體驗和講述，這時對「局內人」所思、所行的掌握和體會，日記便成了十分關鍵的材料。傾聽歷史的聲音，重要的是能聽到「原音」，而非「變音」，日記應屬原音，故價值高。1970年代，在後現代理論影響下，檢驗史料的潛在偏見，成為時尚。論者以為即使親筆日記、函札，亦不必全屬真實。實者，日記記錄可能有偏差，一來自時代政治與社會的制約和氛圍，有清一代文網太密，使讀書人有口難言，或心中自我約束太過。顏李學派李塨死前日記每月後書寫「小心翼翼，俱以終始」八字，心所謂為危，這樣的日記記錄，難暢所欲言，可以想見。二來自人性的弱點，除了「記主」可能自我「美化拔高」之外，主觀、偏私、急功好利、現實等，有意無心的記述或失實、或迴避，例如「胡適日記」於關鍵時刻，不無避實就虛，語焉不詳之處；「閻錫山日記」滿口禮義道德，使用價值略幾近於零，難免令人失望。三來自旁人過度用心的整理、剪裁、甚至「消音」，如「陳誠日記」、「胡宗南日記」，均不免有斧鑿痕跡，不論立意多麼良善，都會是史學研究上難以彌補的損失。史料之於歷史研究，一如「盡信書不如無書」的話語，對證、勘比是個基本功。或謂使用材料多方查證，有如老吏斷獄、法官斷案，取證求其多，追根究柢求其細，庶幾還原

案貌，以證據下法理註腳，盡力讓歷史真相水落可石出。是故不同史料對同一史事，記述會有異同，同者互證，異者互勘，於是能逼近史實。而勘比、互證之中，以日記比證日記，或以他人日記，證人物所思所行，亦不失為一良法。

從日記的內容、特質看，研究日記的學者鄒振環，曾將日記概分為記事備忘、工作、學術考據、宗教人生、游歷探險、使行、志感抒情、文藝、戰難、科學、家庭婦女、學生、囚亡、外人在華日記等十四種。事實上，多半的日記是複合型的，柳貽徵說：「國史有日歷，私家有日記，一也。日歷詳一國之事，舉其大而略其細；日記則洪纖必包，無定格，而一身、一家、一地、一國之真史具焉，讀之視日歷有味，且有補於史學。」近代人物如胡適、吳宓、顧頡剛的大部頭日記，大約可被歸為「學人日記」，余英時翻讀《顧頡剛日記》後說，藉日記以窺測顧的內心世界，發現其事業心竟在求知慾上，1930 年代後，顧更接近的是流轉於學、政、商三界的「社會活動家」，在謹厚恂恂君子後邊，還擁有激盪以至浪漫的情感世界。於是活生生多面向的人，因此呈現出來，日記的作用可見。

晚清民國，相對於昔時，是日記留存、出版較多的時期，這可能與識字率提升、媒體、出版事業發達相關。過去日記的面世，撰著人多半是時代舞台上的要角，他們的言行、舉動，動見觀瞻，當然不容小覷。但，相對的芸芸眾生，識字或不識字的「小人物」們，在正史中往往是無名英雄，甚至於是「失蹤者」，他們

如何參與近代國家的構建，如何共同締造新社會，不應該被埋沒、被忽略。近代中國中西交會、內外戰事頻仍，傳統走向現代，社會矛盾叢生，如何豐富歷史內涵，需要傾聽社會各階層的「原聲」來補足，更寬闊的歷史視野，需要眾人的紀錄來拓展。開放檔案，公布公家、私人資料，這是近代史學界的迫切期待，也是「民國歷史文化學社」大力倡議出版日記叢書的緣由。

編輯說明

　　歐陽無畏（1913-1991）原名歐陽鷙，字無畏，又名歐陽覺猛、孟覺月，法名有多種漢譯，較常見的有君庇亟美、群沛晉美、群丕寂默等。歐陽無畏 1913 年生於浙江杭州，後隨父親遷往瀋陽。1933 年 5 月畢業於馮庸大學，後擔任青海省立師範學校教員。1934 年 6 月參與黎丹率領的西藏巡禮團入藏，抵拉薩不久後即進入哲蚌寺郭莽學院（又名果芒扎倉、果莽札倉）出家為僧。於 1941 年 1 月獲格西然堅巴學位，但因費用接濟無著，於是輟學東歸。1941 年 9 月起在中央政治學校任訓導兼藏文教師，1945 年抗戰勝利後兼任國防部邊務研究所藏文教官。1948 年 4 月受國防部第二廳委派，以駐藏組長身分入藏。1951 年 4 月離藏到印度，最終輾轉抵達臺灣。抵臺後曾擔任國立政治大學及國立臺灣師範大學兼任教授，1961 年應聘至國史館任纂修，1979 年退休。1991 年 10 月 10 日病逝於臺北，享年 78 歲。

　　本書收錄歐陽無畏於 1937-1938 年間，由西藏拉薩前往尼泊爾加德滿都之調查報告與日記。原書分三部分，第一部分為藏尼紀程，即調查報告；第二部分為藏尼日記，即行程間每日記事；第三部分為藏尼絕句，即歐陽無畏此行途中見聞感懷所賦。本書編排依照原文順序，但各部分間關係不強，可獨立分開閱讀。建議可以先閱讀第二部分日記，再回頭翻閱第一部分調查報告，

於各項事理緣由或許能較清楚明白。

　　本書中古字、罕用字、簡字、通同字，在不影響文意下，皆改以現行字標示。作者於書寫時，人名、地名之翻譯名多與今日不同，落筆敘事更可能有魯魚亥豕之失，為存其真，均予以保留。

　　本書使用西藏文拼音與現行拼音方式略有不同，為尊重原文，恕不更動。另涉及西藏人名地名，翻譯上不統一或引述內容有誤差處，審訂者已盡力以註解修正，未盡之處，尚祈方家指正。

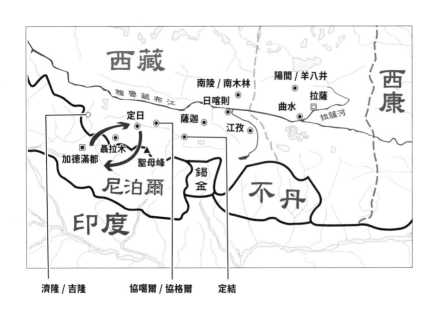

目錄

序言（1952 年油印本序言）

因為閱讀西文關於中國邊疆問題的書，我常常羨慕歐洲若干國家的青年，能拋棄一切近代物質文明的享受，孤單的來到異國的窮邊，無論是沙漠、荒山、叢林、深谷，一住就住幾年，乃至終身，以從事於這些地方各種問題的研究。他們一方面滿足自己知識的慾望，一方面也幫助了他們的政府和國家。我於是不免太息，太息我國的青年，為什麼專愛肩摩踵接的擠在都市裡，擠到無地謀生，甚至於無地容身，而無勇氣到本國的邊疆上去開拓新的知識寶藏，或是創造一番事業。這種冒險精神的缺乏，實在是生力不夠的象徵。

不料在「七七事變」前三年，我居然聽到有一位我心目中所希望的青年，前往西藏拉薩研究藏文，做了喇嘛。他有研究的精神，所以他不是迷信的教徒；他是高度愛國的青年，所以他是不平凡的喇嘛。他是自動去的，並無任何機關或個人的幫助，所以他很窮。當時我擔任中央大學校長，知道了這樣一位可以稱讚的有志青年，於是從大學的研究費項下，每年籌一點錢接濟他，可是為數不多；那時候我也並未見過他一面。

他在這幾年之內，寄給我許多可寶貴的西藏以及印度、尼泊爾邊境一帶的材料。他寄給我第一本書是西藏黃教創始者「宗喀巴傳」，我介紹他到商務印書館出版，可是始終不曾見到印出來。[1]這部印度、尼泊爾旅

1　據歐陽無畏門生陳又新說法，宗喀巴傳為其課暇所譯出的漢文

行的日記，是一本他親自翻過大山深谷由藏入尼的可靠
紀錄，其中充滿了我們平常不能知道的材料。因為他能
測繪地圖，[2] 所以他對於所歷行程及沿途形勝，記得格
外準確。這可以作邊疆地理讀，也可以當探險日記讀。

　　這本書和一本「大旺調查記」的稿本，我從南京帶
到印度，前年又從印度帶到臺北，都是放在隨身飛機行
李裡運來運去，也可以說是對的住這兩本書和他們的著
者歐陽無畏先生了。我在臺北送給田炯錦[3] 先生看，他
頗讚賞，並且由他籌款代印，我很佩服他這種認識和熱
忱，這才是主管邊政的首長的態度，我於是為這兩本書
和他們的著者祝賀。我不但希望著者能維持他工作的勇
氣，並且望青年們聞風興起，繼起有人。

　　　　　　羅家倫　中華民國四十一年雙十節，臺北

本。陳又新，〈歐陽無畏與西藏〉，藍美華主編，《漢人在邊疆》
（臺北：政大出版社，2014），頁 265。該書稿未見出版，實因
蘆溝橋事變爆發，稿件隨商務印書館毀於八一三淞滬會戰砲火。
歐陽無畏而後因生活顛沛未能重譯，引為終身憾事。〈歐陽無畏
老師事略〉，張駿逸主編，《歐陽無畏教授逝世八週年紀念論文
集》（臺北：蒙藏委員會，2000），無頁碼。

2　事實上，歐陽無畏具備繪製等高線地圖的能力。中央研究院傅斯
年圖書館所藏歐陽無畏書寫藏尼遊記期間繪製的九幅等高線藍印
本地圖（索書號：M 909.2266 7663），分別標註第一分圖至第九
分圖，每幅地圖的左下角，都有歐陽無畏親筆簽名及加蓋歐陽鷙
的紅色小方章。該組地圖目前僅提供現場閱覽。另有一較簡地圖
版本，收錄於手稿本中（索書號：929.66 7663）。兩相比對，雖
大同，但異也不少。

3　1952 年時任蒙藏委員會委員長。

序（歐陽無畏手稿原序）

　　嗚呼！昌慶宮中，櫻花之貌何盛；[1] 箕子墓傍，禾黍之歌久湮。[2] 白山黑水，遍插紅丸之醜幟；碧血幽光，常留青史以永垂。燕雲拱手，淮洛苦鏖，前門拒虎，誰信後不進狼也哉！嗚呼！定薩噶爾宮中，薔薇刺銳；饒克嫂兒界傍，征西碑斜。雪山冰水，已見十字之旗；牛血燈光，皆祠外道之祆。拉達拱手，布丹跡陳，[3]豈真欲衛藏鏖戰而康滇受宰也耶？今日之尼泊爾，三十年前之朝鮮也！摩訶羅吒之昏而專如大院君，[4] 德里之橫且暴勝東京，南京距加德滿都尤遠於北京之距漢城。嗚呼！危矣！毋使喜馬拉雅為圖們、鴨綠，毋使江孜、亞東為旅順、大連，毋使衛曲之阿姐拉摩為萬泉之樂子哀聲，毋使拉薩大招之覺人不淺[5]為瀋陽皇寺之摩訶伽羅也！嗟！嗟！囊布拉之雪，通拉之風，黑首牛湖之水，藏布江之冰，其永永百世激勵國人保衛此一方土而為之警鐘，毋刺激外人侵略此一方土而為之目標！至於尼國及諸大寺院之史傳屬於縱的敘述則闕，以待後之賢

1　昌慶宮位於首爾，是朝鮮王朝的別宮，由29棟建築組成。日本佔領朝鮮後，該宮被改造成動物園與植物園，大量種植了諸多品種的日本櫻花。

2　箕子陵位於平壤，是高麗國為紀念箕子而建的陵墓。禾黍之歌典出詩經，為悲憫故國破敗之嘆。

3　指位於西藏、印度交界的拉達克地區與不丹王國為英國勢力侵佔。

4　摩訶羅吒或摩訶羅宰（Maharaja），是尼泊爾總理與實際上之統治者。大院君指興宣大院君（1821-1898），為朝鮮王朝高宗之生父及攝政王。

5　即覺仁布欽，釋迦牟尼佛。

者。遼中歐陽鷟於艱難困苦，風雨飄搖，秉筆疾書之時，正徐州淪陷之夕。

中華民國二十七年五月二十二日　拉薩珠園[6]

6　即達賴的夏宮羅布林卡，亦稱寶苑或諾魯布鄰加。

藏尼紀程

一、衛藏北道

拉薩西郊

　　拉薩、日喀則之間，大道有三，南北皆異其意
義。[1]居民生活風俗之差變僅足以覘其表，而國防關係
則北道陽間（Yang-Chen or Yang-Pa-Chen）[2]所隱晦未
顯之價值，常為旅藏識者所忽視。

　　哲蚌寺[3]在拉薩西郊一坡面山坳口，東西伸開約二
里，達爾拔（Dar-Bag）[4]為供給該寺七千餘僧侶大量牛
肉之莊村，大道即在莊前經過。道旁之小小屠宰場正
位置於坳口中心點，仰望雪國第一大寺，俯瞰珍珠江
（Mu-Tig-Tsang-Po）[5]景，夏秋綠疇黃畦，平橫於南，
寓神權籠統下農村社會之景色與詩意，常為拉薩人士遠
行送別之終點。

　　過此大道即傍山麓而行，完全為崖石坂坡徑道，以

1　「衛」即前藏，約指拉薩一帶；「藏」即後藏，約指日喀則一帶。
2　即羊八井，位於拉薩西北約 90 公里處。
3　即哲蚌寺，位於拉薩西郊更丕烏孜山下，為藏傳佛教格魯派規模
　　最大的寺院，與甘丹寺、色拉寺合稱拉薩三大寺。哲蚌意為「聚
　　米」，象徵繁華富庶，藏文全名為「吉祥積米十方尊勝洲」。
4　今當巴，位於拉薩西北。哲蚌寺修建前，這裡只是一個十幾戶人
　　家的小山村。相傳宗喀巴（1357-1419）路經此地時口渴難耐，
　　就到一戶人家給水，女主人給了他一碗奶渣湯，並抱歉地說由於
　　水源太遠，家裡恰逢無水，宗喀巴說「達爾拔」，意即「有道理」，
　　為地名來歷。
5　今流沙河，為拉薩河支流。

久年人工為藏、印交通努力之結果，使旅行者無危峻崎
嶇之苦，凡歷藏者類能言之。一小時後，越一約有二十
公尺高之隘口，石級蹭蹬，僅容單騎，蓋即歷史上著名
準噶爾戰役中重要戰壘，名曰童尬爾（Dun-Kar）[6] 者
也。居民數十家，有賣酒者，來往騾伕經此必買醉而後
行。道北有賈康（Gya-Kang）一所，賈藏言「漢」，
康藏言「房屋」，蓋前清時官吏送迎辦差接待之所，今
則驢屎馬溺，門庭改味，不堪回首矣。昔全盛時，賈康
遍於全藏，欽差出巡，差官公遣，駐屯制營，其他經邊
之事，在在恃賈康為台站。[7] 壬子變後，鵲巢鳩佔，藏
政府坐享其成，屋在人非，吾人睹此，當生何感？幸藏
人猶明其所出自於漢，仍名曰賈康而不改，尚有飲水思
源之情，否則如東鄰「友邦」動輒更改教科書，則吾人
今日蒞臨欲憑弔而無由！雖然，吾人其復來有日乎？無
由乎？噫嘻！

　　百餘武至蔣則（Ggang-Tse），[8] 為獨戶小莊，位堆
隆河（Tue-Lung）[9] 沖積平面之東邊緣，北上陽間，南
下曲水（Chhu-Shul），即在此莊前後分道。北道緊傍
山麓，經噶東寺（Ga-Dong）[10] 坳口，沿途數小莊村，
依次為朗卓（Lang-Dro）、桑濮（Sang-Phu）、烏祖頂
寺（U-Tsug-Ding-Gonba）、陽垛（Yamdo），漸行漸傍

6　今東嘎，位於拉薩西郊。

7　指清代在邊疆地區設立軍事上防守與調度的機構，亦稱軍台。

8　今卡再，位於拉薩火車站西南。

9　今堆龍曲，為拉薩河支流。

10　修建於 13 世紀，是拉薩寺院六大閉關修行聖地之一。宗喀巴曾
　　在此閉關修行，山洞至今留存。

堆隆河而進堆隆峪。

堆隆峪方向西北，回視堆隆河流注平原，溝洫縱橫，頗見灌溉功德，東南穿過赤桑橋（Tri-Jam），流入衛河。[11] 一條藏印大道，自蔣則經嘉日測（Gyaritse）過橋，漸南折接連崗（Gang）與三數小莊，蜿蜒伸出。行者在蔣則猶能隱約斜見業塘（Nye-Tang）[12] 之炊煙，宛然藏印大道之信堠，一入峪中則不復見業塘之餘影，瞥於馬後者惟縱橫各十餘里之油綠平面而已。一九三六年前期六個月中衛河流域未見滴雨，惟此峪中無旱魃之恐怖，民居欣欣然有所期慰矣。

爵爾摩隆（Kyar-Mo-Lung）[13] 為一古寺，創黃帽派之宗喀巴羅桑札巴（rGe-Tsong-Kha-Pa-Blo-bZang-Grago-Pa）幼年曾居此參學甚久，[14] 寺隔堆隆河與道旁之囊卓（Nang-Dro）[15] 相望。未幾過通塘（Tuug-Tang），地勢漸高，附近田產胥屬哲繃寺（Bra-Pung）之羅塞林院（Lo-Gar-ling）。[16] 一小時後為匝日（Tsag-Ri），

11　即拉薩河。

12　藏語意為「極樂之地」，位於拉薩與曲水間（今聶當，屬拉薩市曲水縣）。

13　今覺木隆寺，始建於1169年。該寺有著名的四大名柱：白茅根柱、大乘柱、鞭麻柱、禪定柱，宗喀巴曾背對此柱坐禪，後來這四根柱子被獻給布達拉宮。寺內許多舊壁畫保存尚好，宗喀巴曾在拉薩果吉挖出一座內裝牙齒的佛塔，至今仍供奉在大殿二樓的無量壽佛殿。

14　即宗喀巴，藏傳佛教格魯派的創立者，羅桑札巴是其受沙彌戒時的法號。宗喀巴是青海湟中人，藏語稱湟中為宗喀，故被稱為宗喀巴。宗喀巴幼年在青海西寧的夏瓊寺學經，7歲時受沙彌戒，一直到16歲才前往西藏，因此歐陽無畏稱其幼年居此寺應是不準確的。

15　今拉秋，位於堆龍曲南岸。

16　今哲蚌寺洛色林札倉。它是哲蚌寺迄今為止最大的札倉，經堂有

羿窮護法大神（Ne-Chung-Chos-Kyong-Chen-Po）[17] 之
香火田也。北行約二小時為囊則（Nang-Tse），屬拉
薩木龍寺（Mu-Ru-Ning-Pa）。[18] 莊中有古寺名囊則頂
（Nang-Tse-Ding），[19] 羅桑札巴得道後，雪山度世，於
此集清淨比丘萬名，廣說毘尼，奠定黃帽派律學之基
礎，蓋一可紀念之聖跡也。

　　西北行五六里後，左折正西行，又五六里，堆隆河
自正北流至此成折屈，改東向，灣中正九十度幾何直
角，而楚布河（Tsu-Bu-Chu）自西南山峪中沖出，會合
於堆隆河之垂點。其北有隆巴橋（Lung-Pa-Zam-Pa）東
西橫跨，如過橋可至楚布寺（Tsu-Bu-Gon-Pa），[20] 為佛
教尬舉派（bKa-rGyud-Pa）[21] 末流尬爾瑪派（Kar-Ma-
Pa）[22] 之開宗大廟，今則俯首帖耳屈服於黃帽勢力下。
由此寺北行經尬爾噶（Kar-Ga）、寧摩（Ning-Mo）等
處，亦有赴德慶（De-Chen）、陽間之道。如不經楚布

---

102 根柱子，面積 1,053 平方公尺，高側天窗，兩邊經架壁立，
總長約 60 公尺，供滿各種佛像，裝滿各種佛教經典，此札倉僧
侶人數亦居全寺最多。

17　即乃瓊護法，西藏的傳統巫師，能以預言傳達神明意旨，為達賴
喇嘛的最主要護法神。

18　今木如寺。拉薩有新、舊兩座木如寺，此為新木如寺或新木鹿寺，
位於大昭寺北、小昭寺東。

19　即囊孜傑康，又名囊則敬寺、則則敦寺與囊孜頂寺。

20　又名祖普寺，位於拉薩西方約 70 公里處，由藏傳佛教噶瑪噶舉
派創派祖師都松欽巴（又名杜松慶巴）於 1187 年創建。該寺是
噶瑪噶舉派黑帽系的祖寺，一部分建築為南宋時期所建，僧眾最
多時達萬餘人，寺院至今依然舉辦一年一度的立塔欽（立經幡
柱）宗教儀軌，吸引數萬信眾前來朝拜。

21　即噶舉派，藏傳佛教主要的宗派之一，「噶舉」意為佛語傳承。

22　即噶瑪噶舉派，是藏傳佛教噶舉派中影響最大的派別，藏傳佛教
之轉世制度由此派首創，其中以黑帽系與紅帽系最為著名。

寺，則溯堆隆東岸北上，至寧則塞（Nin-Tse-Se），為
一獨戶小莊，隔河與蘭巴小寺（Lam-Pa-Gon-Pa）[23] 對
望。又北一莊名蒙噶（Mong-Ga），[24] 屬布達拉寺或名
南接札倉（Nam-Gyal-Dra-Tsong）。[25] 又北一莊名桑察
卜（Sang-Tsal），屬永安寺（Kun-De-Ling）。[26] 莊之
北，綁曲（Bam-Chu）之水自正東溝峪中流入，涉之，
仰首見堆隆河之兩源。一自正北峪頭，或曰大隆（Ta-
Lung？）山頂流下者，名曰堆隆鋪河（Tue-Lung-Pu-
Chu），一自西流出者，名曰岸尬爾河（Ngam-Kar-
Chu）。德慶即位於此兩河交點之銳角淺坡上。交點梢
下數武有橋，踰橋即至德慶，傍河西岸之路通楚布寺。

　　堆隆峪之地勢，完全受衝邁山（Tsan-Me-Ri）及茫
山（Mang-Ri）所束峙。茫山東下，即噶東寺後之山，
更東為哲繃寺後之烏則峰（U-Tse），及色拉寺（Se-Ra-
Gon-Pa）東之各拉山（Go-La）。北上則隔綁曲河，
連大隆與謙波寧德山（Cham-Po-Ning-De）對峙成大隆
峪。進此峪東行，則至各拉北麓之朋多（Pung-Do），[27]
為青藏大道必經之路。謙波寧德之麓，有輝煌之寺院

23　今朗巴寺，又名蘭贊卓寺，藏語「蘭巴」意為引導。11世紀建寺，
　　寺院有充滿濃郁尼泊爾畫風的壁畫以及尼泊爾風格的釋迦年尼佛像。

24　今蒙噶普，位於拉薩西北約 40 公里處。

25　今南傑札倉或朗傑札倉，藏傳佛教非常重視僧侶對宗教經典的學
　　習，故稍有規模的寺院都闢有名為札倉的專門學院。

26　即功德林寺，位於拉薩磨盤山之南麓，為藏傳佛教格魯派寺院。
　　拉薩四大林之一，又名丹雪曲科林，林是指活佛的私人公館。寺
　　名「衛藏永安」為清乾隆皇帝所賜，並頒區額。功德林前部建有
　　碑亭，碑文以藏漢兩種文字書寫，內容主要是廓爾喀之役的經
　　過。其餘區額甚多，均為清代皇帝和駐藏大臣及其屬下賜贈。

27　今邦多，位於拉薩西北約 50 公里處。

二座，與德慶一箭相望，為黃帽派密乘學院喇嘛舉巴
（La-Ma-Gyud-Pa）[28] 之分寺，德慶附近之農莊，幾盡
為該兩寺之廟產。茫山有一處見一整塊石層，紅白相
間，整齊勻淨，高百餘公尺，長達半里之遙，傾斜紋皆
與地面作直角，如山靈之披條子布圍裙。又有另外三
處，紅土與青土橫層相間之山坡，紋路都作弦線（Sine
Curve），居然成為河岸之天然彩色圖案。雪漠乾枯，
氣色單調，得此一二景色點綴寂寞，亦足以鼓勵遊興。
偶一念及整長百三十餘里之堆隆峪中民眾，完全受寺院
淫威之支配，則又不禁怵惕神傷。西藏人民都受地方政
治黑暗之壓迫，與寺院權勢榨取之兩重桎梏，水火夾
攻，賦斂暴催，差徭繁重，非澈底推翻其現有的統治勢
力，殊不足以語解放。

岸尬爾峪

延日頓嘉（Yam-Ri-Don-Gya）與謙波寧德東西夾
峙處，是為岸尬爾峪（Ngam-Kar）之起點，淌水東流，
束成峽谷，險窄尤甚於堆隆。德慶（De-Chen）適在峪
口，為一擁有三百餘戶居民之小鄉鎮，設有宗治。[29] 藏

---

28 指上、下密院堪布。藏傳佛教格魯派在拉薩三大寺中的哲蚌寺、
色拉寺各有密宗札倉，又稱密乘學院，其僧人稱「喇嘛舉巴」，
亦即是德高望重、學識淵博者，而不是普通的僧侶。上、下密院
是三大寺共同的密宗專修機構，下密院藏語稱為「舉參札倉」，
創建於18世紀初期，此後從下密院中分出上密院，藏語稱為「居
堆札倉」，兩院之間並無從屬關係。上密院與下密院是藏傳佛教
格魯派的最高學府，修行過程艱苦，要求極其嚴格，每天要上四
堂殿，第一堂殿從凌晨2時開始，無論寒暑均需赤足坐在用鵝卵
石鋪就的固定位置修習，深得信眾的敬仰，享有很高的社會地位。

29 宗相當於縣，宗治猶言縣治。

中有兩德慶，一在拉薩之東四十里，為東德慶，此乃西德慶也。其西約五六里，於岸尬爾河之南岸，有岸尬爾莊，[30] 為一大農村，峪與河之得名以此。

傍水之北岸行，未幾即右折成西北北行，約十餘里，山勢愈陡，隘愈窄，忽一崖嘴，壁立百仞，橫攔入河，河亦於此起折，折點人馬皆不得前，惟破爛之岸尬爾橋（Ngam-Kar-Zamba）橫亙馬蹄。即過橋正北向行，傍河之左岸上溯，沿途殘垣斷壘，絡繹眼底，或矗立若圓錐，或倒欹若將臺。更前則見二碉堡殘跡，皆位置於道左，東西對峙，高都五六丈，底積約五六方丈，其周石砌短牆，圍匝三重，碉上砲眼甚密！噫！嘻！此非盛清時代防禦準噶爾南侵之戰爭遺跡耶？

峪中農田，自岸尬爾橋以下，南岸多於北岸。因北山多積雪，山洪禍烈，坡度特陡，麓岸崩破，大石亂橫，毫無緩坡地帶可供耕種。南岸則層陂委蛇，引渠灌溉，農利稱便，十餘里中麥浪連催，可稱膏腴之谷。過橋後情形適反，東岸則山麓坡度緩展甚大，積雪融下，蓄水便利，故頗收灌溉之效。西岸則溝水潦亂，沖刷力大，路途破壞，步履艱難，曷云農事。

十餘里至諾借玧桑（Nar-Che-Kha-Zang），為一放牧之小村落。斜對岸有一水自東北山溝注入，流量頗不細，惜不知其名。自此北行，無論左右岸均不見農田，而道途復愈艱愈險。涉雅戎鋪水（Ya-Rum-Pu-Chu），作西北行，峪水每每與路面齊平。未幾又涉不

---

30 今昂噶，位於德慶與羊八井間。

連水（Bu-Len），約行七八里，隔河山勢陡盡，一崖倒傾入河，其面垂直，約二十仞，形勢雄偉，如龍首之昂昂，如蝎尾之曳曳，影響河身。河床突然隆起，逼河水淹登岸上，道路都沒，不得不藉人力填大石於岸傍築隄捍阻，或鑿高崖另闢嶺路以趨避之。蓋此處全部峪勢由崖石束緊，河身狹小，跨水僅盈丈，峽壁之形狀，極盡戈、矛、屏、幛、筆架、削筍、簇箸之緻，筆墨雖靈，實不能描寫其險狀於萬一，惟皋蘭東至靖原之一百二十里長之桑園子峽中之大小照壁、豬窩等黃河險地與此差相髣髴，因名之為閻王碥，以誌紀念。不久，河東一水注入，名曰琢髻瑪覺（Dzo-Ra-Ma-Cho-Chu），自是兩山漸平衍，河岸漸寬展，草灘豐茂，牛羊嬉舐，倦馬怡怡，蹄聲得得，風涼冽而揚鬚，水澄寒而映心，小草鬖鬖，大黃遍野，紅英紫瓣，花團錦簇，身自畫圖中移動，樂何可言。此處距拉薩才兩日程，而地勢增高不知幾許，全無農利，天低氣寒，蓋完全畜牧世界矣。

羊八井

未幾河水左折西上，兩山左右分衍，左名拉隆（Lha-Lung），右名囊董（Nang-Dong），蒙茸雪山襟帶其北，中間大片平野，眼界開擴者，即統稱為陽間（Yang-Chan），或曰羊八井之地也。河水為岸尬爾河之上原，此處名為濟雄水（Kyi-Shun-Chu）。折而西溯，折點左近架石橫木填土為橋，橋名散巴薩（Zam-Pa-Sar），義即新橋也。過橋抵大草灘中心，黑

帳[31]數十，聚居成村，村名陽間散薩（Yang-Chan-Zam-Sar），蓋一畜牧社會之村落也。灘中北望年青唐拉雪山（Nyan-Chen-Tang-Lha），[32]紫氣霞光，千里不絕。最近之山口，名曰古爾仁山（Gur-Rin-La），山頂融雪下注為古爾仁水（Gur-Rin-Chu），南流注入濟雄水。此山口為藏北要隘，因其西北通拉達克，東北傍繞天湖（Tengri-Nor or Nam-Tse），[33]至黑河（Kara-Usn or Nag-Chu）、[34]桑雄（Zang-Shun）[35]等處。

古爾仁山與囊董二山間之平野峪地名曰達木（Dam），進峪東行，可至桑雄接通黑河官驛大路。此次班禪由玉樹運抵黑河之駱駝、騾馬、氂牛、輜重，即從此道接運，經羊八井以赴札什倫布，而由後藏前往迎請班禪之佛轎及糧糈七千餘牛馱，亦經此道前赴黑河。峪地愈東愈窄，以至於南北兩山合攏後，中間平野消失，一水名曰拉水（Lha-Chu），自合攏處發源，從東淌來，量亦匪細，於散巴薩橋之東堍與濟雄相合，南

---

31 黑帳篷是藏族牧區的傳統民居建築，用氂牛毛製成，形狀為長方形或橢圓形，帳頂有縫隙可以通風，有的帳篷四周還有乾牛糞壘砌的矮牆，以增強抗風能力。

32 即念青唐古拉山，位於拉薩北約 100 公里處。該山橫貫西藏中東部，將西藏劃分成藏北、藏南、藏東南三大區域，是雅魯藏布江與怒江的分水嶺，主峰海拔 7,168 公尺。在藏族人心目中，念青唐古拉山是神聖之山，不容褻瀆。民間傳說該山裡有一座神秘的水晶宮，宮門上鑲嵌有各種寶石，宮殿底部是甘露之海，宮殿中部虹光彩霧繚繞，宮殿頂部白雲悠悠，雪峰如同水晶塔，環繞這座神奇的峰巒。

33 即納木錯湖，天湖為藏語意譯，位於念青唐古拉山西北麓。面積 1,920 多平方公里，是西藏最大的湖泊，海拔 4,718 公尺，為世界上海拔最高的大型湖泊。

34 今那曲，黑河為藏語意譯，位於拉薩東北約 220 公里處。

35 今當雄，位於拉薩北方約 90 公里處。

折而流，始名為岸尬爾河。是故陽間散薩村實乃位置於
古爾仁、濟雄與拉水三水各自從北、西、東三面環流圍
抱中之最豐茂牧草地點。但正式之羊八井，乃一行使行
政權力之宗治，其位置在距該村不遠之西北方山麓上。
陽間散薩村中之土著，為藏北夥爾系[36]內，屬於羊八井
十八族之一支，隸屬於哲繃寺之稽束（Chu-Zur，廟產
總管理處之謂也）。[37]

　　查羊八井原為部族之名稱，隨其所居之地亦即以族
名名之，相沿既久，族名、地名乃牢混不可分矣。而
十八族之各個原有族名反無從查考，祇得以其所隸主公
之名加於各該被隸族名之上，以資識別。例如散薩之族
隸於哲寺稽束，族名即曰稽束羊八井。臣屬奴役，早已
失去其十七世紀時代之祖先之英悍氣概，但其自己政治
組織，每年仍有一度秋季會盟，時屆八月，則十八族皆
來散薩村中集會，聞藏政府年年歲歲於此際徵賦各族
酥油各百克[38]云。其習慣則男皆短髮髵髵，垂覆額週，
女則細辮數十，分垂身後，飾以圓形銀器，如銀碗、銀
環、銀幣之屬。無論男女，冬夏皆衣光板皮襖，面貌黧
黑，眼角深大，鼻凹，準闊微翹，脣厚，牙縫不嚴密，
但潔白天然，無須漱刷，完全以畜牧為生，蓋藏北土著
民族之典型也。其居住恆坱泥疊石為圍牆，上覆黑牛毛

36 今稱霍爾三十九族或藏北三十九族，為那曲西部與昌都西北部一
　帶各部落的總稱。
37 哲蚌寺四大札倉的聯合機構稱為「拉基」，由13名現任堪布和
　卸任堪布組成。拉基之下的「吉索」主管寺院的全部行政和財政。
38 即藏克，為西藏重量單位，大約等於當時中國度量衡的二斗八升。

帳房，正南闢門，進門之左手即堆置燃料，又左置什物，其前為灶，灶後乃帳房正中，上首供佛龕，龕前為臥墊，為矮桌。環列東牆為衣櫃，櫃前亦有睡墊及矮桌，歃西牆為碗櫃，櫃前小方墊一，備執役炊爨者休憩坐處。帳外更環築矮牆，限為長方形大院子，擇院中適宜處建客房，為全部建築中之唯一需用木材為樑柱椽棟者。初建時，木材常在數百里外求之，建成，屋主無所利用，其不憚血汗以成此一間無用之屋者，無非專供來往公差住宿一夜之需，故不得不視差人之好尚以為之備也。院中餘隙則為畜圈，為牛糞欄及狗櫃等。雖各家佈置略微有異，然大致不出此範圍，故其居住極為單簡，絕無宮室華麗之奉，然亦不減其家族團敍之樂，若無官廳、寺院之苛細，何至於哭聲盈路。此次迎送班禪之烏拉、[39] 牛駄前後過萬計，均在此一小小牧村中換役，僧俗階級之猙獰惡面，令小民飲泣吞聲而不敢仰視。嗟！羊八井，爾興起，流爾之血，爭爾自由！

　　自散薩村後涉古爾仁水作西南西行，沿途皆廣灘茂草。十餘里涉南水（Nam-Chu），為一自古爾仁山流下，自東北向西南流入濟雄水之另一小水，右麓一莊，名為捧堆崗（Bun-Tue-Gang）。時地勢已較來處為高，回望來處，四山低伏，西望則不勝峰外高峰，有更上一層之感。古爾仁山至此已不見其隆起，蓋已盡其發脈之始矣。又十餘里，羊八井之平野完全收窄，南

39　指運輸攤派的差役制度，對象包括人、馬、牛，支應差役的人稱「烏拉娃」。

北兩山合脈於此。北山為年青唐拉之一雪峰，名曰貢馬崗日（Gon-Ma-Gang-Ri），義為皇帝雪峰，南山名曰寧摩隆山（Nin-Mo-Lung-La），西南名曰賈隆（Ga-Lung），西北名曰卜緇（Bub-Tsi）。正西之山名曰蓄穀山（Shu-Ku-La），自其脈上的主峰名曰蓄穀崗日（Shu-Ku-Gang-Ri）者，所融流下之蓄穀水（Shu-Ku-Chu），即為濟雄水之正源。尚有自卜緇山流下之西源及由皇帝雪峰流下之東源，皆會合於此。一涉此水，即抵四山環抱中之一牧畜小莊，名曰羊井堆（Yang-Chan-Tue）[40] 者。

蓄穀山

自羊井堆西南西行，傍蓄穀水之南沿而進。蓄穀峪溝路崎嶇，大石橫亂，如鐘鼎，如怪獸，如房屋，如巨砲，如火車頭，皆隨意磋砑，時礙馬足。四圍高峰，雪貌淫淫，蓋已廁身於年青唐拉山脈之心房中矣。三十餘里處，即翻登蓄穀山，改作西南向。迎面睹一大雪峰，峰名覺摩崗尬爾（Jo-Mo-Gang-Kar），[41] 於右近。另有一較小而稍遠之雪峰，即蓄穀崗日，於左近而略偏身後。此峰因其位置稍遠，真面目隱於重雲密霧中，觀賞稍遜。而覺摩崗尬爾則遠在峪底，載行載看，時已有崑崙玉柱、峨眉金頂之想，洎登蓄穀山頂逼視該峰，則直如庭前梨樹，戶外假山，美麗玲瓏，清腴莊嚴，不可復

40　今羊井學，位於羊八井西南約 20 公里處。

41　今窮母崗峰或瓊姆崗嘎峰，藏語意為有學問的仙女。海拔 7,048 公尺，屬念青唐古拉山脈，相傳是雪域高原的十二度母守護神之一。

極矣。移時漸漸下山，斜眺該峰，則尖頭雪消，微露岩色，又恍如南極仙翁之禿禿其頂，頗具老氣橫秋之態。再下一層，則回望背影，橫肆壯闊，忽破分為高低兩簇，如大小巫姑，爭媸鬥豔，然而赭岩排空，飛壁倒懸，銀河泛濫，玉淚汗潦，烏雲慘覆，寸草不生，亦極盡風景之闌珊奇醜者矣。沿路行來，觀此峰，自初面後，或隱或現，人騎馬上，唯一耿耿懸念於心深處者，為欲得快睹此峰之美麗全貌，至此惡狀，則不禁淒然、嗒然，而豁然如無其事矣。蓄穀山之重要，為界分衛、藏之自然標誌，未過嶺諸地皆屬衛，既過嶺則全屬藏。其理由無他，蓋因此山前後諸水入江河之流域不同，凡山後諸水皆注於衛河，故其地胥屬衛，山前諸水皆不入衛河，故其地應歸併於藏。自然的形勢如是，吾人於馬背不得不深思其所以然者也。

接兒峪

下蓄穀山後，仍行溝中，沿水右岸向南行，崇山峻嶺，時於缺隙中偷見覺摩崗尬爾。約五六里，一水自對岸山凹中東西向流入，水勢甚大，名曰匝崗（Tsa-Gang-Chu）。遙望其源，乃又是另一雪峰，名曰答則（Ta-Tsa），義為馬峰。查年青唐拉山脈共有十二主峰與三百六十屬峰，十二主峰各以十二生肖屬名，此道能望見者，惟馬、羊二峰而已，羊峰（Lug-Tse）距馬峰之西不遠，而形勢不及馬峰也。自匝崗水流入後，名曰拉盧水（Lha-Lu-Chu），下行七八里，右坡一莊，名曰拉盧（Lha-Lu）。莊前涉水，正西向下行，約十里，

道左聚居數黑帳成村落，名曰賈巴（Ja-Pa）。抵此，始不覺覺摩崗尬爾之迫近，而更發現另一名曰達木見（Dam-Chan）之雪峰於其後。

　　復在賈巴村前涉水，行不數里，因山勢收合，峽身過緊，崖懸阻路，水流縈迂。為避免繞道起見，遂登山，坡路盤旋屈折，大致不離正西向，上下共九折，因名此坡為九山九溝（La-Gu-Lung-Gu）。時而攀緩而上，時而倒欹而下，山色赭紅，路面沙石疏鬆，或遇路寬不盈尺，僅容馬蹄，刻刻都虞危險。約三小時後，至瑪爾將（Mar-Kyang），為一近百戶之牧鎮，已設宗治，位置於兩巒束峙之小溝內坡上。坡前一小溪流注於拉盧水下游之接兒水（Kyel-Chu），無田地，無房屋，居民皆安居於黑牛毛帳房中，地方頗為貧瘠。接兒水流勢兇險，於瑪爾將附近一節尤甚，故大道不能傍水行峪中平岸處，仍須由瑪爾將莊後西南向登山繞行坡道，以避該水。當人馬在嶺頭盤旋之際，可遙見東南方有二雪峰左右並峙，左名瓊娥眉弄（Gun-Ngo-Me-Lun），右名吹箏堅誐（Tsul-Kyim-Chen-Nga）。下坡後涉接兒水，時水已改作正北流，當繞往年青唐拉脈中之噶蘭巴（Ga-Lam-Pa）山口之麓，復東北流注入天湖。故此水實為年青唐拉與岡底斯（Gang-Gi-De-Sre）兩大山脈之分脈水源，凡旅行人士蒞此所應當知之一重要地理問題，接兒峪之人文雖無足稱述，然得此亦足以彰其重要性矣。

馬鬐山

一涉過接兒水，便跨入岡底斯山脈之環境中。作正西向行，沿缸覺南塞水（Kang-Jo-Nam-Se-Chu）上溯入一小溝，或左或右，時移動於水之兩岸。兩小時後，乃登馬鬐山口。從山脊俯察前後諸水，則可知山前諸水皆浸漸注入雅魯藏布江，山後之水皆北流注入天湖。由是而推知，馬鬐山對於藏江與接兒水之關係，恰如蓄穀山對於接兒水與衛河之關係。嚴格言之，蓄穀山之東，純為衛，而馬鬐山之西，始為真正的藏。至於接兒峪，祇能算作介乎衛、藏兩大流域間之中間地帶耳，又何必一定強指此峪為衛，或為藏乎！然常人每以蓄穀山為衛、藏之分界者，亦不過從習慣通融稱呼使之然也。

馬鬐山之主峰，名曰堅東（sPyan-sTon），義為千眼，突兀錐立百餘丈，眼底群山千萬，如龍蛇之昂首峰底，而尾掉天外，如獅虎之蹲伏脈下，而身舞高空，周內數百里之萬壑千溪，一覽而盡。堅東之睥睨一世，雄渾深厚，實與天地同其久遠，日月並其光華。不登馬鬐，則不知山勢脈系之綱領；不見堅東，則不明水源朝宗之經絡，與夫山峰主從之關係。一度跨馬，蹄下之涓滴蕩漾，蜿蜒洶龐，分合在於俄傾，而奔騰激變立決於千里之外之故者，即於此一剎那中，得靈性之了悟。山色殷赭，沙土鬆厚，與蓄穀山之大石崢嶸、小石磈磳者，又資一比較。山之陽面，生長矮柏，為入岸尬爾峪後最初所見之木卉植物。因地高之故，不能直立挺長，盤屈其枝，團佈地上，簇簇周展，高不過二三尺。乍見

猶疑為野刺，近察方知為此物，藏人每每採拮其葉，熏煙有異香，用以供佛。

畏峪

　　徑自此可憐之小柏叢中，拾步下坡，遙見看雞塞（Kam-Kyi-Se）雪峰在南山之後，東塞山（Tong-Se-La）雪峰在北山之後。復下則走落峪中平岸，此峪名為畏峪（Ahol-Yul）。俄而犬吠道右，見一莊，名曰賈如崗（Gye-Ru-Gang）。自逾蓄穀山直至此莊，沿途居民都屬賈巴族（Ja-Pa），其族共五，為帕波（Pa-Po）、拉盧（Lha-Lu）、耶也（Ya-Ye）、多爾瑪（Tor-Ma）及賈巴（Ja-Pa），種族與衛、藏皆有別，而與羊八井族相近，與羊八井族皆信奉楚布尬爾瑪派之佛教，除畜牧外無他長，蓋一渾渾噩噩之民族也。

　　自此，方向始得確實，固定作西南行。沿途左右山坳，皆有溪澗流下，如是或緊傍水沿，或上攀危崖。約二小時後，右山稍向南逼，而正西忽來一山，委蛇橫阻，其名曰牙各山（Ya-Mgo-La），義為犛頭山。兩山間流出喇爾干水（Lar-Geu-Chu），於此合流後稱達姆河（Dam-Chu），[42] 其下流直往衛、藏中道中點之仁琫（Rin-Pung），[43] 於答耆喀（Tak-Dru-Khe）[44] 渡口附

42　今鄔郁瑪曲或烏郁河，達姆河是該河之一段。

43　今仁布，位於雅魯藏布江中游南岸谷地，拉薩西南西方約 130 公里、日喀則東方約 100 公里處。

44　今大竹卡，藏語意為「大氏家族住地附近的」。

近注入藏江。[45] 峪勢即在達姆河之始點，因牙各山之攔阻，不得不一度正南折後，復回向西南，但大道即在此折點涉水，直登牙各山。向南前進，比及下山落峪，始終皆與達姆河平行。已見定瑪寺（Din-Ma-Gon-Ba）扼立於隔自西流入達姆之蒙水（Mon-Chu）之對岸高坡上。出峪，涉橫阻之蒙水，即至宗唐，為一百餘戶居民之農莊，其地與定瑪寺同隸屬於札什倫布寺。

自過德慶後，危崖峭壁，地高氣寒，野草荒腐，時生千里無人之感，至此重見莊田房屋，令人心襟一寬。此地居民，男有豐盛之髮辮，婦架高聳之髮圈，[46] 言語文樸，非如羊八井、賈巴兩族之悍憎，衣服亦皆服用棉毛織物，非如畜牧民族之光板老羊皮。蓋從衛藏北道西行至此，始初抵真正後藏人所聚居之村落。自此赴日喀則，岐為兩途，其一傍達姆河下行，直至答羹喀渡江，即接衛衛藏中道以赴日喀則；另一則翻賈索（Gya-Sog）、熱公（Re-Kong）二山，及拉布（Lha-Bu）、南陵（Nam-Ling）[47] 二宗，至扼馬崗（E-Ma-Gang）渡江以趨，則為純粹之衛藏北道，較其距離長短，則衛唧中道之程，尚短捷於北道一日。

45　即雅魯藏布江之簡稱。

46　西藏男女常戴「長壽金絲緞帽」，流行於拉薩、日喀則一帶。前、後藏的婦女頭飾各不相同，前藏貴族婦女戴一種三角形的頭飾，稱為「巴珠」。後藏婦女戴弓形頭飾，稱為「巴廓爾」，佩戴時將鑲嵌有珊瑚、玉石、珍珠的橢圓形紅呢套在髮上，與髮相結，將弧形藤架向上豎起。

47　今南木林，位於日喀則東北東方約 50 公里處。

兩山與兩宗

　　自宗唐西逾賈索山，此山為北道中所見之惟一黃土山陵。彳行嶺上，猶遠遠可以從南山坳中望見達姆河繞流麓下，忽明忽滅。未幾折向正南流出，而山路須北折，人馬隨之下山而至森林（Sem-Ling）小莊，達姆河遂不得復見。莊中老柳四五株，大皆合抱，為自德慶後初見成長之大樹。一水繞柳根，自北徂南，流入達姆。涉之，立進入熱公山之溝峪中。初作西北向，兩山窄合而陡峭，有二三處須攀援崖壁以行，路寬僅尺，土質盡為碎礫，夾雜泥沙，鬆動異常，稍一不慎，舉足過重，則磐磐大石便崩裂巔墜。北道旅程，自然條件上最危險者，惟此二三處而已。

　　稍深入，則峪面稍寬，不如前段之險，淺坡茂草之地，時有牧戶，漸折而西南，時或正南，逾過熱公山口。下山時，須西北西、或西南西互換而行一小節，蓋山巒錯綜交叉，道路不得不屈就地形故也。峪水名曰丹剛（Tam-Kang），荒涼無益，一如蓄穀、馬鬐諸峪。兩小時後，此水左折，成九十度直角，大轉灣而向正南流。河岸寬展，滿峪菜花油油，金黃奪目，稞麥垂垂，新綠映天，空氣鮮爽，呼吸暢快，農事之佳，超逾堆隆。蓋因賈索、熱公二山皆土質，藉雪水沖刷之力，積為沃壤。峪勢兜轉，灣中蓄積甚厚，復利用雪水引渠灌溉，不虞乾旱，故造成此一方樂土也。自此前行，則愈行愈近藏江，地勢愈低，溫度當愈高，土地之膏腴當愈甚於此，想像構幻，歡樂入醉。

　　未幾，河流一度折西南西流，但又恢復西南南之

向。仰眺右首一峰，峰頂小寺，知為尼庵，庵名孃將住康（Ma-Kyang-Dru-Kang）。前數武，一屺橋塊木禿頂而孑立，狀殊滑稽。自此，沿途三家二戶，炊煙連續，絡繹不絕，感嘆雪水之沖積作用，造福此峪不淺，然亦間見數處亂石、高坡、廢岸，完全不能利用。留心視察，則知其所倚靠之山，自頂抵麓，無一寸土，於是知現被利用之地，皆為有負固積土頗厚之山者，乃瞭然山坡有土者，其麓必有田，否則適得相反之果。今日之無土之山，焉知非宿昔積土甕厚之山，因沖刷而淘磨淨盡，則又孰料今之積土甚厚者，他日不被沖刷而淘洗淨盡，則今日之良田美地，異日當復淪為亂石廢岸。然則若之何而可使峪中居民百世永保其業，以遺給其萬代子孫而不墮耶？自然之賜不能長厚，猶賴人力以濟，其惟植樹也夫！

過髻塘（Ra-Tang）與占堆巴康（Dran-Tue-Par-Kang）二莊後，右山一嘴突伸展，幾與左山相砥觸。繞過此嘴後，前面又如此一嘴，作同樣伸展姿勢。兩嘴正中腰坡上，一堡高築於弧形之突出部分處，左右兩嘴角各建一瞭臺，以為堡之護哨，於是此堡三面環山，前面襟水，形勢險要，真得地勢之最者，此即拉布宗也。同在坡上相連之建築，乃杯篤寺（Pe-Tog-Gon-Ba），隸札什倫布。自此以下，峪水名拉布藏布。傍左岸行，水曲折西流，二小時後復南折，於折點處對山伸出，突峙一宗於嘴巔，名曰朗接（Lang-Gyal）。形勢亦佳，惟其背恃不及拉布，因拉布三面皆嶂，而此僅一面耳。左轉過山腳後，正南行，一小時餘，為石山所扼，復折而西流。

折點處一小溪，自南山流下，架石橋於其上。跨而過之，立遇磐磐大石，方圓數十丈，渾然天成，無復罅裂，條紋層次顯明可數。斜上亦敧高十仞，瑰瑋可愛。石上一廟，名丹納則爾（Tam-Na-Tser），如崖巔上嵌鑿之樓閣，附近莊田，皆斯廟產業也。

正西行，順河水之屈折，時時須換方向，但總不離西北西、西南西耳。未幾，水流直下，山坳亦直，經各拉默（Go-La-Mad）村時，二三十里外遙見一宗，矗立江邊，有千房萬戶之概者，即南陵宗也。河水重返折回南向，南陵宗即位置於此折點外角之突伸山嘴上。全宗地形，渾如船錨，左、右、後三面崗巒環抱，錨之鈎也；直前面江之嘴，錨之柄也；即在此柄頭，連鐵索橋橫纜江面，直繫對岸，則又錨之鐵鏈也。與宗相連之建築，為噶丹群科寺（Ga-Dan-Cho-Kor），[48] 有僧五百人。宗內居民近二百戶，皆事農為生，兼有走販雜貨者。

嘛呢堆之區域

自上流至南陵過鐵索橋後，自是傍河右岸行，拉布藏布至是亦改稱南陵藏布，再下直抵扼馬崗入江處，則名唐巴河（Tang-Pa-Chu）。南陵附近，山勢忽開急合，河水亦直左直右。未幾，由西南向倒折而西北向，復又漸漸回原，水流成一大彎，一溪水，名曰巴宗楚密塞（Pa-Dzong-Chu-Mi-Se）。逾橋行，江水忽大折而向

48　今甘丹曲果林寺。

東南流，灣之西南峪，名曰占木（Dram）。溝口隱約見峪中有寺院式之建築，乃班禪之降生地，藏語尊稱大活佛之生地曰卷康（Byon-Khang），此乃班禪卷康之一，所有溝中農田，皆班禪之私產也。

水又折回正南，又微轉西南，過一小莊，名朵菊（Do-Choe），為一格兒康（sGer-Khang）。格兒康者，藏語私房也，西藏世家各有其格兒康，各世家對於其格兒康，有超越之威權，租庸盡入。世家對於格兒康之人民，有生殺奴役之隨便，蓋同中世紀時代諸侯之采邑，實乃封建之殘餘現象耳。

又十里，至央木（Yam）莊，沿途小麥豐飽，非復南陵以上諸地之以菜子、青稞為主要作物者矣。河渚水鳧老鸛，時時振翼而飛，或拍水而嬉，生趣盎然，即此已足以象徵此一帶居民之安居樂業之景象。彼輩乃於衣食溫飽之餘，出其財力，從事於宗教之供養，沿途嘛呢堆絡繹不絕，皆疊石為垛，匝木為輪，塈以白粉，鑲以金漆，佛像幢幡，雲煙花草，必窮極妍似，高達丈餘，連牆數十尋。自南陵過央木後，尤以董董南巴（Don-Don-Nam-Pa）及頓堆夏巴（Don-Tue-Sha-Pa）二莊之嘛呢堆為最壯觀，蓋直可以名此路為嘛呢堆之區域也。

復經過一大灘，廣袤都十餘里，行灘中，見唐巴河作正南向，繞灘外注入藏江。灘盡，即至扼馬崗渡口，乘皮船而過江。過江後，傍朵卜唐尬山（Do-Bu-Tang-Ka-La）麓，沿江西上，經賈崗公波莊（Gya-Kang-Kun-Po），又一小時，過匾（Ban），又一小時後，乃左折轉入南溝。溝中黃土纍纍，或方或圓，排列整齊，如戰

堡，或如雉堞，有時矗立如圓塔，有時圮塌如古墓。蓋溝口本為黃土沖積之地，經山水沖刷，遂成一片零落破碎之荒址，人馬有時須行壕中，目不得左右眺望。出而又入，如是者再，始逢小土阜環立前、右兩方，遂令溝中地形成連續之兩環土崗。繞越前方之小土阜後，乃豁然而見日喀則宗之建築橫躐山腰，其後金頂紅簷，飛樓疊閣，紫煙團簇，緇流來往踏沓者，即札什倫布大寺也。

衛藏北道之評價

衛藏北道自岸尬爾峪起，直抵宗唐之地，不見農事，商賈裹足，完全為貧瘠苦寒之區。復加蓄穀、馬鬐、熱公三山之險阻，計程更較中道之經由仁琫，及南道之經由江孜者多費三兩日，在經濟條件下殊不足取。然而聯絡拉薩與西藏最西北邊界以通新疆之氣息者，羊八井為必由之道，一也；札什倫布與黑河間之直接聯絡，更以之避繞拉薩，圖與內地青康兩省通聲援者，羊八井為聯絡之中心，二也；羊八井地勢空曠平坦，為天然之航空根據地點，牧草豐富，宜於畜養軍用馬匹，[49] 南距拉薩才三日程，隨時都呈高瓴控制之勢，三也。於是可知，北道之價值輕重，完全須視羊八井之利用程度如何而評定。然則，吾人欲：第一、直接打通新疆、西藏間之孔道；第二、縮短康定、西寧與札什倫布間之距離；第三、拊擊拉薩之背，以協助由西康方面

49 17 世紀左右，蒙古人在羊八井附近開始牧養軍馬，並在每年 8 月舉行一年一度的騎兵檢閱式，主要內容之一的賽馬活動沿襲成為現今的當雄賽馬節。

向西藏推進之直接行動；第四、建築由內地直達克什米
爾之最短捷之國際通道；第五、扶持西藏地方政府以南
向爭衡防禦，為其實力之後盾。凡此皆為統治國家對於
西藏國防上應有之措置，烏可不竭全力以謀羊八井現狀
之改進也哉！希望十年之後，羊八井有十萬高蹄戰馬雄
嘶漠野，電桿千里絡繹，而航空站則有定期自空中冉冉
降落之飛機來臨也。

二、日喀則與札什倫布

日喀則一瞥

　　過夏爾日山（Shar-Ri）麓之班禪橋（Zam-Ba-Shar），
即日喀則，正位置於孃河（Nyang-Chu）[50] 與藏江交點
之西岸。孃河之水，從羊卓雍湖 [51] 經江孜流來，河峪口
甚為寬大，兩岸黃土沖積富厚，引孃水入渠灌溉，故峪
地農利甚豐，村莊絡繹。日喀則恰如無數小村莊之龍
首，日喀則命名之義譯，亦有村莊之尖頂之意焉。[52] 人
戶約近二千，人口約萬餘，蔚為西藏第二都會。街市
雖僅半日，然熙往攘來，頗有內地大集之風。其地東
經仁琫以赴拉薩，東南赴江孜以往印度，南赴干壩 [53] 亦
赴印度，西南赴定結、薩迦、定日，[54] 皆通尼泊爾之大

50　即年楚河。

51　即羊卓雍錯，與納木錯和瑪旁雍錯並稱西藏三大聖湖。

52　日喀則藏語意為「最好的莊園」，是後藏的政教中心和班禪駐錫地。

53　今崗巴，藏語意為「雪山附近」，位於日喀則南南西約 120 公
　　里處。

54　今崗嘎，原為定日宗所在，位於日喀則西南西方約 230 公里處。

道也；西去拉孜、昂仁、桑桑、薩噶[55]以赴誐里（Nga-Ri）、[56]拉達克（Ladak）；西北赴朋錯林；[57]北及東北經南陵以通藏北，為四通八達之地，握衛、藏、堆（sTod）、誐里、拉達克、印度諸道之中心，為西藏第一重鎮。清初，前、後藏分治於蒙古王公，如康濟鼐、頗羅鼐故事。乾隆季年平定廓爾喀亂後，西藏政權一攬於駐藏欽差大臣掌握後，於日喀則設駐防制營，設統領游擊一員、外委一員、把總一員、兵丁一百四十名，以防變亂，並設糧台，以知府職署用，管理全藏駐防制營糧餉、恩賞事務。初創時，因兵士多藉隸四川，慣食稻米，軍糧以米為主，惟藏中素不產米，由糧台負責，向尼泊爾、不丹、哲孟雄[58]一帶採買。其採買之法，糧台先事囤收藏北池鹽，招攬承辦米戶，轉運至聶拉木、定結、帕里等邊以易米，運回交官，軍食由是而得濟。百餘年來，制度不逮，殆壬子變後，前清設施被西藏摧燬，蕩然無存。現藏政府於日喀則設宗官二員，一僧一俗，爵視藏中任何他宗為大，以四品授實職，並升日喀則為稽宗（sPyi-rDzong）。稽宗者，總理宗之意也，凡附近諸宗，胥受管轄。另設代本一員，率藏兵五百駐前清制營中，所以防班禪出走後，後藏僧民反抗前藏之設置也。

55　今薩嘎，位於日喀則西方約 350 公里處。

56　今阿里，位於西藏最西部，與印度、尼泊爾接壤。

57　今彭措林，位於日喀則西北西方約 80 公里處。

58　即錫金之舊名。

札什倫布剪影

札什倫布[59]在貢波托追（Gon-Po-Tho-Droe）與尼薩爾（Nyi-Sar）[60]兩峰之麓，與日喀則東西毗連，僧眾三千八百，盛時且達七千，目下衰散，僅二千餘人。全寺分為四院，即推山林（Tue-Sam-Ling）、夏則（Shar-Tse）、稽康（Kyil-Kang）及誐康（Ngag-Kang），前三者為學顯法學院，後者專修密乘之處所也。各院都有堪布，[61]而以誐康之堪布為最尊崇。各院都分四學級，[62]曰堵札（bSdu-Grwa），[63]學諍論初步；曰日振（Rigs-hBring），[64]學初級因明、《量釋》前半部；曰日欽（Rigs-Chen），[65]學《量釋》後半部；曰帕爾清（Phar-Phyin），[66]學《般若現觀莊嚴論》。學者任居

---

59 札什倫布寺全稱為「札什倫布拜吉德欽卻勒納巴傑瓦林」，意即「吉祥宏圖資豐福聚殊勝諸方洲」，該寺與拉薩三大寺（甘丹寺、色拉寺、哲蚌寺）合稱藏傳佛教格魯派的四大寺。

60 今尼色日山。

61 此處的堪布有四種涵義：一是深通佛教典籍而掌管教律的喇嘛；二是在西藏擁有最高格西學位，被派到其他寺院成為主持的僧侶；三是大活佛身邊高級侍從的官職名，他們對上雖為侍從，但對下、對外權力極大；四是凡僧侶參與政治，其職位均被尊稱為堪布，只是有大小分別。

62 藏傳佛教寺院僧侶學經次第四學級共十三級，每級一至三年不等，需要學習五大部經：釋論、般若、中論、戒律、俱舍論，須嚴格遵照上述順序學習，不得揀挑。

63 又名「對札」，是藏傳佛教寺院格魯派中第一級僧侶所學課程，內容則以淺顯事物練習因明方法之應用。分為小、中、大三部，稱為對群、對真、對慶，是第一級僧侶第一至第三年所學課程。

64 又名「蹂真」，是藏傳佛教格魯派寺院中第二級僧侶第一年所學課程。

65 又名「蹂慶」，是藏傳佛教格魯派寺院中第二級僧侶第二年所學課程。

66 又名「帕爾頃」，是藏傳佛教格魯派寺院中第三級僧侶所學課程。

何級，不限年次，即在各級，亦不限所學，每每吧爾清級中，頗多學《中觀》、《俱舍》、《毘奈》[67] 者。通經者得銓選為摺格喜，摺格喜（Gral-dGe-bShes）者，就班之善知識之意也，每院各有二十一名，依其入寺年齡之先後為序以登錄，每年復於此二十一名中以資歷最深者為正式格喜。學位之名曰噶爾欽（sKal-Chen），噶爾欽者，意為大分頭，或曰大劫數，以善知識之造成頗不易易也。寺僧非居老二十餘年，鮮有能充大分頭者，惟轉生呼畢勒罕，則可不必循資，得有越級超距之異數。各院除此兩名大分頭外，另附選四名大分頭，此則不通經者亦可充數，於每歲歲首，各在本院公開考經，此則不似拉薩三大寺之聚集大招之不分院際之雜治也。除噶爾欽學位之外，尚有所謂錯索巴一名，義為積資者，鍾然巴六名，義為近習者，則須分赴江孜、拉孜、昂仁、朋錯林等處寺院受公考。凡格喜考畢，則須進誠康學金剛乘法，此時謂之誠然巴，義為習咒者。此時如遇各院堪布出闕，則於誠然巴中以資格最深擇用補闕。是故僧人自初學以至皓首，窮鑽數笈，一旦得為阿闍黎[68] 受人崇敬時，早已豪氣消磨淨盡，無所作為，或曰煩惱近斷矣！其然乎？其不然乎？

　　大殿每日施茶五次，其名曰早茶（sNga-Ja）、熱食（Tsha-eDam-Ma）、午茶（Gun-Ja）、晚茶（dGon-Ja）及夜集（dGon-sDus-Ma），茶味濃釅，視拉薩三大

67　又名毘尼、毗奈耶，是佛教戒律的總名。

68　又稱阿闍梨，為梵語音譯，意為教授。

寺倍厚，僧徒可無用自炊而得專心靜慮於學經。每逢節
慶大典，則供施大麵餑，此外每僧月給廩糌粑一斗，斗
亦視拉薩倍大，堪粲之雄厚如漢統堪粲者。除糌粑外，
且每僧給麥三斗，又每日寺外善施檀越，供捨銀錢，亦
較三大寺眾多。僅冬季道場一輪（自十一月十五日始，
十二月十五日止），每僧施得統計超過哲蚌寺每僧全年
歲入。故札什倫布之僧侶，決無趍趍營運惟恐飢困之
虞，宜如何愛惜溫飽寸陰以精進求法矣。熟知寺中在學
習經人數之成數，不及三大寺任何之一，考錄格喜，鮮
有能比肩三大寺格喜之深通經論者，其辯難頗迂緩而謾
訥，少具精悍淵沉之概，習於怠惰，媮玩消磨，良可慨
已！惟僧習較之前藏則多守法紀，頗良善安分，不似三
大寺僧之鮮衣駿馬，動輒干涉政治。即三大寺有所謂闕
宰（Chos-mDzad）之制者，乃富僧在其所隸學院施捨
全院僧眾各若干銀錢或粥飯，則得為闕宰，上殿另設上
座，豁免其應對寺中所應盡之一切苦役。但札什倫布則
無此制，是故僧人中貧富階級之劃痕不甚顯著。惟其最
受人指摘者，厥唯寺僧大半嗜飲黃酒，晨出暮歸，酩酊
歪斜，竟或醉宿於日喀則之酒肆而不歸。寺中糾察僧，
每日夕陽西落時，輒候於山門外，攔門檢查，凡返寺僧
人，及門，必須先對糾察張口呵氣，糾察嗅無酒意，始
放令入，否則立笞門外。雖云刑措煩碎，亦須糾察破除
衛生觀念也。律制亦多與三大寺違異，三大寺著牛皮翻
底之僧格達爾瑪靴（Seng-Ge-Dar-Ma），札什倫布則
穿厚底褐韃之算巴（Zon-Pa）；三大寺穿裙，兩褶左前
而右後，札什倫布則左右褶都向後；三大寺之辯難，問

者立而答者坐，札什倫布則二都對立；三大寺之僧，僧帽小而高挺，札什倫布之僧帽橫大而披幅。凡此雖均屬細節，然與多數蒙、藏、青、康藉僧人之習慣不諧，故札什倫布雖僧供富厚，蒙古、青、康等遠地之僧人，甘忍饑餓困居三大寺，而都不願居札什倫布。或者地方較拉薩僻遠不便，憚勞而安易。是故，札什倫布不能多多招致遠藉之僧，此亦該寺格喜之經術，終不能與三大寺抗衡之最大致命傷也。

札什倫布小傳

札什倫布之建立，後於宗喀巴建甘丹寺二十九年，時為明英宗正統二年丁卯（西曆一四四七）。首創者為第一世達賴之名根頓毪（dGe-hDun-Grub），彼生於明太祖洪武二十四年辛未（西曆一三九一），於薩迦附近之古爾瑪如（Gur-Ma-ru）村，父名管波朵結（Gon-Po-Dor-Je），母名覺孀南姊（Jo-Mo-Nam-Kyid），共生五子，師為第三。生有異瑞，自幼出家，於永樂十二年（甲午，西一四一四）始皈宗喀巴，時年二十四歲。五十七歲時建札什倫布寺，檀越建助者，乃率南杯（Sod-Nam-Pal）及達爾結（Dar-Je）二人，翌年冬始定寺名。八十四歲時（明憲宗成化十年，西一四七四）令札什倫布寺仿其師在拉薩創摩爛節[69]之意，於歲首會開無遮，自是年年更續不斷。其翌年，即明憲宗成化十一年（乙

---

69 即傳召大法會，又稱默朗木祈願大法會，是藏傳佛教格魯派寺院重要的節慶之一。

未，西一四七五），十一月初七日入定，至二十二日出
定，預囑後事畢，復入定示寂，享壽八十五歲。其後主
持札什倫布者，皆稱班禪，義為大寶師，依次為班禪桑
波札什（Pan-Chen-Zang-Po-Kra-Shi）；班禪隆日嘉錯
（Pan-Chen-Lung-Rig-Gya-Tso）；班禪耶西則摩（Pan-
Chen-Ye-She-Tse-Mo）；第二世達賴根頓嘉錯（Ge-
hDun-Gya-Tso）；班禪羅桑闕接（Pan-Chen-Lo-Zang-
Chos-Gyal）是為班禪轉化有呼必勒罕之始，[70] 清太
宗崇德年間遣使出關赴盛京朝賀者，即此班禪也，壽
九十三歲；第二世班禪羅桑耶西（Pan-Chen-Lo-Zang-
Ye-She）始受清室冊封，壽七十八歲；第三世班禪杯
點耶西（Pan-Chen-Pal-Dan-Ye-She），以痘症示寂於
北京，壽四十三歲；第四世班禪丹杯尼瑪（Pan-Chen-
Tan-Pai-Nyi-Ma），壽七十二歲；第五世班禪丹杯旺曲
（Pan-Chen-Tan-Pai-Wang-Chug），壽二十八歲；第六
世班禪誐旺羅桑闕基接參格勒杯桑波（Pan-Chen-Nga-
Wang-Lo-Zang-Chos-Kyi-Gyal-Tsan-Ge-Log-Pal-Zang-
Po），即現受民國冊封之護國宣化廣慈圓覺大師[71] 也，
因受前藏之政治壓迫而出藏內觀。當其出走消息初達到
於藏政府時，立即派遣翠哥兒（Tsoi-Kor）代本率兵追
趕。據聞翠哥兒當時曾立有軍狀，誓取班禪之左耳及右
臂歸報，事成則將札什倫布全寺平燬。幸班禪先一日已

---

70 即羅桑卻吉堅贊（1570-1662），於 1645 年被固始汗授予班禪尊
　號，是班禪活佛系統之始。格魯派後追認前三世班禪，將羅桑卻
　吉堅贊稱作第四世班禪。
71 應為「護國宣化廣慧圓覺大師」，為九世班禪圓寂後之追贈封號。

踰藏北某高山，翠哥兒追至南麓時，適大雹雪，被阻不得更進，而班禪獲免於難。藏政府亦終以班禪在外可慮，故對札什倫布寺亦頗存忌憚之心，迄今未敢有絲毫損害之事發生，亦可謂投鼠忌器者矣。推山林院首始數堪布為直默西年（Dri-Med-She-Nyen）、闕覺爾杯桑（Chos-Kyor-Pal-Zang）、羅桑西年（Lo-Zang-She-Nyen）等。夏則為香敦直默（Shang-Toh-Dri-Med）、剁登畏塞爾（Tob-Dan-Od-Zer）。稽康杯登闕夐（Pal-Dan-Chos-Jun）、帕巴羌喀（Pag-Pa-Chang-Ka）。誐康當根敦翥時，為其師喜惹僧格（She-Rob-Sen-Ge）傳法恩深，欲建此以報，但限於財力未成，逮第一世班禪羅桑闕接時，始得繼根頓翥之志以完成。首始數任堪布為羅桑丹杯接參（Lo-Zang-Tan-Pai-Gyal-Tsan）、貢波接參（Gon-Po-Gyal-Tsan）、喜惹仁欽（She-Rab-Rin-Chen）、誐欽棍卻接參（Nga-Chen-Kon-Chog-Gyal-Tsan）。自後凡任誐康堪布者，均得誐欽之號，現受國府冊封之安欽禪師，即曾任此職。[72] 安欽實為誐欽音譯之誤也。

72 即達巴．洛桑丹增．晉美旺秋（1884-1947），1920 年任札什倫布寺密宗札倉堪布。1923 年底，九世班禪前往內地，安欽以修行為名出藏，經印度抵京與九世班禪相晤，其後隨九世班禪在內地弘法。1934 年，國民政府授予其「普靜法師」名號。

三、巡禮薩迦途中

奈塘

　　自札什倫布寺南門出，進西南峪，不遠一小莊名曰德勒（De-Leg）。[73] 約二十餘里時，過一小崗，崗即峪之南山之盡頭處。崗前小溝，溝水自北向南流注的鬐曲河（Di-Ra-Chu）。涉之，回望的鬐曲河，即沿南山山麓及嘉孜山（Gya-Tse-La）峪東流，出日喀則南，注入孃河。溯的鬐曲河北岸西上，二小時後抵奈塘（Nar-Tang），民居百餘戶，其地之勝蹟為普恩寺。[74] 寺與薩迦同年建立，元、明間道場極盛，聚僧至一萬人。布敦大師（Bu-Ton-Bam-Chad-Kyie-Pa）[75] 即居此校刊監刻全部甘珠爾、丹珠爾大藏經，[76] 該版現仍完好安放寺殿周圍廊廡間，迄今仍為世界上最完備之內典木版。拉薩雖有新刻甘珠爾版，但無丹珠爾，其餘如北平、德格、卓尼諸刻皆無此精讎（卓尼版已燬，北平尚有蒙文甘丹珠爾版）。寺僧二百餘，分為顯、密兩院，名為勒謝林（Leg-Shad-Ling）及雀噶卜（Cho-Ga-Bug），堪布由札什倫布商上簡放，蓋早成為札什倫布之附屬寺院矣。

73　今德來，位於札什倫布寺西南。

74　即納塘寺，又稱奈塘寺、拉爾塘寺，雍正皇帝賜名普恩寺，為藏傳佛教噶當派寺院，距日喀則約 20 公里。第一世達賴喇嘛根敦珠巴在此受沙彌戒並學佛法。

75　又稱布敦仁欽珠，元代藏傳佛教學者。

76　甘珠爾與丹珠爾都是藏文大藏經的一部分，其中甘珠爾意為「教敕譯典」，是佛陀所說教法的總集；丹珠爾則意為「論述譯典」，即佛弟子解釋佛語文義之作。

擦絨間之岐路

奈塘西南西進，涉一溝，行約十里，為則種小莊（Tse-Dron）。又二十餘里，涉小澗，又七八里，至夾日小莊（Kya-Ri）。又五六里，見的鬐曲之源，自西北方一山坳中流下。涉之，即登大拉山（Ta-La），山實一巒支，坡亦緩淺，脊上兩寺遙矚，東為大拉廟（Ta-La-Gon-Pa），西為崗見貢巴（Gang-Chan-Gon-Ba），[77] 皆在北坡平台處。崗見寺之後有大路，西行直抵拉孜，西北行抵朋錯林。下大拉山後，薩迦之路岐為二：一南踰郎拉山（Lang-La）頂，經娥兒貢寺（Ngor-Gon），道較捷；另一則繼續西南進，繞郎拉之麓，五里過薩果爾（Sa-Kor）小莊，又六七里為裸鬐（Lho-Ra）小莊，又五里為南巴爾見（Nam-Par-Chan），自此經耐宗（Nas-Dzong）至董納（Don-Na），涉夏爾曲河（Shar-Chu），至對岸之噶爾頂（Gar-Din）。如經河上大石橋，則自南巴爾見折西北行，過耐（Nas）小莊，繞過北山麓嘴，於蔥大（Trom-Ta）、講大（Jang-Ta）兩莊過橋至寄頂莊（Kyid-Ding）。莊之後山腰間，有廟名占德貢巴（Dran-De-Gon-Ba），經廟西踰後山，亦通薩迦及拉孜。惟溯河岸行，則自莊順麓勢倒屈東南行，約十里即至噶爾頂，此道則較董納之途稍迂遠。過噶爾頂後，復折向西南，傍岸行，約十里至旺堆莊（Wang-Du），郎拉之道於此合路。又約二十里，至借

---

77 今剛堅寺，位於日喀則西南西方約 30 公里處。寺院於 1442 年創建，屬藏傳佛教格魯派。

堆（Kye-Tue），峪勢折而西向。十餘里至桑娜（Sang-
Na），隔水山上一寺名裸不則（Lho-Bu-Tse），隸哲繃
寺稽束管轄，昔有三百餘僧，今不足半數，都屬強迫
令之居此者。寺中勝跡有龍宮，不悉究係何異？堪布
闕出，就寺僧選放，附庸之國，禮文缺簡，無足稱述
已。峪向復折西南十餘里，夏爾曲河岔為兩源，自正
南、正西各別流來，乃右折進西峪，峪始名擦絨（Tsa-
Rong）。綠楊深處，有大莊院，名擦絨洗噶（Tsa-
Rong-Shi-Ga），[78] 乃現今號稱最開通之西藏人物擦絨
札薩[79] 之格兒康也。

擦絨以後

擦絨以後，河峪兩岸瓴毀蝕積，石塊皆青如靛，紅
如珠，白似乳，水大沖氾而下，則往往阻塞河流。村屋
皆相間堊以紅黑白土，不若拉薩、日喀則之純以白堊
也。婦女頭飾亦如日喀則之高棨盤架，惟前額多覆一排
瓔珞而已。農田引水灌溉頗便，故稼事足實，然非屬哲
繃寺，則係擦絨族之私產，哲寺稽束每歲冬初，即派
管事來駐裸卜則寺中，坐收租給，即以之散施於裸卜
則寺。西藏農村，無有非貴族與寺院之奴屬者，良可
慨已！自擦絨洗噶正西上，約十餘里，大溪自西北峪

---

78 即擦絨谿卡。

79 即擦絨‧達桑占堆（1888-1959），以主張現代化改革而著稱。
擦絨家族之原族長擦絨‧旺秋傑布曾任噶倫，但在 1912 年拉薩
動亂中被殺害。達桑占堆出身平民，因為第十三世達賴最親近的
侍從，而被指派入贅擦絨家族，成為貴族世家的繼任人，最終晉
升為藏軍總司令，並出任噶倫。後雖被撤職，但仍活躍於拉薩上
層社會。

流阻。涉之，臨流小莊名松多蘭（Sum-Do-Lam），義
為三叉口。由此左折正南行，地勢漸高，十餘里，見
隔水山上一尼寺，名貢巴幹（Gon-Pa-Gan）。路起此
忽陡突，數里小莊名拉雄（La-Shun），僅五六戶，盡
牧氂牛之族。沿途坡傍遍生細葉刺樹，結小紅菓，俗名
為救命糧之物也，未悉其學名為何耳。稍高處，遍生大
黃，葉有大如荷者，但陰坡則無之。過拉雄後，翻登
雄誐山（Shun-Nga-La），夏爾曲河之源頭盡於此。以
此知凡薩迦東北諸山，皆該水之源也。雄誐之脊，能
見南方之崗鹿馬大雪峰（Gang-Lug-Ma），惡雲蔽空，
氣候驟寒。下山後，正西行，為噶爾鋪（Gar-Pu）之短
峪，其水源自崗鹿馬，由東南方流下。入峪，則西流，
謂之毒曲水（Dug-Chu），傍高岸之處一莊，名曰毒
炯夏爾（Dug-Jun-Shar）。莊前涉水，即翻逾雅居拉山
（Ya-Chu-La），毒曲則仍西流，未悉所終（？）。雅
居拉之陽，沿溪行，則合於南峪流出之克武水（Ke-U-
Chu），躔其岸，則遙見薩迦寺依北山之麓掠入眼底，
而克武之水，即橫流寺門，涓涓西去。

四、薩迦

哀薩迦

　　環薩迦皆山也，谷窪小，除西北方逐耶隆藏布河
（Ya-Lun-Tsang-Po）下行經多瑪（Toma）二日至拉孜
外，其餘西南赴定結、定日，東南進克武鋪（Ke-U-
Pu），一日至稽隆頓薩爾貢（Kyi-Lung-Dun-Sar-Gon），

二日塞拉邦噶爾（Sa-La-Pang-Kar），三日朵札（Tob-Drag）或恰噶爾（Cha-Kar），四日鹿瑪（Lug-Ma），共五日至干壩。東北赴札什倫布，皆須翻山，盡屬荒涼酷害之道，氣候冷虐，農事不茂，且限於薩迦寺谷。侷促之間，無足稱道，百里內外，又皆磽瘠，經濟環境至劣，故此地雖於元代一度成為西藏政治宗教中心，終不能長久維持其統治權力。忽必烈帝在西藏經營下之薩迦政權，終隨元社之屋而夭亡，惟其宗教勢力則頗雄偉，迄今仍為青、康、蒙古朝禮西藏僧腳之第一聖跡。藏地各派佛教，除黃帽派外，仍不得不推薩迦為最崇盛，附屬寺院，遍散康、藏，於西康境內潛蓄尤大，如德格之大寺，乃最著之薩迦派寺院也。

薩迦之衰，弊在於家天下，掌教父子叔侄一姓嫡傳，後嗣繁衍，宗祧遂分，門戶既起，黨援乃興，弟兄叔侄間互相嫉鬥，無復骨肉之情。初析之時，僅圓滿（Phun-Tshogs-Pho-Brang）、度母（Sgrol-Ma）兩宮，其後兩宮又各自分裂為洗堆（Shi-Tue）、札什匝（Tra-Shi-Dza）、納則（Nag-Tse），合前為五，不知如何協議解決。由此五宮各出一子輪流承襲薩迦寺大方丈（Kri-Chen），以為掌教，亦曾相安一時。然而分形異氣，各不相顧，如同路人，勢力渙散，終至蹶而不振，此實為薩迦派衰落之最大原因。然而得襲者，非死亡無法換繼補闕，覬覦者朝夕營謀早日承襲，在位者不得不千方百計保持榮位。爭奪之禍根不除，馴至愈演愈烈，而涉訟構，訟費既糜，乃至破產。於是洗堆、札什匝、納則三宮產業，先後相繼，全沒於西藏政府。隨而後嗣

不振，人丁斷絕，迄今祇餘圓滿、度母兩宮，亦復焦頭
爛額，猶不肯止息鬩牆。聞民國十七、八年時，兩宮又
成大訟，度母方面竟憤而將宮產連元、明兩代歷次冊封
之玉冊、印誥，完全獻與達賴，數典忘祖，哀慟何極！

薩迦貢瑪

　　貢瑪者，義為上。此上字之義，恰如漢字臣稱君上
之上同。藏人稱元、明、清各帝曰貢瑪，稱薩迦之掌教
亦曰貢瑪。諺云：「上有薩迦貢瑪，下有嘉納貢瑪」。
嘉納者，震旦也，不啻以薩迦掌教，等視內地皇帝矣！
盛時五祖，號稱薩迦五帝，即貢噶寧波、率南則摩、札
巴堅參、貢噶堅參及帕克巴。[80] 其後貢噶仁慶及闕基接
參，皆能繩繼祖烈，斯後寢漸以衰。迄今薩迦之龍象，
未或能有躋及此數貢瑪者。其教不捨俗節，主修無上瑜
伽之喜金剛不共密法，父子嫡胤傳續，復異於他派之
師弟承襲。貢瑪族人不重顯學，但五貢瑪則無不精研
《中觀》、《般若》、《因明》、《唯識》、《俱舍》、
《戒律》，而以號為薩迦班智達之貢噶堅參為最善抉
擇，故歷元、明兩代，薩迦正法，無論顯密，常為四方
學者負笈參學之中心道場。黃帽派始祖宗喀巴之師任達
巴（Rem-Da-Pa），即為薩迦派之著名學者，宗之大乘
經論，多半從薩迦方面學得。
　　現襲薩迦寺大方丈之貢瑪，乃圓滿宮之子，名檢央

80　薩迦五祖即貢噶寧波（1092-1158）、索南孜摩（1142-1182）、
　　扎巴堅贊（1147-1216）、薩迦・班智達・貢噶堅贊（1182-1251）、
　　八思巴（1235-1280）五人。

旺堆（Jam-Yang-Wang-Du），今年三十五歲，名義上
為薩迦政教之主，而藏政府視之不過等於一州縣官而
已。其妻稱王妃（Rgyal-Yum），二子稱王子（Gyal-
Sras），一女稱女尊者（Rje-bTsun-Ma）。宮中官制亦
如達賴、班禪之有司禮（mChhod-dPon-Chen-Mo）、
司寢（gZims-dPon-Chen-Mo）、司膳（gSol-dPon-Chen-
Mo）三監。外官則有大總管（Sa-dBang-Chen-Mo），
代貢瑪總攬政務，如達賴之下有司倫。其下為仲譯欽
摩，秘書長也。又下有德羌娃二名，卓尼四名，皆備員
而已。官制無論僧俗，皆戴緯帽，視其頂以分品級之大
小，蓋蒙古色目人服制也。俗官亦得肩披袈裟，似不失
佛法度化之旨。

薩迦寺

薩迦寺建於元初，輪奐崇偉，柱徑過尺，三大寺未
有也。全寺牆壁，堊以黑土，尤為別緻。隔克武水分
為南北兩部，河北山麓為誐札倉（Nga-Dra-Tsang），
為密學院，隨山坡之高下，得隙即建一殿，大小參差，
各不相連，著稱一百八殿。薩迦寺之重要聖跡，胥居此
中，其堪布號為補處阿闍黎（Gyal-Tshab-dPon-Slob），
地位視顯學院之堪布較崇。薩迦派之教務，除貢瑪外，
一須聽命於補處阿闍黎，如黃帽派之三大寺除達賴外之
有甘丹蚩巴，[81] 札什倫布除班禪外之有誐欽也。

---

81 即甘丹赤巴，指拉薩甘丹寺主持喇嘛。藏傳佛教格魯派的第一座
   寺院為甘丹寺，該派創始人宗喀巴大師圓寂於此，故甘丹赤巴之
   職位僅次於達賴、班禪，而為格魯派之掌教。

河南岸傍平地築方城，城中為朵札倉（mDo-Grwa-Tsang），即顯學院，除掌院堪布外，有教習三名，傳授寺僧經論。學級凡四，曰堵札，曰南哲（Rnam-hGral），即《因明量釋論》，曰吧爾清，曰董松髻冶（Sdom-GSum-Rab-dBye），為律學。自來薩迦派重密而輕顯，惟現貢瑪頗重視顯法，風氣已變，或將一洗數百年之頹靡乎？全寺約有四百餘僧，律制袈裟與帽都紅色，帽矩形，長過二尺五寸，戴時須裏褶，餘衣均同三大寺。僧習較札什倫布尤馴良，但不解者，北部諸殿中，女尼亦時眠宿，雜處僧間，頗啟外人疑慮耳！

毗連寺外，即薩迦之市廛民居，度母宮在其南二里餘，又東南為圓滿宮，宮制兩都狹小，建築朽舊，不但不能追媲達賴之珠園與班禪之大安、廣佑等處，反不如拉薩任何一世家私邸之豪侈。又東南現左右二峪，左即克武，峪中有邦波寫祠（Pang-Po-Shal-Lha-Kang），右峪名山林（Sam-Ling），有山林寺，皆薩迦聖跡也。

五、由薩迦到定日

南邊諸道

此道沿途皆豎有路程石墩，起協噶爾[82]迄江孜，據云民國二十三年時始修立，在擦絨洗噶為一〇一哩，薩迦為七五哩。自薩迦西南行，溯耶隆藏布河峪上行四英哩，路標七一哩。左折正南行，河水見西南兩源，涉

---

82 今協格爾，至江孜路程約為 300 公里。

其交點，溯西源北岸，西進峪，復南涉水，登鶴泣山
（Tron-Ngu-La），山口路標六五哩。相傳薩迦初修寺
時，運木過此，忽聞鶴泣，故名。山不險峻，然為西藏
南部一重要分水界限，山北諸水屬藏江流域，山南之水
則南下匯為匝噶藏布河（Tsa-Ga-Tsang-Po），流往印
度矣。

　　未幾穿過曲須（Chu-Shul）莊，路標六一哩，左山
並列七雪峰，形如尖筍，大小高低皆一，殊雄麗可喜。
行八哩，至馬賈，[83] 路標五三哩。沿途農地盡黃砂土
壤，田間多縱橫大石，耕種盡費人力，藏人在此種地上
墾植，實已盡最大之努力矣。

　　過馬賈後，峪形稍寬，成一大灘，灘名牛哭（Ba-
Mo-Ngu-Tang）。灘中五〇哩路標處，仍一小莊，
大道於此左右岐出，左道對此莊之東南峪名曰雄鋪
（Shun-Pu）者。進峪翻雄巴拉山（Shun-Pa-La），至
寄隆（Kyilung）峪地為一日程。由此又分為二：一經
朵札、[84] 鹿馬赴干壩，即薩迦經克武赴干壩之途，另一
自寄隆經巴摩朵哲（Ba-Mo-To-Dral）、崗髻（Gang-
Ra），逾拉瓊（La-Chun）至定結，共兩日程。而自薩
迦赴協噶爾、定日之道，則仍在牛哭灘南行，順細流
下，出灘之南端，山勢復合，折而西南行，便荒涼不
堪，非至尖宿處，不見人戶矣。約模四小時，始睹一灣
橋橫跨水上。頭橋崖錐上孑然獨戶，為守路差丁住所，

83　今麻布加，位於薩迦西南約 30 公里處。

84　今多布扎，位於薩迦南南西方約 50 公里處。

藏政府建以防守者也，守者給以口糧，命貯積柴糞，以
備過往尖宿炊爨之需。蓋因此處常有搶劫之事，而宿站
兩距尤復寫懸，設此以便行旅者也。

　　如過彎橋沿東岸行，則為哥恰（Ko-Chab）、康貢
（Kang-Gun），由此偏東行則為擦崗見（Tsa-Gang-
Chan）、檢卜（Jam-Bu），至熱匝熱本（Re-Dza-Re-
Bon）之地。南行逾拉巴拉山（La-Pa-La）後，繞魚日
（Yu-Ri）、推門（Tod-Mon），沿流下至喀爾大（Khar-
Ta），則可直下印度矣。定日之途則無須過橋，仍傍
西岸西南行，沿途沙丘起伏，峪水至此得名為格巴士林
（Ke-Pa-Zi-Lin）。約十餘里經接瑪塘（Bye-Ma-Tang），
義為沙灘，有熱水一股自正西流來，如順此熱水西經宜
夏爾（Nyi-Shar），[85] 越章波拉山（Drang-Po-La），經章
波則（Drang-Po-Tse）、串誐（Tson-Nga），而至協噶
爾，僅二日程，惟石山光禿，草木不生。冬令沿格巴士
林河峪之路大雪封鎖後，始不得不由此道，否則有繞麓
之途，可得水草。其途經接瑪塘，灘中沙包壘壘，無慮
數千，野刺叢簇，如置身荒涼亂塚中。灘完，涉飽曲
水，此水自章波拉山東南向流注入格巴士林。未幾，見
對岸洗林水（Shi-Lin-Chu）由東注入，其稍下則朋曲
河（Bum-Chu）自西峪流出，與格巴士林匯合後，稱堅
仁巴噶（Kyan-Rin-Pa-Ka），再下則為流往印度之匝噶
藏布矣。

85　今尼轄，位於薩迦西南方約 50 公里處。

朋曲流域

　　西折進峪，溯朋曲北岸行，約二十餘里，至翠哥兒。翠哥兒乃一湖，主要水源自南方之喀爾大大雪峰流下之雪水，該峰所在頗近接摩隆（Gyal-Mo-Lung），地名曰吉拉山（Jee-La）。乾隆辛亥之役，廓爾喀經此遁回，凍斃千數百人。其外即喜馬拉雅南麓之瓦隆溝（Wa-Lung），原屬我國西藏領土之一部分，不如知何後屬尼泊爾矣！

　　朋曲之水，亦流經湖中，湖之北坡淺坳內一莊，名曰窮飽（Chun-Bab），為薩迦赴定日之中途。其地東至窮堆（Chun-Toe）、把摩朵哲以赴定結，故又為定日、喀爾大、定結、干壩等南邊諸地聯絡之要地。如出喀爾大經瓦隆溝以赴尼、印，則窮飽更屬必經，是故前清時頗重視此地，欽差大臣出巡，必蒞稍駐。現尚遺下早年所建之行轅公館，即藏語所呼為賈康者也。壬子變時，曾燬於兵，但其後藏人以其便於政治上之情報傳遞，稍稍存復其制，已經重建，非復本來面目矣。

　　自窮飽西北西行，經一坦原，約二十里，正西行，過策旺誐（Tse-Wang-Nga），峪勢復窄。傍水登崖，崖上路標為六哩，自牛哭灘迄此始復見路標。又行十餘里，右折入北峪，峪水名羅羅（Lo-Lo），南流注入朋曲。羅羅東岸一莊，名班巴（Pan-Pa），莊前涉水，登西岸上坡，則協噶爾宗巍峻峰尖，赫然在望矣。若在羅羅峪自班巴北行，經羅羅莊、札嘉（Dra-Kya）、札鋪（Dra-Pu），越賈錯拉山（Gya-Tso-La）至拉孜，凡四日。

協噶爾之寺院，名曰協噶爾雀丹（She-Kar-Chod-tan），[86] 有僧三百餘，屬色拉寺之昧札倉（Mad-Grwa-Tsang），主持之職曰堪窮（mKhan-Chhun），[87] 由昧札倉向藏政府保薦簡放。此道沿途田產人民，百分之六、七十胥隸該寺，故寺院頗富厚，協噶爾宗遂相形見絀。據聞宗官頗清苦，時向該寺乞貸，不免事權旁落，遇事輒須俯首帖耳，聽命於堪窮之指揮。蓋協噶爾之實際統治者是寺院，而非官吏也。協噶爾宗當前清時，後藏糧台設有穀倉，今仍存其舊，據土人估計，迄今倉中尚存十餘萬克（每克約合二斗八升之譜，此地之克較拉薩為大）。

協噶爾之路標，起自濟隆（Kyi-Rong），[88] 即此為一六六哩。自協噶爾南一莊名朵接（Do-Che）者，涉協曲水（She-Chu），越南崗，仍西溯朋曲北岸行，始為赴定日之大道。河稍向南屈折，曲流處恰當北岸匝日山（Tsa-Ri）之麓，崖懸而逼水，岸遂絕。涉朋曲傍南岸行，北望該山，千峰萬壑，秀拔雄健。據云山間有一百八廟，蓋亦風景地也。未幾，至提拉同（Di-Ra-Dom），懸崖上碉堡危峙，崖下一莊，名匝哥（Tsa-Ko），自此沿途碉堡燧燧遺址不斷，全都圮壞。至梅

86　即協格爾曲德寺，始建於 1385 年，位於協格爾金剛山上。1645 年，該寺從各種教派並存改為統一信奉格魯派，此後劃為色拉寺屬寺。昧札倉又稱麥札倉，為色拉寺三大僧院之一。

87　為西藏僧官職名，位如四品俗官。多數堪窮為西藏貴族子弟在僧官學校受訓一年後升此品級，可直接參與地方具體事務，有較大的實權。

88　今吉隆，即吉隆宗所在。

摩（Me-Mo），路標一四九哩。年巴（Nyan-Pa）莊後不久即出峪，現一廣袤大灘，峪前一水自南流入朋曲，名曰鬐曲藏布（Ra-Chu-Tsang-Po），此即定日盆地之東首也。鬐曲上原有橋，圮毀不可行。涉水，即抵定日，路標一三四哩。

自薩迦至此，中途無高山急坡，除宜夏爾一段多沙外，其餘皆土堅路平，尤其朋曲兩岸，竟有天然之汽車路，惟站距過遠，非至宿處不見農村人戶，荒棄之狀，頗為顯著耳。

定日

定日盆地東西約七十里，南北約四十五里。北部諸山，其脈自崗底斯大雪峰東南蜿蜒，走經榮哈迤邐東來，為藏江與朋曲之分水嶺。在盆地範圍中之山名，西北為洋誐拉（Yang-Nga-La）、為篤舉（Du-Ju），正北為運動（Yon-Dom），東北即匜日。南部諸山皆屬喜馬拉雅山脈，而埃佛勒斯峰即在東南盆地之外鄰。餘山名，東南為吉拉，正南為囊布拉（Nam-Pu-La），西南為戎轄雪山（Rong-Shar-Gang-La），正西為通拉（Tong-La），各山皆荒涼深峪，富蓄雪水，訇龐四下，全流盆地中，至東北隅始匯總為朋曲之始。盆地中溫度頗佳，且藉雪水灌溉之功，牧草豐富，已墾之地，收穫不薄。惜盆地中統共僅二十餘村，合計耕種面積，尚不足千分之一。

其地交通，東赴協噶爾，東南經札什宗（Tra-Shi-Dzong）、隆昧（Lhu-Mad），逾吉拉山至喀爾大，

為三站。正南經囊布拉雪山三日即赴空布峪（Kum-Bu），[89] 更由此峪可通尼赴印。西南經窩蘭誐（Wa-Lam-Nga）、桑木寺（Sam-Gon-Ba）至戎轄（Rong-Shar），[90] 為三站，亦赴尼之大道。正西經朗果（Lang-Ko），逾通拉山以赴聶拉木，為五站。西北仍由朗果逾篤舉拉山經莽噶布茂（Mang-Gab-Mad）、莽噶布堆（Mang-Gab-Tue），再逾洋誐拉山經波戎巴（Po-Rong-Pa）、疊古蘆（De-Gu-Lu）、撒喜（Sa-Shi）、瓊尬爾寺（Chun-Kar-Gon-Ba）至宗喀（Dzong-Kha，或名榮哈）。由此南赴濟隆，北赴薩噶，都為大道。正北經蘇祖鋪（Su-Tsu-Pu）、魚見（Yul-Chan）則至桑桑。另一平行此道之路，則逾運動山以通昂仁。總計四週八隘，尤以喀爾大、空布、絨夏、聶拉木、宗喀都為通印、尼要道，在國防上以一地而綰五口之轂。定日實為西藏對尼第一重鎮，故前清乾隆末年，於平定廓爾喀兵亂後，即於此設鎮焉。盆地東北隅突起一小山，作半卵形，山形南北較長，即名定日（Ting-Ri），其義為「定」之聲音變成之山。相傳昔有魔作祟於此，經大瑜伽師蕩芭桑結（Dam-Pa-Sang-Gyas）[91] 自朗果山洞中擲石擊斃。石落地，其聲「定」然，立成此山，故名之曰定日。日者，山之藏語也。

　　東麓民居二百餘戶聚居處，名曰崗噶（Gang-Ga）。

89　即坤布（Khumbu），位於尼泊爾東北方，近聖母峰。

90　又稱絨夏，即今絨轄。

91　又稱帕・當巴桑傑（？-1117），印度僧人，曾五次前往西藏弘傳佛法。其所傳教法形成希解派、覺宇派，被尊為此二派始祖。

其地婦女裝飾又異於拉薩、日喀則，頭上之架絮，乃一簡單之弓狀彎弦，繫細辮間垂於腦後，行時上下閃曳可厭。而其圍裙藏語名謂邦達（Pang-Da）者，復縛於身後，不同他處之覆於前擺也。猶有七八戶漢族遺裔，皆前清駐防定日制營兵丁之後，惟都同化於土著，不能道隻字漢語，生活艱困。聞有得為藏政府駐定官吏之廚子者，即為小康之家矣。

山上築方城，雉堞整齊完好，即前清汛地[92]也。清時於此駐把總一、外委一、制營兵四十名。城內建有把總衙門、營房，現仍保存其遺址，牆壁宛然，猶能約略辨似其大堂、二堂、廂廳所在。營房中兵士之炕台灶灰，零亂如洗，所有樑棟椽柱，全被藏人竊取淨盡。所有建築，無有一有屋頂者，惟關帝廟則絲毫未損，香火猶不絕。山之東北麓有賈康一宅，院宇宏敞，亦變後所重建。現藏政府於此設稽恰代本（Spyi-Khyab-mDah-dPon，義為總兵）一員，職四品。原先亦稍駐藏兵，但自康藏戰事起後，所有兵士悉數調往西康作戰。民國十八年藏、尼交惡時，定日空無一兵一卒，如尼果來侵，則旬日之間即長驅而抵日喀則，皆屬無人之境。西藏國防乃東拒而西迎，賊內而疏外之政策，誠不勝浩歎！

92　明清時稱軍隊駐防處。

六、空布峪至尼京加德滿都

囊布拉

定日西行二哩，為德薩（Te-Sa），乃屬於薩迦圓滿宮之一農莊，由此南行經西伯（Shi-Be）、薩拉（Sa-La）、窩蘭議、協朵昧（Sha-Do-Mad）、夏昧（Sha-Mad）、夏堆（Sha-Tue），約四十里後，進南峪，非復平地矣。踰拉耶（La-Ya），乃一橫巒，順髻曲藏布上游之西岸行。未幾，一杉板木橋橫水上，橋名盧仔（Lug-Dzi），義為牧羊。杉板厚而長直，料知前途將有森林佳境。過橋始見橋西岸南近有一東西向峪，進該峪翻雪山，則至絨夏僅一日程。橋之東岸東去則至雜窩仁波（Dza-Wo-Rin-Po），[93] 為紅教大寺，其寺適在埃佛勒斯峰之東北麓，頗多聖跡。仍南行數里，則為嘉武髻（Cha-U-Ra）小莊，為通空布峪以赴尼之道。故髻曲藏布河上之牧羊橋，實為絨夏、空布、雜窩仁波三道之岐點也。

嘉武髻村中僅十餘戶地，無稼穡、畜牧以生，惟以空布峪中往來腳販甚多，為之肩負行囊商貨，食苦力以活者，約過村人之半數。查此處為定日最南之莊村，其民皆奉差守土，進出邊界之人，皆須在村保處交割定日所發給之單證，否則不得通過。每年春夏之交及秋末皆有大集，屆時空布、絨夏、定日各地商販皆集，本村居

---

93 今絨布寺，又稱扎絨朵阿曲林寺，是藏傳佛教寧瑪派寺院。寺內聖跡主要有蓮花生大師的修行洞、印有蓮花生手足印的石頭、石塔等。

民亦預期貯貨，至期交易，博微利以贍家，故村人生計頗不惡。集期之主要商物，為藏北運至定日之鹽及尼米，空布土產之洋芋、紙張等物。

過嘉武礐後，絕對不能騎馬。其南有一雪峰，名覺孃熱桑（Jo-Mo-Ra-Zang），峰下即路，地名曰邦隆（Pang-Lung）。自此海拔增度甚速，行人殊易感覺空氣之由濃厚而漸臻稀薄，喘氣不休。約四里，過一石板小橋，又四里，則覺孃熱桑已摺於腦後。南向登坡，道上盡花崗碎石，坡間寒氣逼人，不見生物。又五里，左折東行，復東南行，則進入冰川地帶。又約七里，坡間稍現平坦，道傍有石壘板脊房屋一間，此因雪山兩麓寫懸，山間前後三日無人煙居戶，故築此以備踰山行旅之臨時宿處。此種空屋，藏語呼之為種康（Sgron-Khang），義為客舍，然投宿者仍須攜帶柴糞，否則無由舉炊裹腹也。

過種康，登急坡，足下花崗碎石漸薄，易為冰路，漸登漸厚。人履冰上，時刻須防厚冰罅處，有時或穿過冰峽，則左右冰嶂壁立千仞，而中僅容單人，仰視則天色與冰色不分。有時大冰橫阻，冰水沖流其足，因豁通成洞，行人即涉水鑽洞，如逕水晶宮門。出門返視，則若冰山之小隧，匍匐出洞者，如蠕蠕灰鼠也。

自此拔海愈高，呼吸艱苦，愈氣喘，與其謂之爬山，毋寧謂之爬冰。稍高處回首，一瞰來路，則不知所由，但見冰峰叢簇，高者矗入雲際，不見其尖，大者廣袤千頃，不見一石，或龜裂處深不見底，或巂豁泓潚為湖，冰水澄碧，可鑑毫髮。湖周圍之冰，時而昂立如獅

虎之搏人，時而偃伏如蛇象之懶呵，或如魔鬼之暗影橫遮，或如新娘之輕紗披拂。大者、高者如共工氏觸不周山之首，如巨無霸穿衣之境，如煉丹之九天玄爐，如悟空之定海神針；細者、小者如玲瓏假山，瘦削如繡針、如新筍、如筆架。或收斂如出浴處女隱裸蓮趺，或舒散如豔舞妖姬妙張草裙，剎那冰國，幻光電影，景象億兆。盡五洲萬國之語言，不能盡言，窮張顛、道子之神妙，能傳其貌而不能傳其神，柯達、蔡伊司康[94]能攝其皮而不能攝其骨。此猶就其靜者、止者而論，甚者十餘噸之大冰，坼裂罅落，則訇然如飛機之擲巨彈，爆炸如亞克隆機[95]之從空燬滅，如隕石之暴降。有時細塊飄零，叮冬如玉磬之清越，霻過如回力球[96]之疾逸，如和氏璧之碎璞四迸，如美人之香唾清揚，盡世上之留聲機未灌此音。合此音此景，極世上傳真電影之工，無此佳片，可謂觀聽之極限矣。

更爬一層冰，則足下石塊匿跡，冰層亦漸被雪覆壓，左右之峰相逼，而頂上之天亦小，銀宮晶殿，無色世界。噫嘻！此何地耶？囊布拉山口也！陽光初曦，諸峰之頂，金亮閃耀，目痛不可復睜，[97]模索以登。至

---

94 伊斯曼乾版製造公司成立於 1881 年，1888 年推出了第一台柯達相機，由於此機型的成功，該公司於 1892 年更名為伊斯曼柯達公司。蔡伊司康應為蔡司伊康（Zeiss Ikon），蔡司伊康公司成立於 1926 年，是卡爾蔡司公司的相關企業，其生產相機亦使用卡爾蔡司鏡頭。

95 推測應為容克機（Junkers）。

96 回力球起源於西班牙巴斯克，比賽時球速可達到 200 公里／小時。由於其速度極快，職業運動員在比賽時都要戴上保護性頭盔。

97 即雪盲症前兆，醫學上統稱雪光性眼炎。當陽光中的紫外線照射到雪地上，雪地又將陽光反射到肉眼後，會誘發畏光、流淚、異

此，謂之爬冰，毋寧謂之滾雪！返瞰來途，冰峰蒙茸，疏雲籠照，雲氣冒雪翻騰，雪光由雲隙偷射，茫茫灝灝，無天無日，無覆無根，飄緲不知所終。自然界之自由，莫此為雄！

更登，則雪愈深，而雪下之冰層更厚。雪覆堅冰，不睹罅阱之欄徑，失足陷墜，人隨足傾，寒冰地獄，現實喪身。前人足跡，後行遵轍之所由經，不緊相隨，跡滅轍斷，必迷誤入雪坑，雪立滅頂而傷生，如誤傍雪峰麓壁，雪墜時立葬活人，安危限於咫尺，生死決於俄頃。尼采曰：「人生最寶貴之經驗，為與生命作骰子戲！」雪山巡禮客，有是乎！有是乎！

瓊樓玉宇，高處不勝寒。囊布拉之頂，有鄂博經幡咒幟，如乘鸞女子鬢亂釵橫。自邦隆之種康至此，不足十五里，足健者亦須四小時始達山口，應為中國對尼之國界。藏人於此無有異議，而尼人則認嘉武鬐南四里之石板小橋為藏尼之界，尚有爭論，然而吾人不能不堅持山口之鄂博為藏尼之自然界標也！

鄂博之左，一峪尤窄險，進峪東行，不半日，即至天下第一高峰之埃佛勒斯，藏語呼之為接摩隆。接摩之義為女王，隆為峪，為小域之義，如雅潔其修辭，而擬譯此峰之名應曰「瑤母峰」，英人予其名為埃佛勒斯，甚無謂也！神話中言峰頂為佛法秘乘中一切雙身佛母總持之金鋼瑜伽母所居之宮殿，人跡不能至。設能攀至一

物感，產生眼睛奇癢、雙眼刺痛、視物變形等症狀，這是因角膜受灼傷引起的，最好的防護方式是佩戴太陽眼鏡。

謁佛母，得秘訣真傳，即可立身成佛。是故英人年年攀
登，終不能躋及其巔，因其為外道故也。惟英人攀登此
峰，至某一定高度後，即立高標，又高攀若干，則又立
之，現已立六標。如從囊布拉東峪去，適抵其第四標
處，大約已逾七千公尺，其毅力殊堪驚人！惟英人探險
此峰者多由大吉嶺出發，先至干壩、定結，經喀爾大至
雜窩仁波，從峰北麓上爬，尚無取道囊布拉者。據土老
言，囊布拉迄今尚未經一外人足跡踏過，故外人探險記
載中，尚無囊布拉一名辭也。

　　自囊布拉山南下，坡陡絕，足跟躋痛。初下時仍踏
積雪，次即見冰塊與碎石，情形與山北坡差相髣髴，惟
南坡冰川不如北坡之偉麗，無突兀地面之冰峰，亦少大
段之光冰層，或因南坡氣候較溫，積冰較易融化之故
歟？但南坡冰川多裂罅，及橫阻道路之小湖，左右峰
上，常有巨大雪城及岩石崩落，故道路更險。與其謂之
道路，毋寧謂之無路可走！懸坡間凡有一掌大之石片可
以落足者，即為路矣！行旅之艱困，莫可言狀，陡坡上
大量碎石之突然離散而滾落，冰川罅裂之隨時豁分，左
右峰頂巨雪之崩塌，高處岩山因風雨劘蝕而隨時剝落吼
擲。逢冰罅梗道，則盤繞以避，冰湖橫阻，則旋轉以
出。高峰東崎之下，則崗巒錯綜交雜，脈相紛亂，每每
路斷，則跨嶺逾崗，多至六七次。其尤難者，則今年之
路，非去歲曾經，此月之途，下月不識，隨時闢路，隨
時跡沒。冰罅之形成，冰流之衝擊，雪崩、崖塌，同具
破壞功能。地形之變動鉅大而急劇，非附近生長之土
著，不易深入此中。其有視雪山冰川如康莊，察地形而

知夷險，驗冰雪而得前進之途，由經驗而成習慣。忍飢渴，耐勞苦，無論男女，勤奮質樸，負重矯捷，活潑勇健之精神毅力，非外間人所能望肩於萬一者，其惟空布乎！無怪外人到處探險雪山，負重苦力多雇空布，足證其能力之高超也。

空布峪

空布峪即指囊布拉山南之溝峪之地，自山口直至初見植物處，約十七八里。脈勢稍衍，白沙細礫增多，崗巒皆與左右峰作南北平行，崗下流水亦漸有固定河床可循，崗上亦稍有固定之路。尼國政府曾命修理，但修理雖勤，終不如破壞之烈。崗上道旁，有一石壘圍牆，為一不完全之種康。過此峪水合流，得名鹿馬（Lug-Ma-Chu）。沿流下，約距山口二十五里處，西岸有種康，較山北邦隆之種康寬大而堅實，共有兩間。自此約略偏東南下行一里，過一木橋，逾小崗下，溝上再過木橋，又上崗，如是凡逾三溝，溝水都注入鹿馬水。後溝之西坡上，已有農田，高岸沙壤，耕作物以洋芋為主。出溝仍傍鹿馬水行，沿東坡岸而下，道右一莊，曰阿爾耶（Ar-Ya），距種康約二十里。

過阿爾耶後，植物生長漸茂，以圓柏為富，但不能高挺，團簇地面二三尺而已。牛羊遍峪，嘯歌時時振起於山巔水涯。六里，道左一莊，名馬爾彔（Mar-Lu），圓柏能直立生長。莊前直下陡岸，過橋，水略右折，正南向流。登崖傍岸行二里，崖原廣展，畎畝如棋枰，遍地洋芋、蕎麥，農莊甚大，名曰大爾誐（Tar-Nga）。

又里餘，下崖坡，潤水自西北流阻。過潤橋，圓柏高挺至七八尺或丈餘，用以製木碗之達瑪樹尤富，樺柳更密，都已成林，野花爛鋪，幽香沁體。又五里，原更寬，柏蒼翠，攢天蔭蔽。下一莊，名湯墨堆（Tang-Me-Tue），畦中佳蔬有白菜。莊後崖嶂黝然，壁插如天屏，坎轤六七，皆懸飛瀑，珠屑自峰影樹杪間，紛紛散落。嶂腰二三小屋，隱藏瀑後，仰羨神仙樓閣，恍入石谷[98]煙畫中。又里餘，至湯墨（Tang-Me），乃進入完全之森林谷中，雲煙霧景，嵐光雪色，松杉孤挺，柏櫸雄秀，攬之不盡。如囊布拉為無色世界，則此處應為綠的世界矣！

湯墨之崖，南伸一嘴，鹿納水繞其左麓而外流。路在崖內，約三里，則下嘴坡，湯墨水（Tang-Me-Chu）自西流來，此水源出空布西界之如波林（Ru-Po-Ling），至此被崖腳阻折南淌。折點過橋，傍其右岸行，二里，此水復合於鹿納，始名為納且水（Nag-Che-Chu）。又過橋，三里，道左一莊，名曰札磨（Dra-Mo）。又二里，東潤橫阻，不能直涉。稍稍折上東峪，二里，至潤之上流，過橋，里許，右瞰山坳中一莊，名山興（Sam-Shin）。又下行四里，抵納且（Nag-Che），人戶六十餘家，皆以經商為生，農事次要。尼國駐此少尉一名，兵士十四名，專司國境出入檢查，並負守土之責，蓋入尼之第一處關口也。自納且南下坡，棄河岸之路不循，逾東嶺下坡入溝，溝水源出雜

98　即王翬（1632-1717），字石谷，清初畫家，善畫山水，時稱畫聖。

窩仁波。溝上一橋，名拉則散巴（La-Tse-Zam-Ba），
過之緣東坡行，未幾，納且之水自對岸西峪中流匯。冬
季水小，則逕自納且傍該水下行，出此谷合路，毋須逾
嶺經拉則散巴也。

　　稍下，過橋行西岸，岸傍盛產花椒，矮樹披拂，
香氣撲鼻，醒人神思。未幾，一小莊，名董布（Dom-
Bu），距納且約八里，初見南瓜、四季荳，自此細竹箐
密。稍下過橋，至對岸之大巴（Ta-Pa），又一里，至明
錯（Min-Tso）。又半里許，溪水自東橫淌，過橋，又
里餘，復過橋，仍回西岸行，里餘，至德陽噶波（De-
Yang-Kar-Po）。以上諸莊，皆二十戶內小村。二里許，
過溪橋，又二里，至日密雄（Ri-Mi-Shun），莊較大，
約有三十戶。又二里，為喬配德（Ju-Pe-De）。過溪
橋，又二里，至策瑪頂（Tse-Ma-Din）。對峪水東岸一
莊，名曲察瓦（Chu-Tsa-Wa）。又連過二溪橋，約二里
餘，至拉布（Lha-Bu）。拉布以下，峪水澎湃，崖岸都
淹，除冬令不復能傍岸行。正道在東岸對莊魚寧（Yul-
Nyin）以下，須過橋以趨，但夏秋間則旁繞山道。自拉
布莊後直登坡壁，途灣而崖危，懸絕千丈，下臨斷澗。
里許有溪橋，過後，三里，又一溪橋，半里至色窩瑪
（Se-O-Ma）。又五里，崖壁龐大，作八十度角直立，
自峰頂削深谷，直一平面。石上流水涓涓，迥無途徑，
空無攀緣，坎凹之處，拄足而過，十餘步始跂，惴惴彳
亍羊腸高嶺間。半里過溪橋，至大德（Ta-De）。莊前
有摩天崖，矗欷霄漢，一片碩大花崗岩構成。懸瀑從天
而降，崖褶橫帶，瀑便傴僂一仰，而後復踴噴以出。如

是上下六七疊頓，始掛垂澗底，偉矣！

出大德，西南向，登旺札什拉山（Wang-Tra-Shi-La），或名娥董拉（Ngo-Dom-La）。坡道旁有洞，四里登頂，立下山，十里始落深澗。澗上架橋，水大而橋短，半涉而後過橋，石壁崚嶒觸鼻，猿猱以升。俯視澗水東下十丈，即直垂成大瀑，仰視不見峰頂，天光黯淡，夾崖合嶂之間，澗底直如督阱矣！登坡百餘武，怒瀑飛懸，徑遂絕。橫涉而過，瀑淋沒頸，前復無路，瀑裡捉足攀附二丈餘至一坎，始現路，泅登如水禼，漣漣以行。六里，道傍種康，名講納薩（Gyang-Na-Sa）。又上登四里，遇夾壁大石，挨身而過，過後半里才至山頂。講納薩猶蒼翠森然，山頂乃迥不見樹木，想見其高。回首東望，已不見納且之水，而山前之水皆不入納且，嶺高則水分，信不誣矣！相傳此山昔時無路，一高僧始闢，躋山頂時，帽忽飛入空中而沒，故得名為匣摩囊髻，藏語匣摩為帽，囊為天空，髻為失，言於天空失帽也。

下山四五十步，見矮樹。東南行，途坦緩，四里為章噶（Drang-Ga），有牛廠。其南道側一崖洞，容二十餘人，趕宿不及者投此。折西行，里餘，過二木橋，逾阿爾則瓦山（Ar-Tse-Wa），五里餘始躋其頂，實一慢坡小嶺而已。然坡雖慢而途仍險，每傍崖根鑿鳥道，窄狹不可放步，對面行人相錯，必須貼壁側身挨讓。三里，一溪自西流阻橫道，名鹿即（Lug-Dzi-Chu）。過橋，又四里，至鹿即鋪（Lug-Dzi-Pu），有牛廠。由此正西行三里，現一北溝，云進溝可至窩瑪錯湖（O-Ma-

Tso），以湖水色潔白如乳，故得名，為峪中勝跡。良辰佳節，佛教徒來此繞湖修功德者甚多，勤快者日可三十餘周，常有慕其勝之外人來遊，亦異境也。

折正南行半里，途小崗，岐為大小兩道。右而小者西趨，為冬季氂牛之僻徑，窄狹而遠。左而大者南向，為正道。自此下坡，十二里餘有種康，規模閎敞，具樓屋，房舍寬大，左右列配廂散廡，乃尼國王旨令地方修建，新近始落成者。蟬聲哀唱，蜂蝶翻飛，森林復茂，惜半經火燹，枯枝焦幹，觸目皆是傷哉！

下行二里，一石，高三丈，長四丈餘，鐫滿嘛呢，字大如斗，填硃色，點置溪樹間，殊覺別緻。里餘，道旁舊種康，又六里許，至一莊，名仁摩（Rin-Mo），有三十餘戶。過大德後，至此始見居民，莊後山路即拉布。過橋魚寧下行，冬令之途，至此相合。峪水名曰學戎（Sho-Rong），其正源自莊前西峪中流來，凡匣摩囊髻山南沿途溪澗，皆總匯於此，同向西南流下，始為空布峪中之主要水系。

自仁摩下行，傍學戎左岸，踽踽腰坡林木間，二里餘，過溪上木橋，如是七里內連過四溪橋。末橋堄峪土坡上，見桑樹一株，幹粗如碗，傍植四五，皆細小如指，此外遍覓不得，可謂空谷跫音。過桑樹，一里，對岸有莊，名薩諾木（Sa-Nom）。又里餘，村屋連續，參差疏落，二里坡間，斷斷續續，聯接為大村，名曰董色札（Dom-Se-Dra）。鐵鋪甚多，砧錘之聲，遠達數里，所出彎刀，馳名此邦。又里餘，對峪大水流匯，至此水名壽特噶邪（Dud-Kasia）。噶邪者，尼語水也。

岸側三家村，名曰配林頂瑪（Pe-Lin-Din-Ma），對岸之村，名曰岡朵哈桿（Gang-Do-Ha-Gen）。又四里，道旁有酤酒之家，隔河高坡森林中，猿猴啼躍嬉竄，令人神馳。自是連過二木橋，二里許，田中始見小麥、玉蜀黍、青稞等作物，高坡處三四西式大樓聳峙處，即帕隆（Pag-Lung）也。

　　空布原屬西藏，咸豐五年乙卯（西曆一八五五）藏、尼交惡，廓爾喀派兵強佔此地，遂成既成事實。空布峪永淪於尼，迄今已八十餘年。其地東至邦波接（Pang-Po-Kye），南至帕隆，迤南約半日程之峪橋，西迄如波林，北界囊布拉，面積約二萬方里，分為上中下三部。上部起囊布拉，迄拉則散巴，稱空布；中部起拉則散巴，迄旺札什拉山，與匣摩囊鬐山間潤底峪橋，稱把爾喀（Bar-Ka）；自此以下稱學戎，或稱夏巴（Shr-Pa），合三部總稱為夏空（Shar-Kum）。峪地道途危險，旺札什拉與匣摩囊鬐兩山尤甚，懸崖間蹠足處僅容寸趾，盤屈轉折處，徑常斷，以短木橫杙崖穴，搭跳板以續，失足則膚體粉碎。惟帕隆以下，道路平夷，直至印度北邊，僅六日，又四日，可至火車站。西赴尼，北赴藏，途皆艱難，交通雖惡而非錮塞，蓋孤遠而不僻陋之山國也。下半峪黃土沖積甚厚，仁摩以下，石山幾不現，林木繁富，松杉尤為天然利藪，然多有砍伐，無復注意栽植者，峪中農地皆犧牲森林所得來者也。農莊多在湯墨以下，洋芋為主要糧食，故田中作物以此為最多。全峪地利，究竟如何完全為不可猜之謎，蓋其地迄今猶在處女期也。

　　土著為西藏族之支系，文字、語言、宗教、風俗俱不異，血統亦藏族之胤。相傳其民之始祖，乃西康甘孜之木黎人，隨福康安大軍征尼所遺留者，後裔自稱夏巴。夏巴者，義為東方人，言其先來自東也。或曰其地處尼國之東，故曰夏巴，未悉孰是。其稱尼廓之族為戎巴，戎者藏語低卑窪峪之義，反言則夏巴，自高原之人也。迄今尼國於此尚未設官治理，政事一委於夏巴之豪族名喇嘛桑結（Lama-Sang-Gyas）者，每歲秋稔，由該族親赴各地收取人丁稅，有田產者另繳地稅。率都輕微，無苛擾，集齊後送解尼政府呈納，簡而不煩，因便以治，頗有王道樂土之風。擊壤之餘，頗善經商，夏則北逾雪山，冬則南下五印，進出自由，無盤查釐稅之苦，熙熙怡怡，生活舒適。彼輩入藏，見藏人之呻吟宛轉於苛政、暴稅、差徭、重賦之下，深自慶幸得為尼國人民，否則亦將同受摧殘，影響所及，遂令西藏人民涎羨無已，邊地往往有甘拋祖域以流入空布世居者。

　　民國十八年，藏、尼交惡，險至構兵，其因實起於一夏巴商人名接波（Gyal-Po）者，在拉薩經商，因房租細事，被達賴杖死。接波之父，即為一自西藏移居夏空之人，在血統上，接波原應屬藏，但彼供詞完全不承認此層，遂激起尼國出面干涉，由此而事態擴大。[99] 若非吾中央早日派員赴尼調解，則戎禍不知伊於胡底矣。觀此，亦足見藏政府之無能，暨邊地人心之向背矣！查

99　1929 年藏、尼交惡起因為傑波在拉薩非法販賣明令禁止的煙草，
　　傑波被逮捕後，最終受鞭打致死，雙方關係旋即劍拔弩張。

藏、尼間尚有所謂一八五五年之條約一紙，約中規定藏
方允許尼國得派官常駐拉薩、江孜、日喀則、聶拉木四
地，以便保護尼國商民，而尼民之訴訟，直接由尼員審
理，藏方不得干涉，於是尼國在藏遂享有領事裁判之特
權。尼為吾屬國，藏為吾直屬領土，世上竟有外藩臣
國，在天朝上邦境內享受帝國主義式之不平等權利者，
寧非咄咄怪事！雖云藏、尼之背景強弱懸殊，然當時之
駐藏欽差大臣之昏聵尸位，其肉寧足食乎！該約又規定
西藏每年須納歲幣二萬廓元於尼，作為賠償，迄今猶年
年秋後由定日稽恰代本派員賚送。藏之事尼，直如進貢
小邦之臣屬大國，為西藏之主人翁者，寧不羞愧忼慄，
痛悲死耶！

尼國東境之橫斷旅行

夏空道路，嘛呢堆絡繹，其四周俱砌石台，備行人
休坐釋負欹憩之用。帕隆以西，石板鐫刻尤佳，沿途留
覽，足遣枯悶，途亦頗不崎嶇，如冬令水小，河冰凍結
時，尚可騎馬，然究竟不如步行之便也。

下帕隆西坡後，過溝橋，進西峪，道旁植桃，累累
初實。順溪水上行，至拉已頂瑪（Lai-Din-Me）莊後，
西逾配接拉山（Pel-Kyel-La）至誐窩（Nga-O）皆黃泥
路，天雨濘滑，三十里間須費整日之力。自此赴尼京之
道，橫嶺重重，每踰山即涉水，涉而又跋，道途軌跡，
恰成波浪面，實喜馬拉雅南峪之一段橫斷旅行也。

由誐窩西行，再登果拉山（Go-La），下坡，半腰
一小莊名拉勒（La-Le）。再行至峪底，初見稻田，分

秧殊不工整，雜草叢生，耕作能力不及我國農伕遠甚。
峪水名黎哥拉（Li-Kola），哥拉者，廓爾喀語河也。
沿河北溯，里許，河上鐵索橫纜，經線僅兩鏈，垂直緯
鐵多有脫落，搭板椽鐵相距都過丈，橋板兩端頗不平
穩，板復腐舊，過時搖曳，有失足淹墜之虞。過橋後，
稍南向下，穿行稻田阡陌間，秫稈沒半身，足插泥水，
邁步頗苦。幸不久即右折登坡，乃一淺坳，溪水橫阻，
一長木置水西岸之大石上，成獨木橋。過之，西北向登
山，山腰之地，名曰絳瑪（Gyang-Ma）。其頂乃夏巴
與廓爾喀族之分界，然兩族多踰此嶺雜居同墾，是故此
段土著言語，乃不能保持其祖先之原來正統，成為一種
夏巴語與廓語之混合方言。近日夏巴人且多讀廓爾喀
文，無不流暢廓語，民族界限，漸漸消泯矣。

　　自絳瑪山頂迤西，嘛呢堆稀少，以至於不復見，
即有休座石台，亦無鑴經右刻矣。西北下坡，半山獨戶
小莊，名他大勒（Tartale）。復西北下，至峪底，鐵索
橋迎面，但不過橋而南折。沿河而下，河名密贊哥拉
（Mitsan-Kola），數里，抵一大集，名密贊（Mitsan）。
自誐窩抵此，約百里，山路足兩日程。集中街道，都石
板鋪砌，街旁商店林立，約百餘家，所售多布匹、鹽、
糖、煙草、雜貨等物，惟劣貨充斥，想見其經濟侵略之
無孔不入也。鐵鋪砧錘聲，送行人出鎮。南向不數武，
西折過鐵索，登山。稍登，遇溪水，過獨木橋。至頂，
前瞰左右兩澗，各自正西及西北兩溝流出，合於山麓，
復東下注入密贊哥拉。下山過右澗之獨木橋，繞過兩溝
間之麓腳，折入左溝，溯左澗西行。未幾，過獨木橋，

行潤水之南岸而抵希日窩瑪（Shiris-Ma）。自密贊至此，約五十里，無急坡危崖，耕地作物，見甘蔗，園圃多條竹，粗如臂，高數丈，碧翠陰森，一如江南五嶺風味。

由此西行，登雞史巴尼占鬐（Chisipani-Dranra），占鬐者，廓語山也。山下層陂綠盡，乃最美麗之水稻梯田也。下山連過二小溪上之獨木橋，經諾木朵察直（Nomdotratri）莊，乃落峪底。此峪名巴斯蒂（Basti），峪中患虎，道途頗不靖。峪水名巴斯蒂哥拉（Basti-Kola），河上有西式之鋼架鐵索，蓋懸橋也。其制，兩岸以工字鋼豎高架，鐵索皆細鐵絲紐絞成股，粗如指，十餘股合紐成弔索，粗過臂，繫架頂，索端復垂落及地，以絞盤麄緊，埋置岸上，周圍復砌磚石成堅垛，嚴封密合，無隙鬆脫。索既懸空，中彎下如弧，依其弧曲截鐵條不一，其短長愈近岸，則條愈長，依序垂掛懸索上，如是始能平其底。然後以工字鋼聯縛鐵條底端成經緯，鋪上木板，則橋成矣。橋面平展舒直，橋身堅穩，無復搖曳，可以通騎。尼人呼此種鋼架鐵索為卜爾（Pur），其國尚不能自建，此橋乃成於蘇格蘭之約翰漢德森工程公司之手（Jhon M. Henderson Co. Ltd Engineers, Aberden, Scotland）。[100] 過橋，坡間一大種康，由此上登基喇帝匝卜占鬐山（Kyiratitsab-Dranra），一小集，名達爾噶（Darga）。下山，基然結哥拉（Kyirangye-Kola）橫阻。稍北行，過河上之舊

---

100 應為 John M. Henderson Co. Ltd Engineers, Aberdeen, Scotland。

式鐵索,朽敗尤甚於黎哥拉之鐵索。至西岸,即登山,道左一崖洞,可容十餘人。趕宿不及者憩此,地名曰巴直古直(Patrikutri)。此山乃一東西行脈之支脊,道即在脊上。向西行,左右俯視,皆東流潤水,躍然硏然注入基然結哥拉中。行盡此脊,即至基大日山(Kyitari-Dranra)之頂,一莊,名曰頗哲(Potre)。下山,傍峪溪之南岸行,未幾過獨木橋,改至北岸行。經丕的(Peti)小莊,涉一橫溪,其前又一溪,過獨木橋,至黎森哥莊(Lisenko)。莊後落峪,峪水即名黎森哥哥拉(Lisenko-Ko)。其上有鋼架鐵索,過後登坡,經迦拉巴直(Kalapatri)小村,而逾加拉巴直占髻山(Kalapatri-Dranra)。下山為窩波爾村(Opor),村前之水名窩波爾哥拉(Opor-Kola),水上橫獨木橋。過之,重又登山,經寧加里村(Ninkali)而逾寧加里占髻山(Ninkali-Dranra)。下山則折而南行,約十餘里復西折,二里又南折,四五里忽左折,東向行一段約三里,又回折向南。蓋路勢隨山勢,故多屈折。自寧加里山以東,基大日山以西,諸峪之水,皆注入黎森哥哥拉,其下游復入於薄哲河(Bhotia-Kola)。自黎森哥峪後,森林漸稀,農田面積增大,兩山坡間,層層疊疊,皆綠稈金穗。涼風送過,稻香撲鼻,田園中香蕉、橙橘、毛荳、南瓜、番瓠、辣椒,皆有種植。惟土著鴃舌之音,無復通意,殊為漫漫長途減少風情不少也。

自是一連數村,為帝剌瓦里(Dirawali)。西折下山,蚤八斯(Tsabbas)、聶巴的(Nyepati),復折北下,直落山腳,乃至薄哲(Bhotia)。其北,聶巴的之

峪水流來，西北擦哥拉（Tsa-Kola）注下，滾滾滔滔，頓成大瀆，向南流出。橫斷諸峪之水無不總匯，隨之歸入恆河（？）。聶巴的水上，一鋼架鐵索，入薄哲河口，又一鋼架鐵索，一直一橫，咫尺之地，連過兩橋。薄哲形勢之要，全繫於此，屹然為尼國東部第一關隘重鎮。薄哲河中，數見刳舟，其舟乃一根整木，刳空其中而成，長二丈，寬不過尺，溶漾中流，殊有太古風味。

西北行，斜進擦哥拉峪。傍在岸上溯，漸登山，約四十里，始躋其巔，一大莊名曰薄雪亞（Bhoshia）。下山仍西北行，為薄雪亞之下莊，見南麓大平峪，彎壑遠抱，渠洫縱橫，稻畦遍野，莊村密茂。下至峪中，循北邊緣傍麓西進，所經平地村莊，依次為盤絲菓兒（Buanskol）、他大勒（Tartale）、麻新巴直（Masinpatri）、匝哈爾（Tsahar）。自此復進峪，登鄂畢山（Obi-Dranra），四十餘里始至頂。望見即古河（Dziku-Kola），聚諸壑之水西南淌出，其下游當亦匯歸恆河（？），惟與薄哲河異趣耳。

逾鄂畢山後下坡，未幾即至南無佛陀（Namobhudhaya），有佛廟浮屠銅鑄，高三丈，朝拜者甚眾。市周街道純用青石板鋪砌，光潔滑亮，頗有中國內地縣市風。漸行出峪，至巴尼巴鎮（Baniba），居民鱗次櫛比，商肆亦數百家，電話、電燈、長途汽車悉通於此，蓋彼邦畿輔之地也。自此村莊炊煙相望，道途平坦，大鎮如誐薩（Ngasa）、巴特高（Badgau），皆要地，巴特高且駐兵營，約一團之眾，其西五十里，即尼京加德滿都也。橫斷之旅行於是告終。

七、加德滿都速寫

　　加德滿都實為一邱陵峪地，周圍之山，不過一千二百公尺至一千五百公尺之間，南去盡起伏地，北面多高原。河流皆喜馬拉雅山頂消融之雪水，泥沙沖積，土壤富厚。氣候在北緯二十七、八度之間，一年中有九個月承受印度洋北上之暖流，雨量充足，歲可三稔，為最好之稻作農區。古時即為尼泊爾族建國之都城，十三世紀後，印度西北部民族逐漸南侵，尼國西部原有土著廓爾喀族亦被逼東移。至十六世紀，廓爾喀族始強大，滅尼而據有其國。迄今尼國內部乃為信奉三種不同宗教之三個主要民族所混居，即廓爾喀族奉濕婆教，[101] 尼泊爾族奉佛教，回族奉回教，數百年於茲，相安無事。鰲考其故，則廓爾喀人統治力量之深厚，所以致之，而同化政策實收鉅功。在強迫方法之下，尼泊爾族皆棄佛陀而改宗濕婆，迄今佛教於尼，除少數留學錫蘭、緬甸之尼族比丘外，幾於絕跡。尼文亦僅少數僧侶與學者能識，全部尼族除語言尚能保存外，其餘莫不同化於廓族矣。回族之在尼，如其同族之在印度，雖不能左右政事成為領導勢力，然堅忍挺拔卓立於社會中，決不受異族之同化。惟廓爾喀之宗教觀念甚為頑固，對回教歧視特甚，廓爾喀族未來統治心腹之患者，恐為回族民族主義之日漸抬頭也。其餘居住北部高原地帶之藏族，如空布、瓦

---

101 為印度教四個主要教派之一，其信徒認為濕婆是最高的神，是宇宙創造力量和破壞力量的化身。

隆、榮爾磨（Yam-rMo）等族，無論在文化、經濟皆處
於臣伏地位，除非雪山以北之正統藏族有辦法，則此三
族不歸同化，則被淘汰，無足論列。

政治上，尼國之制度殊為特別，為世界各國所無
者，即尼國現共戴兩君：一曰提婆羅宰（Dervaraj）[102]
或稱定薩噶爾（Dinsakar）；一曰摩訶羅宰或稱班薩噶
爾（Pansakar）。惟提婆羅宰無權過問政治，在尼國之
習慣上，認彼為宗教上之法王，然又無權管理國內之宗
教事業，蓋一虛名君主而已。摩訶羅宰由班薩噶爾族世
襲，父子、兄弟相繼承襲，由其族自以法律規定。摩訶
羅宰死亡、出闕，則依序擇立，由提婆羅宰加以親任授
政式之禱祝典禮。是故，尼國以外之官樣文字中，常常
分別各譯此兩尼王之銜名。例如：清時平定廓爾喀後，
所訝賜摩訶羅宰之金印印文為「統領廓爾喀兵馬大元帥
尼泊爾國王銜」，稱國王而曰銜，復繫於大元帥官銜之
下，其非正式國王明矣，於此不得深佩當時乾隆帝之明
察也。英國文件中稱提婆羅宰為國王陛下（His Majesty
The King of Nepal），稱摩訶羅宰則僅總理而已（Lord
Minister，Lord 為英國送彼之爵位），如將彼之職位譯
為「總理王大臣」，則無人不豁然明瞭矣。現任總理王
大臣者，名曰足多三希爾（Juta Samshir），[103] 弟兄十七
人，彼最幼。其侄孟三希爾（Mon Samshir）[104] 乃前總

102 即 Devaraja，意為法王。

103 即 Juddha Shumsher（1875-1952），於 1932-1945 年間任尼泊爾
　　總理。

104 即 Mohan Shumsher（1885-1967），於 1948-1951 年間任尼泊爾

理贊特羅三希爾（Chandra Samshir）[105] 之長子，曾參
加歐戰，助英軍，獲英王所賜 Lord 爵位，現任尼國兵
馬大元帥。其弟名巴布爾三希爾（Baber Samshir）[106] 亦
曾參加歐戰，現任尼軍總司令，民國十八年主張侵藏最
激烈者即此人。其餘師、旅、團長，無一非三希爾族之
貴冑子弟。凡其族，幼兒初生，即錫以將軍職位，無賢
不肖，成人即赴軍受任，始學操於部卒，然後習韜略，
蓋以仕為學者也。政出一門，由來久矣，尼人雖自覺其
國為雙頭君主，實則略如日本十八世紀時代之幕府政治
而已。其國共有軍額才二萬五千人，約兩師之譜，軍中
將級官佐位置聊聊無幾，而三希爾族之子弟眾多，不敷
分配，於是營長以上，盡以王族子弟以將級授補。王族
之外，其餘貴族，無論積功若何，至多不過能至上校，
猶不能直接統率兵隊，僅為參謀、軍需、軍械等佐屬之
官而已，其子弟則遞補連、排等尉官。平民入軍，止於
軍曹，兵役祇限於廓爾喀族，是故軍隊完全成為摩訶羅
宰一姓之物，而受大不列顛帝國之御用。而尼國之軍費
全部受豢於英，每年由英印殖民地政府撥盧比一百萬元
外，所有軍服、槍械、子彈，全自英國發給，英國編
制，英國訓練。其國境內無盜賊，無反叛勢力，安內有
警察即已足用。其邊地東哲孟雄，南聯合省，西拉達克
與旁遮普省，皆英國屬地，尼軍自無須在此等邊境上設

總理，是拉納家族最後一任掌權者。

105 即 Chandra Shumsher（1863-1929），於 1901-1929 年間任尼泊爾
　　總理。
106 即 Baber Shumsher（1888-1960）。

防，則其軍隊設遇對外戰事，則定必為其北邊之西藏，
否則必為赴英國之驅策，調往他處地球上之一角作戰，
供人犧牲，除此二者之外，絕無用武之地。當歐戰時，
廓爾喀兵士驍勇善戰，死傷殆盡，犧牲慘重。如遇二次
世界大戰，已受痛苦教訓之廓爾喀人，恐不易再受英人
利用，則斯後尼軍得以專力致慮於何方者，中國人民當
及早省悟而事預防！否則民國十八年之禍變，隨時隨地
皆可發生也。

　　其國無立法，摩訶羅宰之敕旨即法律也。行政設
四員加濟（Kagi）分理，一司民政，一司財政，一司外
交，一司農工商。司法直接由各縣知事兼理，而最後訴
訟決於摩訶羅宰。目下尼國政情尚稱順適，因異族革命
毫無實力，農村生產之自足，經濟頗資維持，而尼人之
在印、藏兩地經營商業者，皆能獲利贏歸，一般人民購
買力不弱，社會問題暫不至發生，廓爾喀族之統治當可
尚能繼續若干時期。惟尼國未來隱憂之最速與最堪慮
者，恐在三希爾族之內裂。查尼國自贊特羅三希爾死
後，由其弟明三希爾（Min Samshir）[107] 嗣立，未及二
年，適逢一九三三年尼國大地震，[108] 災區及於全國，自
以福德不足以臨民而引退，即由現總理足多三希爾嗣
立。足多為人溫和穩健，子侄樂戴，如一旦足多身死，
則其同代更無幼弟可傳，勢必落於後一代侄輩手中。而

---

107 即 Bhim Shumsher（1865-1932），於 1929-1932 年間任尼泊爾總理。
108 指 1934 年 1 月 15 日發生的大地震，震央位於尼泊爾東部，影響
　　及於印度次大陸北側。這場大地震摧毀了尼泊爾大部分的建築，
　　約萬餘人喪生，大量房屋倒塌和損壞。

其侄輩平日多齟齬，暗立門戶，廣結黨羽，將來更難免不起而爭立，訓至鬩牆水火，定所難免。其中如巴布爾三希爾厚結英援，誠恐他日尼國重蹈不丹諸王爭立亡國之覆轍，則吾國碩果僅存之名義上之藩屬，又成歷史陳蹟，而西陲之邊患將更深進一層矣。

尼國除此分裂之隱憂外，尚有內政上一種制度上之缺點，即廓爾喀人對於境內之藏族，現尚未設官直接治理。例如北部之榮爾摩，現轄於一中國四川人後裔之支那喇嘛；東北部之夏空，則轄於其地豪族之帕隆桑結喇嘛是也。兩喇嘛對其所轄之人民，有派差徵賦審訟之權，世代承襲，不啻封建土司之奴視其民。對於廓爾喀政府之唯一之責任，僅為將所屬人丁地稅代收繳送於政府而已。設若兩喇嘛一旦背叛尼國，則此兩族人地必隨之而失。如果雪山上之正統藏族具備雄厚實力，且有遠大民族眼光時，此兩族必終有返回祖國懷抱之機會。但鑒於現時此兩族人被同化之激烈，幾無人不說廓語，不讀廓文，而廓族自身復驚悟之早，努力執行強化政策，恐不久之將來，廓爾喀人不免在此兩地建縣設治，委官直接統治之也。

尼國之外交，現主持者為一架齊，其名曰馬日齊馬爾沁（Marich Mar Sing），為廓爾喀政府中惟一之尼泊爾族要員。其人幼即遊學於印度，畢業於阿拉哈巴大學（Allahabad University），[109] 知識開朗，手腕活潑，頗具官僚習氣，辦事不甚負責，但小心謹慎，頗獲三希

---

109 成立於 1887 年，是印度最古老的現代大學之一。

爾族之信任。其辦公處，亦即尼之外交部，稱曰即希哥察（Jeshikotha），三間小屋，簡陋不堪。實際尼國亦毋須專設一外交部，因尼除對英、對藏而外，無所謂外交。英國在加德滿都設有公使館，不啻為則希哥察之指導機關。其對藏則則希哥察實為尼國壓迫旅尼藏族同胞之唯一桎梏，西藏人來尼經商、朝聖，稍有不合，即橫加組鍊，凡藏人向拉薩通電，必須經彼檢查。西藏政府從不知外交為何物，何論談到保護僑民。返之尼國在西藏境內則有領館四處，有領事裁判權，有駐館衛隊，尼商積欠西藏政府資本債款，因尼領事之袒護而緩付，而減息，甚而至於賴債，相形之下，如隔天淵。查尼國為吾屬邦，贊特羅三希爾復受我上將之贈，我國早即應與尼成立正常直接外交關係。一則以保護僑尼藏人；二則減少西藏西南邊之隨時發生之糾紛，即使發生即且便於調解補救，以釋輕國防上之顧慮；三則推銷茶、絲等內地商品於尼境，以拓利源。此種籌策，恐迄今猶未在吾賢明之外交當軸諸公廟謨偉畫之中。惟吾人仍須極力主張我國應有一對尼之外交政策，與解決藏事辦法兼籌並顧，此實為每一關心邊務有識之士之中心焦慮問題，尤為外交部與蒙藏委員會，及駐藏人員之責任。吾人應為藏民解除尼國之不平等待遇之痛苦一也；安定藏尼邊界，如加拿大之於美國二也；使尼勿再向英國懷抱作一面倒，應造成尼國為中英兩大屬地之藏、印間之緩衝地帶三也；中尼之和好友誼，能擔負西藏國防百分之五十之責任，為西藏最好之安全保障。有此四因，我不必必以藩位待尼，亦不必必尼之自甘以上國奉我。吾人最低

要求，應趕快在加德滿都設立中國公使館，以分尼國目
下全盤受控制於英公使之勢，則於願已足。民國以還，
除民元尼一度貢使道阻折回後，巴文俊、[110]張銘、[111]黃
慕松[112]皆曾到尼作客，此等皆為將來中尼關係直接進
步之實際起點，願國人努力為之。現駐尼英公使名貝萊
（Baily），[113]曾任西藏政府顧問，助噶廈創立警察及水
電廠，蓋亦一西藏通也。

尼國交通之核心雖為加德滿都，而其咽喉則為鄰尼
國南邊之印屬饒克嫂兒（Ranxaul），[114]無論郵電，皆
自此轉遞，全受控制。一渺小之狹軌鐵路及一不完全之
公路幹線，皆自此發跡。鐵路之長，不足百里，公路且
不能直通京城，並近畿短矩離之鄉鎮汽車路長度之總
和，猶不及饒克嫂兒與加爾各答間之鐵路哩數，現代交
通設備，可謂無足道哉。郵電且直隸於加爾各答總管理
局，電線僅限於尼京至饒克嫂兒一段，郵路則尚可通至
近畿鄉鎮。加德滿都郵局辦事人員，雖都尼國人民，但
所售全為印度郵票。郵政業務如售票、掛號、匯款等尼
人均能自任，但拍發電報除收費外，即令拍電人持電稿

110 巴文峻（1901-1987），字維崧，土默特旗人。1930年奉派赴尼
　　泊爾交涉中尼關係，時任蒙藏委員會參事。
111 張銘1931年奉派赴尼泊爾授予該國總理陸軍上將銜與一等寶鼎
　　勳章，時新任駐印度總領事。
112 黃慕松（1883-1937），廣東梅縣人。1933年第十三世賴喇嘛
　　圓寂，隔年奉派赴拉薩致祭，回程由尼泊爾、印度經海路返國。
113 即Frederick Marshman Bailey（1882-1967），曾擔任英國駐江孜
　　商務委員與駐錫金行政長官等職，於1935-1938年間任駐尼泊爾
　　特命全權公使。
114 今Raxaul。

赴英公使館所附設之郵局拍發。英人所設之郵局，職員皆來自孟加拉，無一尼國人民，從彼輩手中拍撥尼泊爾全國之電報，並又重複執行各種郵局業務。故尼國之郵政，亦如其國政之有雙頭君主式者也。電話僅京城少數私人貴族裝置，長途電話之成績一如電報。水上交通，除尚致力於橋樑外，僅有太古時代獨木刳舟，亦不過用以擺渡而已。境內復無可以通航之河道，所有一切舢板、駁船、民船、帆船、梭子船都無需要，新式渦輪、馬達、汽輪尤非境內人民所能夢見。天空航線，更無一條，除曾經旅行印度各埠之少數人外，大多數人尚不相信今日之世界上有飛行器之存在。除上等貴族家有收音機裝置外，無任何無線電設置。聞得拉薩已設無線電台，則均懷嫉妒之意，而大睜其兩眼，以為虛幻謊報而不信。即以舊式交通之牛馬拖曳之車輛而言，亦不能逾越尼京東西北三面一日之程以外，軍人騎馬活動之範圍，亦復如是。是故，旅行尼國唯一可恃之交通器具，厥惟父母所遺人人具有之兩足！一切貨物皆藉人力背負，市場上所有商品之售價，都為尼國苦力汗血所積累之代價記錄。尼國王、貴族所用之汽車，皆預先在邊境拆卸成零件，然後始由苦力背負至宮邸之中。人民百分之九十九無代步，是故尼國人民不得不辛勤，以耕作之餘力，為人負販轉運，以通鄉野之有無，否則窮僻之區無由獲得糖、鹽、棉紗、布匹、洋火及其他日用必需品，由是養成尼人強健、蠻悍、刻苦、喜鬥之精神。此種精神表現之尤著者，厥惟跬步北逾雪山不憚勞遠之尼國旅藏商人，其北來之道最要者有二：一西北通濟隆，

另一東北至聶拉木；次要者二：一北通戎轄，另一東境北上之喀爾大；其餘若空布、榮爾磨及西境鄰誐日，諸道皆小路紛岐，任何一路都可進窺西藏，而愈不注意之路，則含危險性愈大。以目下尼京北通聶拉木之道路而論，軍用大路久已直達藏邊，一旦發生軍事行動，則自尼京開拔，至多十五日即可完全佔領日喀則。

加德滿都之市街，近代變動極鉅，決非二十年前曾經到過尼京之人所能想像。舊王宮附近之建築，皆尼泊爾王朝時遺物，昔時街道稱最宏敞。今則除鋼王宮外，一律改築新式立體鋼骨水泥建築，摩天凌霄，崇高軒朗，而路面殊少改進，凸凹不平，汽車對駛，則行人無處閃避，常致肇事。然尼泊爾式之固有建築，仍惟以此一帶保存最富，而以舊王宮為其代表作。宮之四週，皆二層樓，門扇窗櫺，細鏤花紋。樓簷突出臨街，簷上遍懸佛法密乘中之本尊護法等塑像，如使一熟研密典之人來此考察，則可數知四部瑜伽中所有主要諸本尊天，皆已完備羅列於樓之周圍。惜年代久遠，暴露於外，風雨剝蝕，像身多所殘缺。顏色塗鬃不能追蹤前代，紅黃藍綠任性抹刷，無絲毫調和，尤為惡濁不堪，使遊觀者無法利用剎那之時間，以瞭解其藝術之真髓，為之貶損價值不少。宮頂銅瓦斑駁霉綠，乃知西藏宮殿建築之用銅皮金頂，或從尼泊爾學得者歟？考藏中史傳，西藏進化時代，所用佛像建築技工多由尼國聘請，藏工且執業備弟子列。蓋尼泊爾王朝時代，尼人之雕塑、繪畫、刻鑄、建築等藝術，原極光輝燦爛，睥睨五印，隨尼泊爾王朝之亡，立即淪淹。迄今尼人之求佛像者，反須北來

雪山，令藏人居反哺之功，不亦悲乎。

　　新式之加德滿都則在南都半城，蔭森之公園，整齊之街道，豎立之銅像，林立之商行，夾道之婆樹，禁苑之噴水池，行人道之自來水管，以及指揮交通之紅布纏頭之警察，規模宏大之國立醫院，一切、一切。自贊特羅學院（Chandra College）至英使館，自定薩噶爾宮至班薩噶爾宮，無一非二十年以內之新建者。彳亍此區中，幾忘其身尚在東方小山國之尼泊爾，此等純粹歐美式之建築，完全出於印度、孟加拉之再販工程師手中之設計。尼國現尚無一自產之建築工程師，尼國如之何而有藝術？固有之藝術不亡安可得？不為人藝術之奴隸又安可得！

　　加德曼都既為尼國政治之中心，又為尼國之經濟重心。自鑄貨幣，亦名盧比，有一元、半元二種。銅幣曰披沙，每盧比換二十四安，每安換四披沙，如以盧比換披沙，則可得百枚。每盧比對印盧比之兌換率，通常千元須貼水二百元至五百元之間，幣值亦極不穩定。尼國無銀行，故無鈔票之發行，市面流通之鈔票，盡印幣也。但尼政府每半月發行彩票一次，票額十萬張，每張售尼幣一元，抽籤中彩，頭獎一萬元，二、三、四、五等獎等差而下。據云贏餘之款，即用以建設尼京市政，故照尼京現有之市政成績而言，此種彩票已盡高度之努力。輸出生產之數字，因關稅制度未立，無從調查，若有，亦極低矮。百分之百之工業品，都須仰仗外國，其抵銷國際支付之差額，全賴旅外經商之尼僑匯回之贏餘鉅款，情形蓋與我國華僑匯款以平衡國際收支之情形差

相髣髴。故尼為一重商之國家，其國王貴族，皆參加孟
買、加爾各答各種企業，而為之股東。尼人之在外經商
者，每每政府為之出資本作其後盾，例如旅居拉薩之尼
商燈籠廈、曲伸廈、目的重康等，大部分皆尼政府之資
本也。尼國無論上下，既都重視商業，自然貴能貨暢其
流，自無創設種種稅制以阻限之必要，或謂頗有十九世
紀英國商業自由主義之風，實則不然。蓋英國之自由主
義，完全為吸收原料與推銷工業品之便利而打算，而尼
則完全替各帝國主義推銷商品，反以之剝削印度、哲孟
雄、不丹、西藏、克什米爾，甚而連其自國之人民亦在
其內，蓋完全為帝國主義吸血資本之劊子手，為帝國主
義經濟所利用之被動奴隸，自由曷云乎哉？是故，印度
之繁榮即尼泊爾之繁榮，其關係之密切，恰如附庸之對
於宗主國家。廓爾喀人自以為其國為完全之獨立國家，
實際上完全為印度之商品順民。由於此種安順狀態，印
之經濟統治勢力，即為尼之政濟統治勢力，是故廓爾喀
族藉之得以維持其統治地位，而造成尼泊爾境內目下太
平小康之景象。一旦此種順民狀態發生變化，則尼國之
紛擾將至若何程度，殆非可以預先想像者。現據吾人觀
察所得，已有三種因素可以改變其順民經濟之特質：第
一為尼國人口之增加，尼之鄉野到處均見高山峻嶺山開
闢荒地，人民出國謀生之眾，壯丁多半服務於印度軍隊
中，如此種情形繼續增長至人口密度飽和點時，尼國必
發生困難之社會問題。第二如尼國北鄰之西藏，統治能
進步，文化突飛至現代水準上，尼必受其刺激，而促進
本身之改革，否則在在處處均有受藏威挾之虞。第三為

英帝國主義在印度殖民地統治勢力之消滅，或印度民族
革命成功，則廓爾喀之統治連帶失去憑藉，尼國境內之
被壓迫民族群起革命，彼時尼國再欲如今日之安居樂業
為不可得矣！

　　尼國市場上之商品，汽車、摩托、自由車、電器材
料、收音機、留聲機、攝影器、英印書籍、文具，一切
新時代用品，應有盡有。尼國之原料，應全為木柴，而
汽油、煤油亦有大量入口。旅館、餐館、澡塘、娛樂場
所等半服務性質之營業，迥不曾見，銀行、交易所、信
托、保險等一切現代化之企業組織毫無。所有加德滿都
之商店，完全不知利用廣告以推銷貨物，由此可知尼國
商人之商業技術之程度，商品在彼輩心目中，僅為一死
的不變值之物品，毫無靈活運用之餘地。是故尼人之經
營商業，可謂完全為商品而生存。市場上尼人為之推銷
最力者，厥惟日本之棉毛織物、鋁器、糖菓、文具及其
他雜貨，盈滿充斥，而中國貨遍覓後，祇能發現香港所
出產之半國貨（？）之國色牌香煙一種！具有九百萬人
口消費力之國家中，中國國貨推銷之成績，乃僅如此！
如謂尼人除國色牌香煙外，對中國貨毫不需要，則寧有
是理！以茶而論，廓爾喀雖嗜印度之紅茶，然空布、瓦
隆等處藏族，則完全同西藏，嗜飲我國川、滇產茶，尼
泊爾族亦有大多數人嗜之者，彼等皆須由後藏轉販背負
逾山始能獲得，運費倍蓰。實則滇茶由緬、印運藏之
前，即可由加爾各答直接運尼，可以節省在尼售價四分
之三。如中國之綢緞、罐頭、食品、漆器、竹器、玲瓏
飾器等小件，凡旅居加爾各答之尼人皆樂於購回作贈送

禮物。即以紙煙而言，中國紙煙較國色牌高尚者，不知
凡幾，尼人何至於獨獨賞識國色牌也哉！凡此都為國人
推銷不力，不肯開拓尼國市場之過，豈能怪尼人之不識
貨耶！反之，中國人之購買尼貨者更多，尼國森林中，
野獸繁滋，虎、豹、犀、象之皮骨牙角，皆運至加爾各
答賣與中國人。犀角長過八寸者，在尼僅值印度盧比
八百元，而在加可賣倍價，犀黃、熊膽等珍貴藥品，更
屬不貲。尼之南境廣植罌粟，收土打包後，運加售與中
國人，每包售七八十元，可獲利五六十元之譜。嗟乎！
似此等不名譽之買賣，凡為世界上其他民族所不屑為
者，必有中國人為之，豈非天耶！中國海關冊上從未發
現尼泊爾之名字，習知以為中、尼間無貿易，非也。因
關冊上印度一欄中，輸入部分即已包括尼泊爾與西藏在
內，此外如犀角等珍貴藥物，大都由採購者回國時親身
攜帶。是故非國人親履尼國探訪得情，無人能知中、尼
間有貿易關係之存在也。

　　贊特羅學院 [115] 成立於一九一八年，為紀念前摩訶
羅宰贊特羅三希爾而建，為尼國唯一之高等學府，僅有
英國文學、哲學、理科三系，文學系程度較好，理科課
程尚不如我國高級中學。附設一中學，設備具簡單，課
本皆用英國教科，學生共百餘人。現任校長為贊特羅三
希爾之幼子，名蘭姆三希爾（Ram Samshir），彼畢業
於印度之阿拉哈巴大學。除彼外，各系主任及教授皆印

---

115 原稱 Tribhuvan Chandra College，1924 年更名為 Tri-Chandra
College。

度人，校中一切制度及辦學精神，完全仿諸印度，並與
印度各校保持密切聯絡。凡印度中學畢業升此，及該
院附中畢業升學印度各大學，及該院與印各大學互相
轉學插班者，一律免考。實則此校完全為一印度殖民
地教育之忠實接受者，除替英國造就文化販賣人外，
毫無意義。惟該院圖書館中，保存一部尼國耆那教最
古之梵文咒笈，尼人呼之為呾特羅耶（Tantaraya），
完全為貝葉書成，約一百另三（？）包，皆完好置於
館中玻璃櫥中。一九三三年，有意大利學者某在此研
究，[116] 據其所發表之結論，謂目下西藏佛教最上乘之大
乘密法中之金剛乘秘密瑜伽密典中，所有之儀軌、壇
場、次第咒語，完全與此咒笈中所發現者毫釐勿差，
因斷定大乘密法金剛密典為佛教末流，無可奈何襲抄
耆那外道之傑作。是故該咒笈在世界西藏學者之前，
遂成為一價值崇高之典籍，談西藏佛教問題者，不可
不注意及之。查西藏佛教初受漢地禪宗之影響，後因
漢僧大乘（Mahamaya）和尚與印度學者迦摩邏什邏
（Kamalashila）辯無所有了見之空性，失敗而遭放逐。
於是迦氏同另一印度著名之般若學者寂護（Shi-mTso）[117]
赴印敦請蓮花生（Padmasambava）[118] 入藏宏法，正教始
揚。蓮花生者，或謂其為尼泊爾人，有二妻，一名曼陀

---

116 即 Giuseppe Tucci（1894-1984），義大利人，東亞研究學者，尤
　　專精於西藏與佛教史。

117 寂護（725-788），將印度佛教傳入西藏，建立了最早的藏傳佛
　　教僧團。

118 印度那爛陀寺僧侶，後入藏成立僧團，是藏傳佛教的開山祖師，
　　被稱為第二佛陀。

羅婆（Mandrava），亦尼人，初得道，亦在尼之南境
某地，其入藏，亦自尼往濟隆。傳稱其具大神通，精禁
咒，其教復主修《馬明》，西藏舊派教法於是靭立。千
年之後，直至宗喀巴組織密學，成四部瑜伽[119]時止，所
有歷代密典翻譯之原本，計尼泊爾籍在百分之八十以
上，足見西藏密宗與尼泊爾關係之深。贊特羅院圖書館
中之耆那咒笈，或為西藏密宗之原始乎？該館中尚有
日本《大正大藏經》[120]一部，為日本之西藏通河口慧海
氏[121]所贈送，特闢專室庋藏。中國人睹此，當生何感？

尼京之中等教育，除贊特羅院附設者外，不見第二
個中學，小學雖有若干，然亦不敷用。公立小學校中，
往往三人擠坐一桌，且又全為廓族兒童。尼泊爾族兒
童，欲求在公立小學校入學者，每苦無位置以安插。私
立之小學校，僅回族有一所，復不收回族以外之子弟。
尼族智識階級之熱心份子，雖競開私塾以容納之，然而
私塾之設備不免簡陋，課堂亦即教師之臥室，二三十幼
童，挨壁席地而坐，寫字時彎腰曲頸，習慣每成駝背、
近視之症，至不衛生。復因兒童程度不齊，教師勢必用
各個教授法以傳習，事倍而功半。至於藏族之學廓爾喀

119 指藏傳佛教密宗修行的四階段，分別是事部、行部、瑜伽部、無
　　上瑜伽部。瑜伽即規則之意。

120 即《大正新脩大藏經》，於 1924 年（大正 13 年）開始編輯，由
　　高楠順次郎、渡辺海旭、小野玄妙負責編輯校勘，1934 年完成發
　　行，旋即成為學術界應用最為廣泛的權威版本之一。

121 河口慧海（1866-1945），日本佛教學者、探險家，曾至尼泊爾
　　與西藏，是史上第一位進入拉薩的日本人。他於 1897 年前往印
　　度，1901 年到達拉薩，1902 年離開西藏，1913 年又再度入藏，
　　著有《西藏旅行記》等。

文者，多在附近鄉村就識字之尼、廓兩族人執弟子禮，實則大多數藏族子弟，仍送往寺院中隨僧侶學習藏文及佛經，或竟令之出家。故尼國目前尚談不到強迫之義務教育，廓爾喀族雖欲極力同化他族，其如環境枯缺何！尼國國民教育之最大缺點仍不在此，乃在其教科書之充滿神怪荒誕之氣味。如小學第一冊之廓文（亦即印度文 Hindi）教科書之封面，為一繪有耳、目、口、鼻之太陽神，圖下注以奈摩波羅薩之神名（Nemaparas Deva）。第一個插圖，為手搖縫衣機器；第十二課插圖，為一雙頭三眼四臂半裸體之一男一女交腿同騎一牛之像；第十九課插圖，為一髭鬚蝟戟之四臂魔鬼撕破一男之胸膛，以右手探取之狀。凡此殊不知尼國國民教育用意之何在，令人不敢遽加批評。

　　尼國之社會教育亦不發達，迄今尚無日報之發行。雖有一種似是 *Current History* 性質之半月刊雜誌編輯出版，然而印刷卻在印度，蓋尼國迄無一印刷廠也。中等以上學校之書籍，胥用英、印原版，自編之小學教科，亦在阿拉哈巴印刷。然尼人所最喜愛之讀物，除印度出版之印度文日報外，厥惟印度教之宗教宣傳刊物及色彩圖畫。上等社會及政、商兩界之大多數人，則能說英語與閱讀英文日報，彼等頗以能通英國語文為一種驕傲，而自處於社會之領導地位。是故，尼國之文化水準，頗為低微，於是留學印度之風競起，近年來，尼國青年以此為時髦。然而統計其所有留學之成績，迄今尼國人中尚無得博士學位者，碩士亦不足十人，即使在印留學人數中，大學生亦寥寥無幾，大半皆中學生也。此等中學生

畢業後返國，如係貴族子弟，則畀以陸軍尉官之職，不論其所學為文學、為哲學也。如係尼泊爾或回族，則毫無位置，仍不得不自設法以謀生。論尼人之性質，最宜研究經濟，然彼等在印度留學，決不能學到經濟鬥爭理論之一部門，故最近具有前進意識之尼泊爾青年，咸有思改變方向，朝中國或蘇俄去探求真理者矣。

尼泊爾之宗教，最不易認識清楚。尼原為大乘佛教國，但自廓爾喀統治後，尼泊爾漸漸被迫改宗印度教之濕婆神派。此種改教之壓迫，迄今仍歲歲年年在繼續中，尼族之棄絕佛陀者，蓋年以萬計。查廓爾喀之濕婆神派，大異於正統之印度教，蓋印度教最忌殺牛，而廓爾喀人即在平時，年節尤甚，每每牽牛至神祠門首，牛首向神，一人握尾，一人栓長繩於牛角扯緊，前後力拖，第三人用廓爾喀人人腰間所佩之彎刀，由上剁下，一閃則牛之屍首兩分者為吉，牛頸中噴血直漂神像，直以牛血浴神。上自王公，下至庶民，無不親自斬牲以為祭祀之最上者，風俗可謂野蠻之極！同一廓爾喀人，同時屠牛，同時又有神牛之崇祀，尼國王每年牽牛一隻，於誦經禱祝後，縱之於野。此牛竄阡陌，踐禾穀，地主不準趕逐，聽其自然消遙，任何人均不得傷害此牛，違者死，此即神牛也。其教亦如回教之不食豕肉，雉髮時，頭頂中心必留一撮，長至尺餘，編為細辮，盤伏帽底，對之殊甚恭虔，又類似吾國川、滇間玀玀之奉「天菩薩」。每日晨、午、晚三次，必對日月作祈禱，供香花、鮮菓、白米、淨水，喃喃誦咒，愈多愈佳。無論何處，遇其神像，則必以薑黃或其他顏色塗神面。途遇奉

象，則謂財神眷屬，必稽首頂禮。四種姓階級仍然存在，國王為剎帝利種，見婆羅門，必須屈一膝，以首承其足而皈依，婆羅門則以手加其頂，謂之灌頂禮。自吠舍、首陀羅以下，直至掃除穢糞之種，名曰加曼者之間，種姓無慮數十，皆階級嚴劃，絲毫不可逾越。其餘外道，如長瓜、塗灰、蓬首、吞炭、裸裸、指天等奇形怪狀，不勝枚舉，見人皆自稱獲證悉地，是瑜伽師，興妖惑眾。蓋自法顯、玄奘時代迄今，印度之外道情形，毫無變異也。其國中純奉佛教者，惟藏族，然又皆皈依於蓮花生派之舊教，專尚巫蠱咒術，其去巫鬼之道也幾希！

尼俗衣服，男子上衣窄袖左襟，外穿西裝背心及上衣，貧者僅腰纏匹帛而已。其褲，出腿細直，在身如西裝馬褲，脫下鋪平恰如戲台上演空城計之城門，因其褲腰特大，必過二尺五寸，而出腿僅三寸，褲腰穿帶，穿時扯帶結之而已。鄉村貧者，多裸下體，僅以布囊兜其陰部，再覆以遮布一片。女子上衣亦左襟窄袖，緊裹乳房，下裙百褶，並不穿褲。面上披以長單，赤足，大致與印度婦女相同。首飾有臂環、足環，粗如鵝頸，重逾數斤，行時矼磑，頗為累墜。耳環亦大，耳輪排戳小孔，遍插小環如鍊，鼻孔亦穿金圈，鼻樑邊亦開孔以插小金花。京城婦女，近亦摩登，貴族之家，且掛珍珠頸圈，鑽石耳墜，架金絲眼鏡，帶玲瓏手錶，踏高跟皮鞋，效西方美女之顰蹙。惟尼國婦女之天然健體美甚為發達，一雙天足，恰如門板，若不削瘦改製，則高跟皮鞋無法以就其蓮趺，故京城中常見手提高跟皮鞋而赤足

以行之婦女也。

其食以米為主，食法亦如印度，連菜飯盛於銅盤，以手接而食之，食時男先女後，不共席，謂女子不淨故也。無論何菜，必放薑黃染之，非取其味，以目悅則心喜，始安於食也。食畢立飲生冷水一銅盂，飲時不得以脣觸盂，必須抬首仰天，張口，提盂下注傾灌，以口承接。此種飲法，蓋極困難，但其飲酒則亦如吾人之，不復如此矣。

其住多磚屋，上等之家，始能覆瓦，中下民戶，房頂用馬口鐵或稻草。距京城百里外之鄉間，則多石屋，樓亦稀少。森林之地，皆用竹編蓆為棚，然後釘以木板。其國產石灰甚富，無論城鄉，皆善事塗堊牆壁。惟尼國氣候溫濕，新屋木材，一過三年，則全被蟲蛀而霉爛，無法保持長久年限。而尼京之人口密度，與房屋之供應，復不相調和，故外來旅行者，頗不易覓得安全舒室之宿舍也。

婚姻之俗，當事男女尚未能完全自由，仍須稟命於父母，婚期大率甚早，約在十四、五歲間。訂婚時送首飾，結婚時宴客慶賀，婚儀簡單。尼京風氣稍開，亦有踵效歐美式之文明結婚者，鄉間則有贅婿之事實，離異之事亦隨時發生，此則較我國之舊式婚姻較為解放也。中人以上，通行多妻制度，妻妾三四為常見。其尤者，為尼王之後宮五百，皆自民間採擇，然雨露恩幸，不得遍霑。王姬暴虐，設或有寵，甚而至於孕育王子者，多被扼殺，不得其終。惟至一定年限，即可請求出宮，出宮後嫁人與否，亦聽其自由，不復為專制君主之臣

妾矣。

　　喪亡之俗，則人死多由火葬，葬處有一定墳場，畀屍其地，架柴焚之，骸灰即埋於該場。[122] 穴總一大坑，不屬任何私家，故無豎立碑碣墓表之必要。殉葬之風仍在，夫死多以妻妾殉，置活人於屍旁共焚，往往痛炙悲呼，號振天地。而送葬者反大聲誦唱經咒，喧奏鑼鼓，以滅呼號之聲。極人寰之慘境，無復有逾於此者，惟目下尼政府已下令禁止矣。

　　其俗嗜好，以賭為最。上自國王，下踐細民，無不如此。尼京附近，且有公開之賭博場所，其博以十六枚小海螺殼，由莊主擲出，視其陰陽之數，以決下注射覆之贏輸。外國輸入賭具，以吾國之推牌九及西洋之撲克為最盛行。每年陰曆八月，為尼俗新年，屆時人民百業皆休，澈夜通衢，露天席地以博，金吾不禁，呼盧喝雉，數晝夜不息。宮中則王族、朝臣興高彩烈，擲數十萬無吝色，激烈時，局中閃閃者皆金鎊也。民間或有於數日間傾家蕩產者，因而投河、飲刃、就繯、吞毒者比比皆是也。

　　其次之嗜好，為煙癖。紙煙之消費甚大，窮鄉僻野，無不有紙煙之消售。其次為糖煙，糖煙者，糅碎煙葉，以紅糖水煮之，吸時置於一厚形瓦器中，下承以中空竹管。管底一座貯水，座旁一孔，另一小竹管或橡皮管帶插入此孔中，置炭火於煙上，燃著即吸。其意頗同

---

122 尼泊爾人死亡後的火葬一般在河邊舉行，火化屍體後，最後留取骨頭，其餘的骨灰拋入河中。

於我國之水煙，惟煙具不同耳。又次之為窮人之煙，則極為簡單。臨吸時，將煙葉手糅碎，撿拾道旁落葉或廢紙捲裹成筒，點燃即吸。尼人之嗜煙於此可見，然而吸鴉片者則絕無僅有，不得不深佩其毅力也。

飲酒亦為尼人之嗜好，但尼京則有酒禁，酤肆都秘密營業。稍遠之鄉村，則在大道旁公開售賣。酒之在鄉間，實為尼人除生冷水以外之唯一飲料也。鄉酒多為玉蜀黍或米所釀成，售時甕中盛酒糟，取糟置銅盆中，摻生冷水，以一端有十字叉之小圓木棍攪之。攪勻後給買主連糟吞飲，手術至為簡單也。

以一般情形而論，尼國境內風俗及社會紀律堪稱良好，無盜賊、姦淫、擄掠、劫殺等情常常發生。訴訟亦少，刑省獄輕，於舉世禍機一觸即發之惡潮中，猶不失為一小方乾淨樂土，而為任何旅行家所極欲留戀之鄉也。惟其婦女之男立而矢溺，兩腿淋灕，則為外來人士引為諧噱，實亦太不雅觀矣！

尼國之勝跡自當以其西北境之迦毘羅城（Kabhira？）為最，蓋為釋迦牟尼之誕生地也。近經人發掘，獲得紀元前第三世紀時代無憂王[123]立願宏法之石碑，字跡完全未湮。朝拜時須自饒克嫂兒乘火車前往，至昂巴拉薩（Ampalasa），徒步一日始達。然此貨真價實之佛教聖地，為大多數西藏朝禮聖跡之佛徒所漠視，彼輩來尼朝拜之地，完全集中於加德滿都之三塔，即癟摩婆羅鍵陀（Gomosalagendha）浮圖、婆耶帝利揭須

---

123 即阿育王。

（Byatirikeshu）浮圖，又南無佛陀浮圖三處也。按佛說
《牛骨授記經》（*Lang-Ru-Lung-bStan-Gyi-wDo*）中記載：
「佛赴北方至奈波羅國（即尼泊爾之梵語對音也），地
中湧起石塔，遂為諸大阿羅漢、諸大菩薩、梵天、帝釋
等說此塔因緣。佛說過去七佛時，此塔皆曾出現，過
去七佛之舍利，皆瘞埋塔中。」即說癩摩婆羅鍵陀浮
圖也。址在加德滿都城北五里，塔身全部即一石山之
岩腹，僅塔尖露於峰頂。塔前石座，置銅鑄金剛杵一
對，傳云是金剛手菩薩所持者，曾以之擊碎當年提婆達
都陷害佛陀足破出血之大石。塔之周圍附近，靈跡不
勝枚舉，尤著者，為塔前之迦葉佛遺跡石上之足印。
守塔尼人有數十戶，常以魚骨磋成舍利，賣與朝山者
以售欺，殊為可惡。塔之異名有二，尼語呼之為純蒲
（Shunbu），藏語呼之為興昆（Shing-Kun）。

　　婆耶帝利揭須浮圖在加德滿都城東十里之遙，尼
語呼為婆喉陀（Boudha），即浮圖之梵音也。藏人呼
之為賈戎喀學爾（Bya-Rung-Kha-Shor），義為「可語
失」。《奈婆羅聖跡記》（*Bal-Yur-Gnas-Yig*）中載：「迦
葉佛住世時，一老婦飼雞為生，積廣大財，一日悔念，
欲贖殺傷之罪。世間福德，無如修建浮圖，因謁國王求
地。王恍惚間，遽賜地曰可。語既失，不可食悔，塔
既成，因名可語失塔。」塔又名成就一切願塔（Smon-
Lam-Thams-Chad-Sgrub-Pai-mChhod-Rten），記又云：
「飼雞嫠有四子，塔成，都向塔放願。一願為宏法國
王，後轉生為藏王松讚幹布；一願為護法大臣，後轉生

為隆冬贊；[124] 一願為傳戒比丘，後轉生為菩提薩埵；一
願為赴印迎請高僧使者，後轉生為吐密三婆札。[125] 一象
因勞頓而賞不酬功，恨極，願來生毀滅佛法，後轉生藏
王朗達瑪；[126] 一烏鴉知牛意惡，必毀佛法，因願來生殺
除毀法者，後轉生為杯基朵結，[127] 終刺死朗達瑪王。凡
向塔放願，無論善惡，都得成就，故又名為成就一切願
塔。」讀此可見藏人對此塔所具之不可思議之觀念。

南無佛陀，藏人呼之為大摩呂緊（Stag-Mor-Lus-
Sbyin），義為身施虎母，言佛前生為菩薩時，捨身飼虎
之所在也。考《金光經》（gSerod-Dam-Pai-mDo）中載：
「佛赴南印取五（Nga-Len）之地，地忽生寶塔，佛因
說飼虎因緣。」則飼虎之塔，應在南印取五之地，不在
北印奈波羅。且南無佛陀，又非大摩呂緊之義，則飼虎
之塔非此，彰彰明矣！蓋西藏人頭腦簡單，知識愚陋，
凡其所朝拜之地，祇要神話充足，不考真偽。尼人從
而竄拾佛經，指鹿為馬，穿鑿附會，以實其說，平空
捏造許多聖跡，但求斂錢而已，西藏人固不能覺察其
伎倆也。

除此三塔之外，餘若迦葉塔、世親塔、靈鷲峰、寶
陀山、湯訶毘利尼（Tang-Bi-Ha-Li-Ni）、桑哥（Sangko）、

---

124 即祿東贊，吐蕃早期著名的政治家、軍事家、外交家，松贊干布
統治時期最重要的大臣。
125 即吞彌‧桑布扎，又名端美三菩提，松贊干布統治時期的大臣，
也是藏文的創製者。
126 朗達瑪（799-842），吐蕃最後一任贊普，酷愛打獵、酗酒。其
下令禁止佛教、推行苯教，大量佛寺、佛像被拆毀，佛教經典被
拋入水中、火中，或被深埋地下，史稱朗達瑪滅佛。
127 即拉隆‧白季多吉，又名拉瓏‧貝吉多傑，為刺殺朗達瑪的僧人。

將空（Gyan Kun）、勒雪（Leg Shad）、龍樹洞、龍池等，或本非其地，強取經中所出地名名之，或為外道之跡，而竟認賊作父，或本來了無所異，故捕風捉影以實其典。任何一稍具頭腦之人，瞻謁此等偽蹟歸來，必萬分疲淡無聊，虛空厭憎，而深感尼泊爾為一善於說謊之山國也。惟加德滿都城之中心有一廟，所供覺賈馬黎（Gowojamali），為一檀木之三首六臂觀自在像，相貌嚴好，威儀具足，欲知尼泊爾之雕刻者，觀此足矣。

八、北上返藏之山道

婆羅毘斯以下

尼京東北行，大道十里左旁，經過婆耶帝利揭須浮圖後，三里，一水由北向南流出，過橋，進至起伏地。道左為王圍範圍，崗上林木森森，伐木丁丁，四週皆圍以長垣，有兵護守。順圍之長垣北折東屈而行，道北有大路通榮爾摩。東北行，路在阡陌間，未幾，至桑哥，乃尼國東畿之大城，尼京有汽車通此。過後，東進，傍山麓溯水而上，未幾涉一溪，逾絳燈山（Gyang-Ten-La），順脊行，至雞溼巴尼（Chisipani）莊。稍下，過波羅補遮（Paraputra）鎮，拾坡而下，沿溪水行，過薩邏衣（Salai），坡忽陡。下數百武，至賓頭羅（Bindara），藏人呼此地為賈擦兒（Gya-Tsal），義為天竺樹林，以此地有天竺移植之樹種故也。峪底洪流洶湍，向南流出，其名即曰賓頭羅哥拉（Bindara-Kola），下流注入薄哲河。河中獨木舟繫岸，乃跣足捋

褲，持錢買渡以濟。舟木根重梢輕，勢成偏墜，無槳無
橈，僅五尺圓棍作篙，漂至半渡，舟乃旋蕩於波濤中。
傍岸時，先有人候，立擲索令捧接，而繫於椿，客於是
魚貫而下。下後，行沙岸，經河灘，灘中一澗水，涉
之，登娥邏山（Ola-Dranra）。若不登山，沿其麓繞亦
有路，於山之東麓合道，但沿途無人戶，道亦稍遠耳。
娥邏山頂一莊，名錠頭羅（Dindara），藏人呼之為鄂
博宋巴（O-Po-Sum-Pa），由此下，又漸見嘛呢堆。橫
跨深澗一橋，過後，盤登山嶺，坡陡勢急。至嶺脊，復
見馬路，寬二丈五六，平坦舒適，此乃尼國之行軍大
路，起自桑哥，北迄藏界，始終與藏尼山道相平行。其
國之北路軍司令部即在此處北山上，附近遙見一大鎮，
即其重兵駐紮所也。

　　捨軍路，順便道，東南下坡，經什浮利（Shibouri），
東下落峪。過鋼架鐵索，其水下流，亦注於薄哲。未
幾，至婆羅毘（Balabhi），藏人呼此地為朵板（To-
Ban），自此進東西向之峪。溯水傍北岸行，至哥哲
（Kotia），過舊式鐵索，僅二鏈而獨板，經緯都木
棍，且多槐脫，殊危險。過橋，仍東北行，過曼極鍵
（Manjigaun），又行，則為加賓（Kabin），又見一
舊式鐵索，但不過橋，仍右岸行。涉溪水，南山有大
路，盤旋以登，云可通夏空之帕隆等處。未幾，過陀皮
（Davi）及旬瞿什（Sumkushi），一水橫出，進有峪，
云可通並（Bim）之地。未幾過一舊式鐵索，而抵婆羅
毘斯（Barabis）。婆羅毘斯為尼北大鎮，有四百餘戶，
恰當尼京與藏邊聶拉木之中點。藏人畏熱，赴尼售鹽販

米者，多抵此即交易以歸，故此地米業乃大形發達，囤
米之富為他處所少見。其地復為邱陵與高原之分野，其
北則稻田漸漸稀少，森林多被砍伐，殘留者觸目皆是，
非復溫煦蒼翠之境矣！

臧尬爾峪

　　出婆羅毘斯，峪形折為南北向，是即臧尬爾峪
（Tsang-Kar）之起始。北行，未幾，過木橋，經什尼爾毘旬
（Shinirbisum）、苛戎（Khoron），乃登波遮摩山（Patrama-
Dranra），壤土層稀薄，道路純為岩石鑿梯，嶒嶝數千餘
級，滿目蒼涼，全非來境。既登頂，忽廣陂開展，又見
稻秧遍畦，而河中且見浮冰，寒氣侵膚髮。沿途小村
如哥哲鍵（Kotiagaun）、迦利斯鍵（Kalisgaun），皆見
婦女當戶而織，機聲唧唧，惟其出品粗劣，僅鄉間銷售，
因尼國自產之棉，不能紡好紗也。自此田中作物，見小
麥、菜子為多。經唐特唎（Tangthari），過獨木橋，匝枯
（Tsaku），過木板橋，一小段折西北向行，至波呾他唎
（Patanthari）。此帶土著居民，乃藏、尼間之一種混合
種，操一介於藏、尼間之方言，但衣著則從尼俗，族名仍
稱夏巴。自此更北上為恆提（Hendi）、求波（Gupo）、
公白（Kumbi）數村，乃完全不見稻田，作物以玉蜀黍、
菜子等雜糧為主。惟林木則茂，民戶牆垣多編竹籬為之。
公白之莊前有一鐵索，過之，經拉匝（Latsa）不數武，西
峪之岸豁然，又現尼國行軍大路。於此合道，澗上一木板
橋，過橋，經葛勒卜窪（Golebwa），至曲峪（Chu-Ku）。
曲峪為尼國最北之關卡，篾柵橫阻，稅房在焉。駐巡兵數

名，過往行旅皆須受其檢查。出柵數步，熱霧瀵溢，道左有溫泉。更稍上，登坡，為卓尼崗（Cho-Ni-Gang），亦有尼國卡房，兵士檢查即放，並不留難。崗上望隔水對山高崖間瀑水直垂峪之東岸，蓋即以此為中、尼間之國界者也。

未幾，過大拉瑪橋（Talama-Zamba），始乃重復踏進國境。山上一寺，名貢巴薩爾巴（Gon-Ba-Sar-Pa），廟後有路，可通戎轄。行廟坡下，水東岸北進，細竹林夾道，蒼幽可賞。過大拉瑪村（Talama）、董卜（Dom-Bu）、德失崗（De-Shi-Gang），澗水自東北方流出，上有鐵索，索邊竹籬欄護，過時遂不感危險。未幾，即抵札木（Dram），隔河對山亦有一瀑下懸峪之西岸，即以此為國界。此處土著，已純為正統藏族，房屋亦石垣、木頂，如空布峪之俗。惟尼國在此設有稅卡，因尼民有經戎轄來聶拉木經商者甚眾，其道不由曲峪而逕從此行，故不得不於此設卡以便抽稅。惟我國國境內竟容許異國設卡抽稅，未免損失主權，觀此足知西藏地方政府之糊塗溺職矣。

札木以上，路政不修，坡更陡，途更窄，峽峪愈小，水面堅冰不流。連過二木橋，至丁仁巴（Tin-Rin-Pa），又連過三木橋，至借納（Che-Nag），又連過三木橋，至危三木（Ngul-Zam）。又過一木橋，攀行崖壁，路斷處架木板續之，懸空引渡，惴顫而踰。又過橋，西岸崖道一段被山洪沖毀，行時手攀大石，足下深察虛實而落步，容足處僅寸趾，如此險道，不知何日始能修坦也。坡上一寺，名德欽當（De-Chen-Tang），北上，過澗水橋至雀鍬（Chog-Sham）。計自札木抵此，約五十

里中，不見農田，峪水堅冰，往來河橋翻覆，共十一座。內中惟丁仁巴及末一橋，乃架於東西兩澗水上者，餘盡在峪水堅冰上。沿途林木尚佳，以杉為富，接納以北，竹林漸枯，雀鍬莊下峪水上有採薪小橋。過雀鍬後，又復童山濯濯，盡不毛之地矣。

自雀欽北上，連過三木橋，沿東岸行，又一橋，圮河中，不能過，其旁新架一橋以代。過之，傍西岸行，過一澗橋，迤行姑靈雪山（Ku-Lin-Gang-Ri）之麓，風甚厲，寒侵骨。過基磨雄（Kyi-Mo-Shun）之曠野，乃節節登高，繞過鳳凰雪山（Bya-Kyung-Gangs-Ri），稍稍東北行，前望峰頭有鄂博，直趨登峰。北向下坡後，道平處轉彎，即至聶拉木。

聶拉木乃一狹峪地中之小鎮，其水即藏尬爾河之上源，人家百餘戶，地無出產。因其為自尼進藏之第一門戶，故西藏政府設宗治於此，以便積集尼米，蓋仍師承前清時代之鹽米政策也。目下官倉中存米在萬石左右，人民極受轉轂鹽米之差役，憔悴不堪，徭役之重，為其他進米關口之冠。每年九月有集市，屆時商販頗盛，本地居民賴此一月中牟利所得，以維持其全年之生活。進出尼境之商販亦夥，稅羨頗豐，宗治中數稱缺肥。因其貿易完全為對尼關係，故尼泊爾在此駐有職紮（Dida）一員。職紮者，外放委員也，受拉薩尼領事之節制，其辦事房乃尼人購地自建，甚宏敞。邊地藏、尼交雜，作姦犯科者，每每借居為護符，糾紛常有，頗使西藏人難於應付云。

通拉山前後

出聶拉木，下台坡，過橋。橋上見西北方雪山蒙茸無路，一水流入，橋側紫崖直立如削，高七八丈，東合僅丈餘寬，恰成甕壁，而路在西岸甕頭。回看聶拉木南方之鄂博峰，已在足下，而崇高無比之鳳凰雪山之尖，乃與肩齊。北行過崗噶（Gang-Ga），西溪有橋，過之，過宗（Dzong）、將馬村賈喇嘛束爾（Kyan-Ma-Tson-Ja-Lama-Zar）、借（Che）、偏接林寺（Pan-Gye-Ling）。寺中山洞，為寫杯朵節（She-Pai-Dor-Je）之修道所，為聶拉木之勝跡，朝山者莫不入內一朝拜之。寺後一莊，名旺曲崗（Wang-Chu-Gang），對寺河東岸二莊，一名密興（Mi-Shin），其北莊名札什崗（Tra-Shi-Gang）。自寺門北行，過一溪橋，經那薩（Na-Sa），峪岸寬展，再北上即札什宗（Tra-Shi-Dzong），其南傍岸兩莊為多噶爾（To-Kar）與臧董（Tsang-Dom）。自臧董莊後過橋，順東岸行，十餘里至大結林（Dar-Gyal-Ling）。過此後，途更荒，亂石磨蹄，氣寒促，足脛麻失。十里過溪橋，又二十里，西山現一峪，峪口板橋橫跨水上。過橋西去，為峩拉喇嘛寺（Ngo-La-Lama-Gon-Ba）。由此逾嘉納山（Kya-Nag-La），過伯孜（Pe-Tse）、撒喜（Sa-Shi）至宗喀，即為赴濟隆之大路。通拉（Ton-La）之路自板橋起，稍稍東北向，經格桑達窪（Kal-Zang-Da-Wa）、耶拉卜（Ya-Lab）、拉卜興（Lab-Shin）。拉卜興有上下兩莊，並一寺，同偏接林寺皆隸屬於色拉寺之昧札倉（Se-Ra-Mad-Dra-Tsang）。寺中觀音像頗著靈異，寺後望見二小湖，皆

為朝山者瞻拜之地。由此至獨龍（Dug-Lung），不過才數里地。山上不見雪，岩層紋路傾斜，一片血紅色。烽火燉三座，傍崖依險，築於山巔，不見哨巡之士，蓋遺址也。自聶拉木至此，峪地長約二百里，盡沙礫苦寒之地，全恃雪水灌溉。但見山頂積雪，其麓必有莊田，附近牧草亦豐。沿途莊村自宗以下，堪稱饒足，惟各村相距都在三十里外，不相聯絡。驢腳往往不能按站趕宿，沿途壘石矮牆之驢圈，皆運米腳伕無分冬夏之露天客棧，足見行旅之艱困。獨龍附近，年年風雹，每每使農事顆粒無收。其地復為定、聶間必經之中點，徭役繁重，民頗不堪命也。

自獨龍東北進深峪，三十里中，惟見露天驢圈兩處，再上有牧羊黑帳一家，峪中朔風鼓怒，荒涼悽惻，迥不見人跡，如行寒冰地獄，殊無人世味。臧尬爾河之源乃盡於層層冰壘之通拉山口。登山時，峪先作東南向，而朝南登坡，至山半，漸漸屈折，躋頂，始折而正東行。山口之風，令人氣塞，尤其冬日，往往冷凝人血而死。或有騎者斃於馬背，馬自行至村落中，始經村人發覺，將人畀下，則僵死久矣，其道之寒蓋如此！東下通拉，坡勢坦緩，風平息，而日光之溫煦，亦可感覺恍如沐浴於湯泉中。一山之隔，氣溫之懸殊乃如此！

沿溪傍左岸東下，約三十里，高阜處已見峪口之定日盆地，而定日汛地之雉堞，亦歷歷在目。此時緊傍左崖根行，路經修築，安適平安，如登極樂。出峪後，左折，隨山麓之勢，盤屈而抵朗果（Lang-Ko）。計自獨龍抵此，約一百二十里之遙，沿途不見牲畜、牛羊、房

屋、民居，除囊布拉雪山外，為此次旅行中最苦之一段。朗果乃一大村，居民百餘戶，濟隆、定日間大道，即在此村北去，傍山麓進西北峪以逾洋誐、篤舉，故朗果為定日赴濟隆與聶拉木兩地必經之左右分岐站口。村中一寺，寺門有漢字匾額，顏曰「蕩芭寺」，乃印度大瑜伽師蕩芭桑結所建。廟中頗有彼之靈跡，亦為朝山者瞻拜之地也。自朗果東行，經杯納（Pal-Nag）小村，即重返德薩而至定日之崗噶。此段完全行盆地平路上，自朗果登程之始，遙望定日如僅十里，然在途非一日不達，足見盆地面積之寬廣也。

九、進入藏江腹地

兩重大山

自定日東涉橋，履髫曲藏布與朋曲河之冰，朝正北山峪中行進。峪口道旁崖下一泉，碧澄可愛，云是蕩芭桑結以指指地而生成者。進峪，溯峪水之名忙曲（Mang-Chu）者上行，過西木（Shim）、林夏爾（Lin-Shar），對河兩莊，統名衣姑夏（J-Ku-Shar）。又北行，經對密（Due-Mi），路至此，稍左折，對河現一峪，峪口小莊名璿匝（Pun-Tsa）。有路東行，經工雜（Kon-Dza）、五尬爾（U-Kar），兩日即抵協噶爾。過茫窮，峪勢漸窄，地形亦漸高，至運動（Yon-Don），有一寺在後莊崖巔上，名運動卻顛（Yon-Don-Chod-Ten），屬色拉寺。自廟麓涉水傍東岸行，東坡黃土堆，圓者、方者、如錐、如桌、如貓逐鼠匿之相，

排成行列，奇麗可喜，蓋雪水之侵蝕作用也。登運動山，坡甚陡峻，而勢特高拔，人馬數步一喘息，困難之程度，可與衛藏北道之馬鬐山相比並。坡上圓柏圍蔓，濃香侵人，沁入腦裡。回望南天，大雪峰雲霞燦爛，委蛇如具百靈呵護，雄偉闊大，世無比倫。斯雪峰者何？乃天下第一高峰之接摩隆也。未幾，至山口，此處或亦名曰瞞拉（Mon-La）。瞞拉之北坡，並不如南坡之陡，如反向自北南行，則大半皆平地，並不感有高山峻嶺之存在，實際瞞拉山北僅為定日盆地北方之高地而已。

　　北向下坡，沿峪水行，直至將馬鋪（Kyang-Ma-Pu），為一淺小之東峪。如進峪，亦有小路可通昂仁、拉孜兩地。仍北行，順峪水至獺康（Nya-Kang），乃一隸屬於札什倫布商上[128]之牧村，有十餘戶，無農田。運動至此約百里，惟此處有房屋。北行為德屈（Te-Kyu），其莊之後翻山，為通魚見之路。魚見者，瀕藏江江岸之大村，隸屬薩迦圓滿宮。[129]其西為撐格爾（Tren-Kel），有大廟，為穹日伍切（Kyun-Rio-Che），[130]乃尬舉派佛徒之聖地。傳稱西藏戲劇「阿姐拉摩」（A-Cha-Lha-Mo）[131]之祖師，名唐通接波（Tang-

---

128 商上的本意為管家或財庫，札什倫布商上可以理解為九世班禪的辦事機構。

129 藏傳佛教薩迦派的座主部分出自圓滿宮，圓滿宮的座主被稱為薩迦達欽，主要負責全派政、教大權。

130 今瓊結，藏語意為「房角懸起多層」。

131 即阿吉拉姆，為藏戲之意，出演藏戲的人稱之為「拉姆娃」。

Tun-Gyal-Po）[132] 者，即生該地。迄今年年秋初來拉薩演唱之戲班，亦仍推穹日伍切者為最佳云。

自德屈折東北行，逾多鱉山（Do-Bi-La），瞞拉峪之水則在山麓東流，其下流在昂仁東近注入藏江。此山坡道，僅尺餘寬，岩石疏鬆，沙礫傾落，路面至不穩固。下山順峪北行，經德夏爾寺（De-Shar-Gon-Ba）而至藏江江邊之多鱉莊，隸屬札什倫布商上。其地溯江西上，一日即魚見，為藏江腹地之姊妹大村落。查自魚見南翻山，一日至蘇祖鋪，又一日至定日盆地中之德薩之途，實為定日翻運動山至多鱉之一條平行路線。其更西之平行線，則為自宗喀至薩噶[133] 之路。此等高地上的平行路線之功用，在使西藏南鄙之定日、宗喀等地，與藏江腹地得到直接之聯絡。此種價值，為滿清二百年來駐藏官吏所忽視，因從來出巡之欽差駐藏大臣，未有一人曾跨過此帶高地也。

自多鱉直北渡江翻山，則至誐里、拉達克大道中點之桑桑，如直赴拉孜，則沿江東下。往昂仁之途，則先順拉孜之路，經著隆（Dro-Lung）至柏定（Pe-Din）。過船渡，冬令則有冰橋以渡江。此段藏江河床之變動殊烈，舊流處完全靠北山麓，新址始遷改傍南山麓沖刷。著隆以下，江水直衝崖腳，大路則在崖上。崖嘴則直伸

---

132 即唐東傑布，約略為中國明朝時人，他既是藏傳佛教香巴噶舉派的傳人，又是西藏歷史上傑出的建築師。唐東傑布面對西藏大河無橋梁，人畜過河極其危險的現狀，立誓在前、後藏各大河流興建鐵索橋。為了籌集架橋資金，唐東傑布組成演出團體到各地演出，募集資金，藏戲由此肇源。因此唐東傑布被稱為藏戲祖師，為藏戲從業者所供奉。

133 今薩嘎，藏語意為「可愛的地方」。

入江流最急之處，被江水沖斷，剩一大石，高二丈餘，底約四五方丈，孑然兀立江心，恰如砥柱，可稱藏江腹裡之偉觀。冬令因上流浮冰片片逐波而下，至柏定山峽過窄，河更深，水面氣流更寒酷。南岸崖嘴成灣，浮冰入灣裡再不得出，冰塊擁塞岩根，日久阻積加厚成層，遂成冰橋。而橋之上下江水仍暢流無阻滯也。此種冰橋頗為危險，因其漂浮江面，江非連底凍冰，隨時有沖斷散裂之可能也。

柏定之北岸，為拉頂寺（Lha-Din）與寧噶爾莊（Nin-Kar）。自此沿江東下，危崖處鑿有石級，鐵索橫江面，但未過之。更東，則見南岸一莊，名喀隆（Kha-Lung），直對莊前之北岸，為一峪。峪水流出，注入江中，於是左折進峪。北行，遂與藏江暫別。經瑪過（Ma-Go）、戎（Ron），隔水一莊，名曰喀勒卜（Kha-Leb）。又北，峪水岐為二源：一自西，其拐角處坡上小莊名曰阿爾薄（Ar-Bok），莊後有捷徑翻山至寧噶爾；另一源自東峪流出，相匯處過木橋，右折進東峪上行，傍水之南岸漸漸高登，直逾水源盡頭，即戎巴（Ron-Pa）山口。頂脊迢長，下坡之初經一處，左右崖嶂合抱，峪寬僅五六尺，祇容單騎，蓋亦險地，經人力修整，否則有墜身深澗之危，而不得通過矣。

出隘登坡，坡上能望見堅錯大湖（Kyim-Tso），由此順峪水右岸漸下，至峪口，另一水自東南向之峪中流出來匯，其峪乃通僧格隆（Sen-Ge-Lung），以赴拉孜之道也。兩條峪水匯合後，向正北流，注入堅錯之湖。涉東峪水，傍水直趨湖南岸，即抵噶爾喀（Gar-

Kha）。計自定日抵此，為程五日，逾運動、戎巴兩重大山，前者為朋曲與藏江之分水嶺，後者乃藏江與堅錯內流區域之分水嶺，二山山口皆需費整日之時間才得通過，沿途且復荒瘠涼野，終日不見人跡。自猢康起，迄噶爾喀，凡所經過村莊，除寧噶爾外，其餘完全隸屬於札什倫布商上，此則為藏江腹地之特殊情形也。

班禪新近收回之三個宗治

噶爾喀屬昂仁宗管轄，其地東南經僧格隆，三日至拉孜，西通桑桑為五日，又西上五日為薩噶，為日喀則赴誐里、拉達克所必經之路，有居民二百餘戶，蔚為大鎮，地頗不惡。自此沿堅錯東行，不過十里，至湖東首，即昂仁宗所在，居民三百餘戶，有寺名昂仁卻丹（Ngam-Rin-Chod-Ten），[134] 有三百餘僧，隸札什倫布。該宗自班禪出走後，噶廈即派官直接治理。民國二十三年，始由札什倫布商上連同拉孜、朋錯林、干壩同時收回。其地偏僻，復無出產，來往商賈盡被其所屬而密邇咫尺之噶爾喀所奪。收回與否，原無足輕重，而商上必欲收回者，無非為歷史的與宗教的兩層關係。因昂仁在前清時即隸商上，而昂仁卻丹更為札什倫布之分寺，收回後可以免去政治上壓迫。此外如晉重耳之祿從難功臣，以安插私人位置，亦為重要原因之一。昂仁之東北一日程，有延闕（Yen-Chos）其地者，三十年前尚

---

134 今昂仁曲德寺，又名昂仁卻德寺，始建於 1225 年，初信奉薩迦派，五世達賴時期改奉格魯派。

為屬於札什倫布之小村落，後經張蔭棠劃此地闢之為鹽市，遂成藏北畜牧民族與後藏本部貿易之中心，茶票、鹽票、牲畜票相繼於此創辦，不數年蔚成大鎮。民國以還，一切制度落於西藏政府手中，迄今藏政府在該地所贏票羨，聞每年皆在藏銀五十萬兩以上云。

自昂仁東南行，翻嶺，嶺上見南方一大雪山，名耐日（Nas-Ri），嶺側有德樸小寺（De-Pug-Gon-Ba），屬昂仁卻丹轄。寺隔溝坡台地，有一湖，湖側岸，即自噶爾喀直赴僧格隆之大路也。東向，與噶爾喀之大路平行趨，漸下坡，落至峪，於覺種（Jo-Dron）小莊前與該大路合道。澗水自該莊左右兩麓流出，匯於峪中。乃順水東行，未十里，峪水南折流往藏江，折處另一溝水自北峪來合，乃左折進北峪。溯水上行，才數武，復隨水右折，改向東行，經札馬隆（Dra-Ma-Lung）、危（Ngod），地勢既高，水源乃盡。於是至朗錯郭納（Lang-Tso-Go-Nag）大湖，湖名之義為「黑首牛」，大小與堅錯相髣髴，水淡，嚴冬不冰。沿湖北岸東趨，潮聲大起，浪高三五尺。湖中心略西偏處，一小嶼，約畝餘大，塊然孑立。嶼後細長沙帶，連接北岸，岸路半程中點處一小房，堊以紅土，狀類神祠，名曰錯面康（Tso-Man-Kang），其義為「湖藥房」，不悉其葫蘆裡究賣何藥也。更東，道左兩莊，為雷隆（Lui-Lung）與古馬（Ku-Ma）。湖之東首緊束處如瓶頸，頸東又一小湖，水淺且凍冰，似為大湖水漲時灌洩之尾閭。湖岸之路，至此已盡。十餘里中，時而沙岸，時而峭崖，頗費馬力，但湖景幽壯，靜闃若有會心，或能解語？令旅

人平添遐想也。

湖過後，稍登坡路，盡黃土渦流，溝跡潦亂，山雪沖蝕作用之表記也。坡上則嘛呢堆若干排列，為把爾康（Bar-Kang）莊也。過莊後，乃入拉孜宗轄境，仍順水東下。經念章（Nyem-Drang）、喀如（Kha-Ru），有大柳樹，自離尼泊爾後，尚未見如是之大者。又東下，越一崗，崗上有大塔，乃至章瑪叢瑪（Drang-Ma-Tsong-Ma）。莊後一寺，名儉白（Jam-Be）。隔河相望，即僧格隆，亦有一寺，名畏尬爾（Od-Kar）。又東，為納卜洗（Nab-Shi）。納卜洗之東近，重見藏江自南山背後流出，僧格隆之峪水於是注入。自此行河灘中，刺草叢生，時有野兔竄馬足。至接德（Jede）莊，莊後有寺，名接德寺（Jede-Gon-Ba）。隔江遙見一峪，峪深處雪山矗天，蓋即協噶爾、拉孜道中之賈錯拉山也。峪口臨江岸左右兩莊，左為粗武（Tsu-U），右為甲尬爾（Cha-Kar），粗武之東，一寺，名章摩且（Drang-Mo-Che）。章摩且之麓，即自薩迦流來之耶隆藏布之河峪，故進峪東南，溯耶隆藏布二日，即可至薩迦也。

接德之東，當耶隆藏布入口之交，江流東北折，直逼崖麓，岸路遂斷，乃登崖以避之。逾脊後，行高岸，至穹尬爾（Chun-Kar），田陂廣麥，渠洫交錯，平地見拉孜宗雄踞石峰尖上。藏江腹地所經之處，盡窄崖仄峽，惟至此，眼界為之一寬。江水於拉孜宗前，復折而北流，鐵索橫縷，橋側北近，有渡口。渡船方矩如木箱，上無篷，後無舵。船首立鷁，乃一馬頭，船尾立木

刻，肖龍尾，不知何所取義。制作笨拙，然騾、馬、牛、驢無不可容，人畜並濟，不可不謂之利器也。

　　拉孜為班禪新近收回四宗內之最重要者，為日喀則西方之第一重門戶，復為後藏糧食中心之一。當拉薩糧價飛漲，每斗至十五兩時，拉孜才七八兩，斗且倍大。故每當拉薩糧荒之際，拉孜江面上之皮船，乃絡繹不絕，運糧以濟之。藏江腹地中，僅有之水上交通，唯由此至日喀則之一節。陸上則東北沿江直下至朋錯林，東經阿尼貢（Ani-Gon）、塞密拉貴（Se-Mi-Lha-Gue），凡三日直至日喀則，東南趨薩迦，西南趨協噶爾，西北經昂仁、桑桑等處以赴誐里、拉達克。除赴日喀則之小路外，餘皆大道，形勢據藏江腹地四通八達之險，居民五百餘戶，田陂繁庶，農村富厚。拉孜卻丹（Lha-Tze-Chod-Ten）有三百餘僧，與朋錯林、昂仁卻丹同為札什倫布之重要附屬寺院，附近勝蹟如絳（Jang）、蓮花洞等處，皆為朝山瞻禮之所在。赴薩迦之大道旁有溫泉一處，尤為休沐者所寶。

　　拉孜北行數里，隔江山腰間一尼寺，名曰榮哲（Yum-Dras）。稍下至哲模（Dre-Mo），江折東北向流，經夏擦（Sha-Tsa）、多夏（To-Sha），皆傍崖麓以行。再東則登崖，逾壁下坡行沙灘中十餘里，復依山麓前進。江水至此折正東向，經嘉膽（Cha-Dam）、耐薩（Ne-Sa）、札什宗（Tra-Shi-Dzong），逾小段沙丘，隔江朵曲水（Do-Chu），或名髯噶水（Ra-Ga-Chu）注入。沙丘盡，覺囊鋪水（Jo-Nang-Pu-Chu）自南峪流出，北注入江。涉之，迎面鐵索橋纜江上，即朋錯林也。

朋錯林之設治，亦大半為宗教關係，其宗名亦即寺院之名，地頗磽瘠。全治下支應差徭糧戶，合計祗八十五崗（Sgang）。崗者，西藏糧戶對公家擔負義務之單位，譬如全宗每年糧額為八十五擔，則每崗輸一擔，運餉烏拉八十五匹，則每崗支應一匹。西藏各宗，通常皆逾三百崗，故朋錯林實際不足一宗治之地位，居民不及二百戶。前清時建築之欽差公館尚保存完好，其制分內、外兩院。外院平房，守戶所居。內院有正房五間，皆寬敞，台階廊廡，植欄杆圍護。下房四間，隨員、兵丁所居，角上廚房一處，廁所一處，窗前植樹木，隙地花畦，蔭蔽扶疏，頗具幽緻。物在政亡，人事全非，徒增感愴而已！朋錯林寺結崖臨江，隨岩石之凹凸，順坡勢修石級，盤旋叢簇，高下相宜，風景蒼涼鬱勃。最初為覺囊派始祖多羅那他（Jo-Nang-Ta-Ra-Na-Tha）始建，久後皈黃帽宗。現有僧三百餘人，隸札什倫布。覺囊者，為一尼寺，亦多羅那他所建，址在朋錯林南覺囊鋪峪中。寺為一大塔，塔內殿堂祠宇共一百八處，為朝山勝跡，現亦隸札什倫布，並轄於朋錯林。

計自昂仁抵朋錯林為程七日，更由此沿江赴日喀則為三日。藏江腹地首尾農莊，十九都為札什倫布商上之產業，故昂仁等宗治收回，自有商上本身之需要。前清時，前、後藏及薩迦各互不統屬，藏政府之命令，不能直接通行於後藏及薩迦所屬之地。惟欽差大臣之公文，則全藏凜遵，無敢或違。對於欽差衙門所指派烏拉及其他支應供張，例照六成分攤，即前藏三成、後藏二成、薩迦一成之比例勻派。但自民國以還，達賴統一全藏政

治組織後，清制推翻無餘，噶廈之一紙命令，全藏凜奉，後藏、薩迦兩方對藏政府所指派烏拉差徭等亦一體支應。目下昂仁等宗雖被商上收回，但此種隸屬關係，仍未取銷。如果商上不收回該宗等，該宗等不過僅負擔藏政府一方面之支應，既收回，則該宗等處之人民更須支應商上差事，於是由單層壓迫一變而為雙重榨取。復加商上所任命之各宗官吏，類如暴富小兒，貪酷無厭，小民苦矣。民間膏血，盡入私囊，而其民猶曰：「擔負雖是加重，然為供養班禪佛爺，亦種善業，可得太平。」嗚呼！斯言也！令人哭笑不得。是故昂仁等宗之收回，實無謂也。

回到札什倫布

朋錯林之東，對岸絳曲鋪水（Jang-Chub-Pu-Chu）注入。沿江下行十里，山都不高，而雪水泛濫，惜地皆沙石，不能蓄水，故不見農事。過一小石橋，至板達（Bham-Da），灘甚廣，土亦厚，灘中十餘村落，為朋錯林境內最佳之處。對岸亦有莊村，名補宋（Pu-Sum），折而南，經瑪炯（Ma-Gon）至頓翥定（Don-Dru-Ding）北折。南峪一水流出，名博朵喇水（Bo-Do-Ra-Chu），流經札什崗（Ta-Shi-Gang）村前。涉之，經朵（Do）復東折，至戎左（Ron-Tso）。行崖麓，有大石刻浮雕度母像，其地即名觀音坡（Sgrol-Ma-Tram），頗危峻。復經大段黃土塹壕，又登第二坡，坡上二石夾峙，馬僅空鞍過，行李須卸下，覓人扛負。下坡至迷莊（Mee），隔江兩莊，上莊名搓（Trhs），

下莊名藍絳（Lam-Jang）。

坡下為峪，自南流出一水，即日喀則、薩迦間大道上之夏爾曲河之下游也。於此注入藏江，最近峪口一莊名三𪍿崗（Sam-Dru-Gang）。夏爾曲河自此分為四股，入口江心兀立小丘，丘上有寺名闕基接惹（Chos-Kyi-Kye-Rab），於寺麓連涉四次，即登第三坡。坡尤險，駝皆人負以過，良久始跋。三坡皆在江邊危崖之巔，寬僅尺餘，常有斷處，失足則滾落江心，本非大路，差徭烏拉所不趨，外間人士非得當地居民，尚不能覓得崖徑也。

下坡後行冰上，約數里，經錯（Tsog）小村，村在南坳裡。又過一坡，惟不如前三坡之險。下坡後仍一坳，道南坡上一莊名薩摩蘭貢（Sa-Ma-Lam-Gon）。隔江兩莊，上莊名雄（Shun），下莊名戎瑪（Ron-Ma）。傍岸行，雖壁岸峭崖，然已平坦無險矣。隔江崖腰間有紅屋小寺，名烏堅宗（U-Gyan-Dzong），乃第五世班禪丹杯旺曲所建之紅帽派廟宇。彼以黃帽派教主之身分，乃特建一紅帽派之寺院，殊不可解。但據彼當時之意見，認為如此可使像教久住世間。然西藏政府對此則指摘攻擊不遺餘力，詆諆頗侵丹杯旺曲個人，彼且因此灰心早夭棄世，壽才二十八歲耳。[135]

又東下為郭陽札什崗（Go-Yang-Tra-Shi-Gang），

---

135 即現稱第八世班禪敦丹汪曲（1854-1882）。八世班禪受比丘戒後，對格魯派教義並不熱衷研究，相反地對寧瑪派教義非常用心。其受比丘戒後，身體健康每況愈下，隨後病情加重，精神萎靡，長期在外治療疾病。

隔江之對莊為龍蝦（Lun-Shar），即達賴圓寂後，策動西藏政變首腦龍蝦之格兒康也。又東下為絳林（Jang-Lin），其南山曰婆摩（Po-Mo），為佛教聖跡。石塔天生，有長洞、短洞、陽寺、陰寺之勝，傳蓮花生大師曾偕其妻在此山洞中修煉云。又東下則江峽寬闊，沿岸村莊相望，過賈欽則（Ja-Chen-Tse）及拉波摩（La-Po-Mo）後，路更寬，道更坦。一過山麓轉角，則巍峨之札什倫布寺上之金頂，又重新映射入我眼簾矣。

十、衛藏中道

自日喀則循南陵來路，直至扼馬崗後，仍傍南岸沿江東下，經吹布（Tsue-Bu）、儂日（Num-Ri）、蟲巴喀（Trum-Pa-Kha）至藏日伍且（Tsang-Ria-Che），為一小山斜伸道旁。據云從天竺飛來，其上有廟，亦朝禮勝跡也。又東經瓝摩火大（Nya-Mo-Ho-Ta）至答壽喀渡口，即衛藏北道中宗唐流下之達姆河之入江口也。藏北羊毛皆自達姆河峪運此集中，故其地亦頗重要。對岸尼寺甚大，名榮壽林（Yum-Dru-Lin）。自此更東行崖岸上，峽小流急，路則坦，哭龍（Khug-Lung）十餘里，讓水（Rang-Chu）自東南峪流出入江，乃折進讓水之峪。傍右岸上溯，未幾，右溝另一澗水橫淌，交匯角內，為仁琫之光崖。仁琫宗治即在崖頭，居民三百餘戶，衛藏中道之大鎮也。仁琫迤東則道路稍艱，未幾，讓水上有橋處，右山現小峪，峪內有戎絳欽寺（Ron-Gyang-Chen），乃一著名勝跡。寺中大彌勒像，馳名雪

山，為朝山信徒必禮拜之偶像，現寺中有僧二三百眾。又東為德基林（De-Kyi-Lin），過橋傍北岸行，道傍有溫泉。又過橋回南岸，至瑪日（Ma-Ri）。又過橋，至北岸之然巴（Ram-Pa），皆土地肥饒之農莊也。再東經匝宋（Tsa-Sum）、匝膽（Tsa-Dam），乃見碩大無朋之羊卓雍湖赫然呈現於馬頭，讓水之源頭即盡於湖岸高地，或且通洩於湖中。過耶卜即（Yab-Tsi），而至藏印大道必經之格桑大橋（Kal-Zang-Zam-Ba）之北塊，其橋蓋即橫跨讓水源頭而修建者也。自此即與藏印大道合路，直趨湖頭，北折依山傍麓，沿湖岸而至白地（Pe-Di）。自日喀則至此，凡六日程。由此北逾干壩山，則一日至巴則（Pa-Tse），二日至曲水，三日至業塘，四日則返至拉薩矣。

藏尼日記

　　國人每以秘域視西藏，西藏焉得不神秘？譬如泥塑木雕，鄉愚村婦乞其冥佑，視神如在，則泥塑木雕儼然神而靈者矣！然而野犢、雛鷹心目中之西藏，僅知其何處有青草，何處有雞兒，何處伺有獵狗，何處築有籠塒而已。余參加巡禮團入藏三年，痛漢藏字典未寫一筆，野外調查僅徐君近之[1]一度北探天湖與南訪印度而已，黎老[2]屢次聲明到札什倫布以繞崗底，暮年疲怠之言不足信也。巡禮團離藏之年之夏，寺中經課稍鬆，余乃決作尼泊爾之遊，藉以舒散筋骨，商之於蔣致余君。[3]時康南刀結蠢動，寧靜、昌都震撼，廿四軍耀兵金沙，噶廈為此曾數度召開大會，於是藏中人士預料秋後班禪進藏定必現實之現實，若余能先往後藏一視，立即趕回拉薩，或能有所供獻於余之政界朋友。故愛我如蔣君者，頗尼

1　徐近之（1908-1982），四川江津人。自中央大學地理系畢業後，1932 年任國民政府資源委員會青藏康調查員，並負責籌建拉薩氣象觀測站。1934 年 9 月抵達拉薩，為第一個入藏的中國現代地理學家。

2　黎丹（1873-1938），湖南湘潭人。歷任湖南、甘肅兩省都督府秘書長、西寧道道尹、青海省政府委員兼秘書長，1933 年當選監察委員。黎丹出生於 1873 年說，為黎丹先生親屬黎澤泰《先伯兄雨民先生傳略》所述，並由其親屬黎宣樸之女提供給青海藏語系佛學院程頤工先生。

3　蔣致余（1898-1962），原任蒙藏委員會科長，後任國民政府參謀本部邊務科專門委員、參議銜，隨黃慕松入藏致祭第十三世達賴，即兼任參謀本部駐藏辦事處副處長，留拉薩工作。1937 年 11 月離藏。關於蔣致余辭世的時間，由湖南省岳陽市檔案館提供資料。

余之尼泊爾行，而其自動為余向噶廈代索之烏拉馬牌，
亦迄薩迦而止。然余赴尼之目的，乃在一閱贊特羅學院
圖書館中之梵文咒笈，此種咒笈有助於西藏金剛乘佛學
紛爭議論之解決，如機會允許，余儘可在尼住一年二
年，班禪之進藏與否，真所謂佛力與我何有哉！但不幸
所謀失敗，而蔣君又中途離藏，其所屬望於余者，復不
得報命，愧懷良友，至今歉然！然余之得以進出藏、尼
毫無困阻者，仍全出蔣君之賜，因彼為余所索得之馬
牌，標明徑羊八井繞天湖以赴日喀則，因料定班禪返藏
至黑河後，必取道羊八井直趨日喀則，以避免駐幡拉薩
方面之紛擾，若余能先期作一度附帶視察，計亦良得，
故余赴日喀則之道路，不得不捨較捷之仁蚌與江孜兩
線，而登衛藏北道之程矣。但馬牌上又明言「中藏和
好，故有哲蚌寺求法漢僧赴札什倫布及薩迦等處朝佛」
之句，以朝佛僧人不取短近之仁蚌、江孜之道，而必由
荒寫，且又沿途毫無佛蹟之羊八井之道者，則頗易啟藏
人之疑竇，故又不得不添入朝天湖一句以祛其疑。事實
上余此次旅行根本未曾邂逅天湖，且亦無此需要，但不
如此則余不復趨北道，不趨北道則不得在瑪爾將平空結
識一白鬍鬚老僧，非此僧則不獲邀得薩迦貢瑪之全力協
助，非其助則根本不得到尼泊爾矣。歸根究蒂，仍不得
不歸功於此一紙馬牌，為之馨香導謝蔣君不已！此外蔣
之兩封介函，一致班禪秘書長王樂階，一致班禪弼馬溫
德勒惹登，皆使余感到好處。又余為一極簡單之沙彌，
破衲外無長物，臨行匆匆，無暇亦無力治裝，蒙張威白

君[4]饋以路菜，李耀南君、李有棠君、李玉書君、高師原君、王廷璋君、曹巽君、馬幹臣君等，借以被套、碗、筷、皮袍、糌粑、麥、麵、皮靴、褐衫、褲、褂、鞍、鐙、馬包及其餘一切旅途需用之物，而馬君薦來僕人一名，名馬志仁者，尤使余承情之至。凡此皆為余開始執筆整理日記時，不得不附帶述及者也。

4　張威白，1934 年作為無線電工程師隨同黃慕松入藏，後擔任拉薩無線電台台長。蔣致余離藏後代理其職。

1937 年

7 月 15 日

　　七時早飯，八點半由行署發，攜馬志仁及四烏拉離
拉薩，李玉書君送至哲蚌寺山下握別。正午抵噶東，時
細雨霏霏，烏雲遮日，頗覺涼爽。至囊卓尖尖後，進堆
隆峪，大雨臨頭，雷響水奔，馬力頗疲，峽風寒勁。感
懷邊務之失御，人謀不臧，而余又灰死空門，今日雖始
長征，究又何補？憶去年和別徐近之詩有「何年我更得
西征？帕脊長歌射虎行。腰佩班公湖袋箭，寶雕弦響餓
鷹驚！」之句，何昔壯而今衰！半載泥爪，事有不堪回
首者，馬背上強打精神，勉成一絕。（附後）雨稍住，
迎面逢一人，大聲言：「此道恁直無草秣！」是否瘋
漢？大雨滂沱中抵宿處囊則洗噶，晚間，房主人患四肢
癱瘓症，哀余求藥。余雖稍備旅途藥物，但始終不能料
及有求余醫治癱瘓者，漫應不給則過使老人傷心失望。
無奈，姑與之硫磺膏及繃布一方，囑布置熱茶壺上，
熨而貼之。老人歡喜極，然余之良心警告我，毋太惡作
劇也！

7 月 16 日

　　夜來直不寐，思想底事？初登程常多雜念，或亦旅
行人常態耶？昨所騎馬之疲，所遇房主人之癱瘓，覺蠢
朽昏庸，集中於「老！」，無怪佛陀列於八苦之一。[5]

5　佛家八苦為生苦、老苦、病苦、死苦、愛別離苦、怨憎會苦、求

余年來蟄伏經籠，豪氣消沉，亦有垂垂老態，見少年之
馳騁不休，喜其勇鷙，後生可畏也。早飯後行，今日原
可順道一朝尬爾瑪派之楚布大寺，但終因某種憶念捨
之。沿途頗見渠水之利，今年拉薩大旱，七月中旬以
前，未見滴雨，但峪中毫無旱態，然終不敵地形過高之
缺點，作物總不及峪口之茂也。寧則塞尖。余對自然之
觀察殊少學問，如此地之地的科學，實非一頭腦玄虛之
喇嘛所能領會於萬一者也。希望內地學者諸公，能不棄
蠻荒，惠然來臨雪山高原上，以開拓此方無窮之寶藏，
則歟舌蒼生有幸矣！至德慶宿。今日竟日烏雲蔽日，不
見陽光，但不雨。烏拉至此換送，書短簡，付烏拉娃，
帶回拉薩諸友道平安。

7月17日

近日此地有神會，鄉人競馬、射箭角輸贏，百務
都廢，余之烏拉遂無法支到，空候一日。無奈，讀貢
塘曼殊造《了不了義難義疏》（*Gung-Thang-hJam-dPal-dByangs-Kyis-mDzad-Pai-Drang-Nges-dKah-hGrel*）以消遣。

7月18日

晨仍不見烏拉來，馬志仁出催，半日未回，余甚惶
惑。久不耐，出門迎望，不數武，見一零星雜貨攤，
堆置各物，除辣椒、木碗外，剪刀、胰子、[6]紙煙、頭

不得苦、五陰盛苦，為眾生所必有之苦果。

6　即香皂。

痛太陽膏、棉紗線團，皆仇貨，真無孔不入！移午，馬志仁始回，據云赴宗取飛子後即催烏拉去，但此地烏拉例由上下兩莊勻攤支應，上莊之馬，晨間已到，下莊稍遠，傳告費時，故不得不候如是之久耳。過午，烏拉始齊，即出發，雲層仍厚積，但漸北則漸朗。見岸尬爾峪中之殘碉廢壘，問土人，云是接波旺（Gyal-Po-dBang）之遺物。再問接波旺為誰？則又茫然不知所對。以余直覺觀察此等殘跡，最多不過二百年物，因黃土拌以碎石之牆垣，不能屹立保持甚長久之時期，而殘跡盡黃土堵壁也。考清初拉薩北路，自堆隆峪直抵騰格里海（天湖）及彭多（Pun-Do）至黑河兩道，皆為防準噶爾要路，關隘重重，設險置防。岸尬爾峪為拉薩赴羊八井必經之地，設防自在意中。準部平後撤防，碉壘盡廢，傾頹圮塌，此或其遺址歟？篋中無檢籍，姑待異日。晚宿羊八井大灘中之散薩，四周雪山峰尖有雲，天空極晶朗，瑩輝明燦，可與「無雲之夏的拉薩」相比較，惟地勢稍嫌高寒。眺年青唐拉之雪，觀之不厭，令我塵淨。

7月19日

晨間有札什倫布經此赴黑河迎接班禪者來就余詢消息，告以護送專使已到結古多外，不及他語。蓋余以為班禪之「成敗利鈍，未可逆睹」也！其人告余，迎接烏拉共二千馱，分成三批。首批六百餘，前日已過去。彼等乃次批，五百餘，馱負皆米、麵、酥油、糖菓、哈達等物。第三批七百餘在後，並有佛轎及護轎官員百餘人，皆由此取道東趨，溯拉水翻山，經達木、桑雄以赴

黑河，如該道支應烏拉發生困難時，則改道北逾古爾仁山，繞天湖以往桑雄云。談畢遂去。余即換烏拉出發，日光溫煦，下行草灘中，遙見羊八井宗在北山崖上，沿途未尖，直至羊井堆宿處。晚飯後，逢一色拉寺僧，告我藏南由帕里至拉康六日，由拉康南去不丹京城布那克、[7] 北往拉薩皆十五、六日程，並有腳可僱，惟騾馬少而驢牛多耳。

7 月 20 日

晨寫日記未完，因小便出，且囑馬志仁勿擅動。回時，不料馬志仁檢行李，竟將墨水裝入提箱中。余覺察，立啟篋開視，已淋灕盡致。將壓於箱底備供養薩迦帝師之黃緞一匹，染成斑斑藍漬，令人氣沮。出發，登逾蓄穀山，下坡後甚早，即宿拉盧。

7 月 21 日

今日始過覺摩崗尬爾，午至瑪爾將換烏拉，並尖。此處帳房家皆砌大塊牛糞為牆，表面和糞屑與泥土堊圬，燃用時自一端挖洞掏取，所以防雨濕，法甚善也。莊中值迎班禪之第三批大隊亦尖憩於此，因知有佛轎，遂往瞻謁。乃被護轎之白鬍鬚堪布所見，強邀余進被帳中略坐，以乾生牛肉、糌粑款余，大談其少年時代與張蔭棠之過從，並告余此次迎佛之二千馱糧糟，皆儀仗隊犒賞也。因知余此去赴薩迦，特裁箋作函介紹，萍水相

7　今普那卡（Punakha），1955 年前為不丹首都。

逢，荷彼盛德，愧無以報，因命馬志仁檢餅乾一盒餽之，聊表寸衷。征途傾蓋，愫情未罄，恨離別之速，珍重叮嚀以出。乃趨轎帳，其轎即內地之十六抬大官轎也，惟轎內易座以墊而已，裡外皆黃緞，扶手供香爐。輿者兩班，皆黃袍祿褲，緯帽皮靴，束腰綁腿之糾糾大漢。圍余坐談沿途跋涉苦狀，余問：「較烏拉支應二千匹之苦狀，何若？」皆默然。余遽起身跨馬超乘，不顧直去。翻過馬鬃山，天近黑，就賈如崗之草坡上舉炊而露宿焉。

7月22日

昨夜露宿時，因余佈置得宜，先置馬鞴於地，再蕁以氈褥、被套、狗皮褥子、氆氌床單等為褥，睡時覆以駝毛厚被，老羊皮大袍，氆氌罩袍等為被，故一宿未感寒冷。晨起，不及進食即行，至牛頭山，一騎迎面來，馬上略道數語，摩肩以過。近午，至宗唐尖，並換烏拉。此地赴日喀則，有順達姆河經答龔喀，及逾賈索、熱公兩山經南陵兩途，余因蔣致余有「南陵或為班禪新近收回之宗」之一語，故取道南陵，急欲今晚趕宿拉布，則後日即可抵日喀則。但久候馬志仁去宗治取飛子不至，房主人且上屋瞭望至四五次，均頹然搖首而下。直待日初斜時，馬志仁始滿頭大汗入，連聲喘呼「遠甚！遠甚！」。忙收拾上馬，逾賈索山，至森林莊時，已夕陽西下，略帶暮色。馬志仁與烏拉娃皆欲歇，余不許，私計今夜至少必須翻過熱公山，否則不能在預定期限中到日喀則。即使今夜不及宿站，亦不辭露營，遂揮

鞭策馬，獨自先行。山路窄狹，稍不慎即有墜澗喪身、骨肉齏粉之虞。但余悍然不顧，一秉剛毅頑強之氣以臨之，強登山坡。幸望夜月光皎潔，照影纖明，迤紆曲折山道間，風送鑾鈴，溪響落石，神旺氣勵，亦平生一快也。漸登漸黑，將及山口，右折盤旋，人疲馬乏，賣盡吃奶力，始躋頂。人人喘聲如牛吽，周山空谷風響如鬼哭，如嫠泣。月光疏亮澄潔，下坡數武，覓得避風崖根，展鋪即睡。

7月23日

昨少進一餐，今晨在途即感神散。出峪經孃將住康時，圮橋頹立水邊，僅枯木，一喜鵲兀立梢巔。余喜得此好兆頭，蓋連日不見飛鳥，嫉地勢之高，得此不啻告我佳境在前不遠矣。抵鬐塘，誤以為拉布，入村急待裹腹，詢明後掃興以出。重行行，午才抵拉布，觀其宗堡之建置，莫謂藏人無軍學常識也。入民家尖，此處取飛子近在咫尺，奉差循良，烏拉立牽至，無有分秒遲延，尖畢即行。烏拉娃乃三小孩，內一幼女，才十二歲，童年弱質，執鞍彎，隨徭鐙，忍勞渴遠役，受公人笞詈，頗使余心不安。沿途渠上綠柳成蔭，千條萬枝，拂掠頭頸。至丹納則爾寺側，沙彌小童四五，嬉浴橋下，排排坐，天真爛漫，令人神越！勞人草草，不能享受此等清福也。寺足大白石上有晒牛糞痕印，朵朵連綴，映入眼簾，如摩登綢之新式圓花圖案，思之滑稽可笑。陽光迎射塵臉，天氣甚熱，不能多禦衣。烏拉小孩汗喘不已，席地坐道旁，出阿麴皮囊，拔蓋豪飲。小小

年紀，三五碗立盡，猶是祛渴，毫無醉態，豪快爽廓，
驚佩無已。飲畢，牽余馬，穿阡陌，拂披柳，七彎八
拐，至南陵之鐵索橋堍。此為余第二次所見之鐵索，初
見蓋在海、藏長途中之彭多，然此橋殊比彭多者大而
健。烏拉娃拴馬於岸，余率三孩肩負行李過橋。橋頗簸
曳，而童子無懼葸態，余滋愧怍。「南方多沒人」、
「胡兒十歲能騎馬」，地性然歟？重賞之令去。即入南
陵，天漸昏黑，見五六童子，戴鬼臉，團團舞街頭。另
一隊喇嘛，中導路者、捧物者、撚香者，後一人肩負小
活佛，約七八歲，招搖而過。俏男村女，爭擠而前，紛
紛以頭觸兒足頂禮，小兒以小手一一摩挲頂禮者之頭。
今日究何太歲值日？所遇都小兒為尊！余此際亦不得不
脫帽向小活佛致敬，大眾愕然，始發覺新來一不速之
客。即有老者向余問訊，以實告。彼讓余暫坐街中，轉
身返，去尋差事頭人，未幾，即有人導余入一民家投宿
焉。憶馬鬃山北遊牧民族之婦女，頂一圓片布塊於額
頭，殊憎嗢。宗唐以下之婦女，都戴珊瑚鞭架，五官亦
漸趨端好，如今日牽馬女童，殊可愛也。然其所用之夥
爾方言與後藏方言，則皆使余兩不易懂。民族在地理性
上，有居山居水之區別，山水之貌同其民，夥爾、後藏
之有嬝妍之別，得毋山水之性所表現之一端歟？

7月24日

　　換烏拉，候至午始齊集。出發，天氣熱不可奈，脫
去毛線衫，在馬背，頭仍昏昏，沉重思睡。沿途有炕旱
之象，憶自拉薩出發以來，除堆隆峪遇雷雨外，直未見

點滴。然處處四周山嶺高峰上，皆厚積雲層，都無意於雨，即偶有雨意，每每才落數點，立被亂風吹散，故乾亢之象全藏皆然。烏拉娃言今歲此地迄今才得三場雨，皆不豐，南陵以下雖有渠水之利，然不及往歲之豐足矣。嗟呼！未幾，至朵菊，換烏拉二匹，稍候復行，日斜時至央木莊宿。宿處有廁所矣！雖不及拉薩之尚成模樣，然總比十日來隨地掘坑，當街蹲股為雅。前月蔣致余談笑話，曾云：「民族之文化，於吃飯、便溺上分高下！」信然！惟今晚宿樓上，飼養牛犢亦在樓上，可謂糟糕！晚餐後馬志仁燒水濯足，肢體輕快，為出行以來之第一次。

7月25日

今日須到日喀則作客。晨起，命馬志仁取出學生服更換。將發，忽見烏拉少二馬，而易以兩驢，問其故，則詭云：「馬在遠村，牽來費時，必欲候，則今日不得到日喀則矣！」妄也，因照例一馬換兩驢，今祇兩驢，則可少支應一烏拉馬也，祇得聽之，遂發。沿途多楊柳，此鄉栽柳，新枝才二三尺，即齊頭砍幹，不令高長。枝乃旁生叢上，成織狀，年久則短幹有粗至二三人合抱者，形如木墩，央木附近，且有五六人合抱者。余問烏拉娃：「何故如此不令成大材？」答曰：「為多得燒柴，若任其成大材則不便伐也。」約正午，至扼馬崗，以皮船渡江。舟子曳樂而歌，望東流之水，怡然顧余曰：「灝灝乎！此水也！下流則達布，而工布，而白馬崗，而波密……」余接曰：「而察隅，而普拉瑪普特

拉江，而……」既而喟然，乃倚船尾，擊皮舫而嘆，而
泫然泣下，作歌曰：「扼馬崗頭看流水，白馬崗南流不
止。流出英印永不回，慨嘆邊人心如此！」渡後，命馬
志仁先驅，赴日喀則謁奇且，商借宿處。下午三時許，
到日喀則。馬志仁已先迎於街口，穿市而過，直至札什
倫布寺門，一僧阻余下馬，不敢不遵。馬志仁導余入一
大宅，拾級登樓，將水盥洗，檢出蔣致余介函，並攜來
禮物。俄而主人邀見，乃一中年僧官，面微麻，殊和
藹，揖余坐，奉開水，曰：「聞尊介言閣下未習飲酥
茶，特命廚下瀹沸淨水敬奉！」

余道謝，心不安，頗怪馬志仁之口快。交過書札，
主人拆讀，竟雙手捧還，忸怩曰：「閣下誤矣！此乃蔣
參議致奇且之函，奇且乃班禪之奇本欽波，弼馬官也。
其人乃在俗，辮尾垂垂，舍下乃雀本堪布[8]寓邸」。言
時，鄭重以手按其後腦，「雀本堪布亦如余之禿光頭
也！」馬志仁竟又誤矣！余赧然良久，謝過不遑。然主
人略無拒客之意，此乃使余稍覺心安者。主人復詢余何
處遇迎請班禪輔輿來，余告以瑪爾將，主人喜曰：「聞
護輔堪布有書致余，請即見賜！」余不料馬志仁之再三
錯亂也！無奈姑檢與之，愧怫謝過曰：「莽僕無知，譖
言瀆陳，事本異此，爾敢妄肆混淆，書誠有之，但非致
呈閣下者！」彼見封上薩迦字樣，強顏笑曰：「不料尊
介如此有趣！」且慰余曰：「君莫見棄，寒舍與奇且府
中無異。如不嫌褻瀆，就請駐留！」遂命僕從掃室為余

8　又名郤本堪布，達賴、班禪宮內管理誦經、禮拜、供養等事之堪布。

下榻，曰：「樓下佛房寬敞，白鬍子來時，亦宿此屋，請即顧臨！」並將原禮奉余曰：「厚貺殊不敢當！」余惶恐無措，急曰：「雖一面初識，亦信前生有緣，無緣則不至唐突府上。客固不速，戔戔者亦聊見寸忱，仍望哂納！」主人始道謝收訖。因送余出，微語詢曰：「君來後藏，得毋啟噶廈之疑嫉？」余應聲答以：「疑則不發馬牌矣！」主人頷首。余因稍駐足，反詢彼以余內心所立欲明瞭之一問題：「班禪蒞後藏，護送官員暨儀仗隊營房已預置？」主人之答覆：「否！」搖首而已。吁！人心之不易收買也。余又問：「班禪蒞藏後，前後兩藏將否起大衝突？」主人以絕對肯定之態度答云：「否！」余遂辭下，逕赴佛房，鋪陳堂皇，金色燦燦，細味剛才主人最後一問之答覆，覺主人之為人，若非一極端虛偽欺騙之官棍，即是一毫無實際知識之禿頭。因前、後藏間之糾葛，實甚於中、藏間之隔陔，凡熟習藏情者類能知之，事實不能瞞隱，如非白癡，不得云不知道也。靜坐定神，念今日之事如演趣劇，恨馬志仁之糊塗，昊天罔極，欲呼叱責，則初來做客，未便遽爾臨以威刑，顏面所在，不得不止，滿腹忿懣，無從發洩。奈何！奈何！

7月26日

　　晨命馬志仁去探王樂階寓處，得知在諾布章康，遂備禮往訪。適王在，立得相晤，落坐即談班禪進藏事，約一小時。余與王此為第二次晤面（初次在拉薩黎老處），頗不生疏，故談話得以暢洩。王聞知班禪進藏可

以不成問題，喜極，乃謂余曰：「上月鬐衣巴都（Rai-Bha-Pur，錫金人，現英印派駐拉薩辦事委員，噶廈新予以札薩克職）來寺進香，余曾相值，亦談班禪入藏事。彼云佛爺進藏甚好，但三百兵就不美。余責問何故？前清七輩達賴及歷次章嘉呼圖克圖進藏，皆派兵護送，老例可循，豈昔善而今不美？彼無言答覆。臨別時曾約定彼由拉薩返印時，將再繞顧札什倫布，但卒聞其早已返印，並未見再來此處也。」王得蔣致余書，知蔣將返京，因問余：「蔣之返京，係請假得准歟？抑奉蔣委員長電召？」余告：「兩俱非是，不過噶廈已經表示決允班禪進藏後，蔣認藏事告一段落，可以回京養病耳。」並詳告蔣與噶廈交涉此事經過之詳細情形，此節為余預受有蔣之囑咐者也。談畢，遂起。王導余入其佛堂參觀，正中前兩柱，左懸蔣委員長像，乃民十八任國府主席時贈者，右懸班禪像，上首佛龕上偏懸國民會議、西陲宣化使署、南京班禪辦公處諸橫幅照像。余一一頷之，覺此等物無異王半生奔波利祿之勞績單，乃竟與宗教偶像並陳，十足表現藏中一般僧官之習性，未免令人齒冷。王且指最後一幀中坐像之一，謂余曰：「此非蔣參議耶？」余視之果然（按蔣曾任班禪辦公處之秘書長）。王立即信口開河，大贊蔣政治手腕之靈活，並辦事之能幹。余此時忽憶及蔣曾一度與班禪辦公處鬧意見，因而向當局提出辦理藏務應不專以班禪為對象之條陳，不知王於此事上仍認蔣為靈活歟？抑為能幹歟？王忽問余工攝影不？余實不擅此技，然心頗響往，尚擬假以相當時日以從事學習，但為充門面，不得不敷

衍答以：「出家人以少染為本，昔固深喜，今則久棄矣！」王大以為然，相偕下樓，至大藏經房，房中有第五世班禪丹杯旺曲塑像，高五英尺，像作少年貌，端然危坐。王告余，彼才二十八歲即示圓寂。出，仍返樓坐，余乘間問王儀仗隊營房事。王曰：「汽車、飛機、鐵路，越快來越好！營房當然不成問題，馬上修蓋！」

　　吁！尚何言哉！其答完全與昨日之小麻子禿頭實際意義相同，不過修辭略巧而已，此或為彼從內地學來之乖巧也耶？余遂不得不轉過談話方向，告以昨日錯投宿處事，王立命僕從取余行李來，闢其鄰室以榻余。余始知昨日之宿處，為班禪之雀本堪布家，小麻子乃堪布之管事人。瑪爾將所遇之白鬍子老僧，乃班禪之森本堪布，[9]其名曰頓翥拉（Dun-Dru-La）。興辭暫別，至下榻處，則行李與馬志仁都來矣。下午赴市購旅中需用物，開水壺一、飯碗一、鋁匙一、胰子二、醬油一瓶，練習簿則遍覓不獲。順道至膽堅拉康（Dam-Chen-Lha-Kang）訪一名為巴巴絳巴之人，此因余友張筱舟君之介紹也，至則云已赴拉薩，遂悵然返。街中遇一擺小攤販漢人，見余衣青呢學生制服，立即招呼，詢其名姓，則云唐復生。余以街中不便久語，約彼暇時至諾布章康細談，遂歸寺，甚暇適，取布敦《善逝教法史》（Bu-Ston-Thams-Chad-mKhin-Pae-mDzad-Pai-bDe-gSheys-Chhos-hByung）[10]翻讀。晚間，過王處長談，值一札什

9　達賴、班禪宮內隨侍起居之堪布。

10　又稱《布敦佛教史》，內容包括佛教概論、佛教歷史與藏文大藏經分類目錄。

倫布寺之噶爾欽，名旺堆（Wang-Due）者，知余稍解諍經，因提出《現觀莊嚴論》[11] 疏序中之大乘兩儀，與慈氏兩段相質詢，登時舌劍脣槍，各不相讓。王顧而大樂，作漢語謂余曰：「真不容易！你二十年在藏住，一定大喇嘛作的！」

　　夜深回房，翻讀《了不了義難義疏》。余來札什倫布，不得不稍逗留，其目的有二：一、班禪於民國二十三年時，收回昂仁、拉孜、朋錯林與干壩四宗，余擬作一度巡視，並順道一朝布敦大師之夏鹿（Sha-Lu）道場；二、購印歷代班禪喇嘛之全集及傳記，與多羅那他之全集。日間，經一度與王商洽，印經似不成問題，並允印成隨即送拉薩。至於四宗，則各因其位置，或在日喀則之南，或在日喀則之西，而余之馬牌僅能由薩迦回時歸途順道過拉孜與朋錯林兩地，其他兩地，則有愛莫能助之慨。至於夏鹿，則近在咫尺，須專日備騎另往。於是余知王之能助我者，限於何種程度，乃絕口不提四宗之事，決定先赴薩迦再看情形。特別鄭重拜託印經之事於王，並開列所欲印購經藉之名單付之。

7月27日

　　札什倫布寺之建築，其中心部分，為五班禪骨塔、彌勒閣、班禪宮及大殿所構成。東西橫列，紅牆金頂，巍峨入雲，整齊閎壯，規模為三大寺所不及。朝禮歸

11　全名為《般若波羅蜜多要訣現觀莊嚴論頌》，為藏傳佛教認定的彌勒五論之一，格魯派將該論列為獲得格西學位必修課程之一，需要學習五年。

後，濡筆略紀其次。晨間，購供佛酥油二克，王樂階遣其僕名羅桑羊碧者引導，先至最西首之紅樓，為第五世班禪丹杯旺曲骨塔。塔高五六丈，全身包銅，遍飾珊瑚、綠玉、硨磲、琉璃。塔前有丹杯旺曲塑像，栩栩如生，蓋與王宅之像同出一手者也。東柱有金泥一方，中凹下現三歲小兒足印，云是丹杯旺曲童時足跡。出殿，東鄰即大彌勒閣，殿樓六層，層都十二級，為全寺建築之最高者。[12] 彌勒像自頂及底貫通六樓，其蓮座即佔去最下一層，趺跏而坐，自尻至髻，高等現班禪之右肘八十有八之合計長度，其高巍可以想見。全像皆檀木彫成，外裹銅皮，面部泥金。余登最上層參謁，僅見頭部，佛眉彎長，吾身材之修度猶不及也，偉哉！佛冠赤金嵌鏤，眾寶莊嚴，胸前兩枚右璇白螺。羊碧指謂余曰：「第十四世達賴吐丹嘉錯 [13] 積一生聚斂，死後骨塔上遍嵌鼻煙壺，無一白螺，而班禪於中年以前，尚未離藏時，即獲其二，真佛假佛，於此乃分。」又曰：「此像之偉大璀煌，不但衛、藏無比，恐贍部 [14] 天下亦無第二。殿初建時，達賴即懷嫉忌，因彼為西藏政教共主，且又為班禪師傅，自不甘低志遜美，時加誚詬，逼迫班禪不得安居。故當此閣落成未久，班禪遂不得不被逼出走矣。」閣中除此大像外，前樓尚有現班禪所鑄銅宗喀巴像千尊。禮畢，拾梯下出閣。又東鄰為第四世班禪丹

12　今稱為彌勒佛殿（強巴康），共五層，由底及頂層層收攏，有木梯可上，殿中鎏金紫銅彌勒佛坐像高 26.2 公尺。

13　應為第十三世達賴喇嘛土登嘉措。

14　即贍部洲，是大地之總名。

杯尼瑪塔殿，制度一如前塔，不具贅。

殿前東西兩配廡，西廡供持壽宗喀巴像（Rje-Tshe-hDzin-Ma），乃手捧壽瓶之宗喀巴大師也；東廡供三種性主（Rige-gSum-mGon-Po），即大悲種性主觀自在、大威力種性主金剛手、大智慧種性主曼殊師利[15] 三尊也。出殿，東鄰白堊小屋，曰南接拉康（Ream-Gyal-Lha-Krang），義為尊勝殿。正殿供宗喀巴、接察達爾瑪仁欽、開蕎給勒杯桑波[16] 師弟三人像，東西兩配為曼殊、彌勒，諸像都高過丈。其前樓供宗喀巴商主像一千尊（Rje-Tshong-dPon-dGe-Legs-Ma），為雙手捧摩尼之宗喀巴大師也。

出院，東鄰紅樓，為第三世班禪杯點耶西塔殿，制如前而較大，不具述。其前樓名曰賈納拉康（Rgya-Nag-Lha-Khang），賈納者，漢也，拉康者，神祠也，因此樓正中案上供一「當今皇帝萬歲萬歲萬萬歲」之藍底金字漢字神主牌位，故余名之曰「萬歲殿」。牌上首佛龕中供杯點耶西繪絹彩像。其東一室，禁鑰深嚴，羊碧告我：「此為駐藏欽差大臣與班禪商談公務大事之會議密室，故例欽差與班禪晤面，必於此殿先期預約。至其時，則欽差自殿東門入，班禪自殿西門入，於殿正中共值，同跪拜萬歲牌，跪起始偕入密室會議。」在此處，杯點耶西之像竟高懸於皇帝牌位之上，為滿清君主之駐藏代表之欽差大臣，胡為不知？如其知也，何不立

---

15 又稱曼殊室利，即文殊菩薩。

16 即賈曹‧達瑪仁欽、克珠傑‧格勒白桑，均是宗喀巴的弟子。

即奪下裂碎此像，以滅藏人僭擬妄侈之跡，何故而亦隨從藏人附帶向像行朝跪之禮耶？於此吾人須知，西藏人乃一妄自尊大之民族也，彼等連蒙古人亦在內，咸相信乾隆帝曾從杯點耶西出家，並受苾芻戒。以毘奈儀制言，杯點耶西為師，帝為弟，師尊而弟卑，故應置杯點耶西之像於萬歲牌上。然此猶不足以說明此事之真正原因何在也，真正原因者，乃藏人之宗教夸大狂之習氣也，何故？蓋西藏人認達賴、班禪為神權無極，其不可侵犯，且駕凌天下共主而上之，任何人對班禪、達賴不行跪禮，則為大不敬。然而滿清之駐藏欽差大臣，爵不過副都統耳，其視內外蒙古親王、貝勒，階級懸殊。千百親王、貝勒向達賴、班禪尚須行跪拜大禮而虔誠悅服，此副都統竟敢與達賴、班禪平起平坐，其大不恭敬之態度，為其教下信徒觀瞻所繫，實足以影響達賴、班禪之宗教神聖地位之搖動，故西藏人時時刻刻圖謀所以壓制欽差大臣之方。

第一、彼等認為達賴、班禪與欽差商談公事，無論需要起於何方，祗能由欽差自趨達賴、班禪宮中請謁，不能由達賴、班禪屈駕以移樽就教於欽差衙門，故布達拉宮與札什倫布遂有達賴、班禪與欽差會議密室之設置。

第二、彼等認為不能壓迫欽差跪拜，則不足以顯達賴、班禪之神聖不可侵犯之地位。然清制規定嚴密，彼等實無權可以強逼欽差跪拜，於是達賴、班禪宮中設置萬歲牌，每逢與欽差會面，必須會同於此牌前，則欽差見此牌不得不立時屈膝下跪矣。如是則欽差每次往訪達

賴、班禪，即每次都須在其宮中行一度跪拜禮，無異向達賴、班禪行跪拜禮也。

第三、彼等猶以此為未足，必須令欽差直接向達賴、班禪行跪拜禮，於是異想天開，竟以莫須有之出家乾隆皇帝為典據，而杯點耶西之像遂高踞萬歲牌之上矣。如是則每當欽差與班禪晤面，同向萬歲牌跪拜時，旁觀之西藏人之觀念遂作：「欽差心目中自以為向皇帝跪拜，實則向我杯點耶西跪拜；我班禪喇嘛之向上跪拜，乃向其前世之人跪拜，非向皇帝跪拜也。而我班禪喇嘛即杯點耶西之轉生，前後非二，乃一人也。故彼欽差之向杯點耶西跪拜者，即向我班禪喇嘛跪拜也。」

其計可謂工巧而譎者矣！余但願國家立刻強盛，對西藏有整個辦法，必須將藏人之此種封建腐化思想劃除盡淨，易以完全之民國精神，勒令所有寺院焚燬一切萬歲牌，而另建中山堂以代之。令駐藏大員每當會晤達賴、班禪時，同向總理像行三鞠躬禮，如是庶有豸乎！余復考杯點耶西以痘症圓寂於北京，骨塔實在彼而非此，[17] 但寺中都言：「兩塔都真骨殖」，態度神秘。吁！僧徒之好偽也！

自萬歲殿下至二樓，為時輪殿，供時輪壇場及無量壽九佛等。出殿，又東鄰為第二世班禪羅桑耶西塔殿，規制如前，不具贅。前樓供救度母。出殿，又東鄰為班

---

17 六世班禪圓寂於北京黃寺，終年 43 歲。乾隆皇帝頒賜黃金 7,000 兩造金塔一座，以供佛身。1781 年，六世班禪靈櫬回藏。1782 年，北京黃寺之西建清淨化城塔，藏其經咒衣履，立碑刻有高宗御製塔記。

禪宮寢，藏語呼之為拉布楞（Bla-Brang），亦即札什倫布商上所在，時正聚義公事，未得進入朝禮。宮前為札什倫布大殿，大殿之東為第一世班禪羅桑闕接塔殿，塔殿之院井，即在大殿之側，兩殿似乎相聯，往往誤以為一。大殿之天井，名曰賢劫大道場（Shal-bZang-Chham-Ra-Chen-Mo），為每日午後推山林、稽康、夏則三院集合辯經之所在。

過天井，登大殿，數殿柱共得四十八根。[18] 正中迎面一座，甚高大，東向張黃傘蓋，知其為班禪座。羊碧指對座殿柱礎上謂余曰：「此乃一天生巴枯剌羅漢也！」余眠目細視，昏暗處，見柱木紋理虯結矹屈，果然織成一巴枯剌像，高尺餘。自然界之無意傑作，適逢其會以迎合宗教有如是之巧者，真覺不可思議！又上為供殿，[19] 藏語呼為卻康（mChhod-Khang），門懸織環鐵簾，楣上有一黃緞橫幅，長二丈餘，額曰「宇宙心王」，上款中華民國二十三年元月穀旦，右款札什倫布本尊佛座，弟子戴傳賢、有恆 [20] 敬獻。羊碧告我：「此乃黃慕松進藏時攜來者，黃囑懸於大殿正門上，然門外易受風雨侵蝕，故眾議改懸於此。」可謂善於體貼戴先生宏法之苦心矣。

供殿為六開式之小房，正中供釋迦伏魔全像，高

---

18 大殿面積 580 平方公尺，其中 8 根長柱直托高大的天窗，構成面闊 9 間、進深 7 間的集會堂，可同時容納 2,000 人誦經。

19 指措欽大殿釋迦牟尼殿，為札什倫布寺最古老的殿堂之一。內供釋迦牟尼鎏金銅像，像高 3 公尺，為札什倫布寺主供佛像之一。佛像體內存有八思巴遺體舍利和宗喀巴的頭髮。

20 即戴傳賢與鈕有恆夫婦。

二十五札（一札為大指尖距中指尖之長度），為第一世達賴根頓耇所塑，迄今蓋已五百餘年矣。左龕藥師像，右為阿彌陀像，又二曼殊師利像，其名曰法輪曼珠（Jam-Yang-Chhos-hKhor）。又東西兩壁供觀自在等八大菩薩。

出供殿，西鄰乃舊彌勒閣，亦根頓耇所塑，高二十五肘。塑初就時，像之右耳忽現一宗喀巴像，左耳現救度母像，寺中常有外來比丘沒入像中而隱滅云。出彌勒閣，至供殿之東鄰，為救度母殿。中供如意輪救度母像（Drol-Ma-Yid-bZhin-hKhor-Lo）金身，高十六札，亦根頓耇所塑。左右為泥塑白、綠兩度母，金像龕背之壁，繪一度母像，云此像曾出語聲。此殿與舊彌勒閣皆置僧座，蓋大殿窄小而僧多（計推山林二千名、稽康一千名、夏則五百名、誐康三百名，共三千八百名），無法悉數容納，故不得不將就此兩殿之空隙地置墊，以分容少許耳。

出度母殿，登大殿之樓，樓之西北隅為札什倫布寺之護法殿，所供為善天女（dPal-Ldan-Lha-Mo），樓下正值此殿之下部為塔，塔中瘞婦骨，云此婦即天女所化。如欲禮塔，則須下樓，於大殿之西北小門入內。但此小門每年僅十二月二十八日始開啟，撤獻長年食供，彼時始許入內禮塔，平日則深扃嚴鑰，門口坐墊高堆，布帷遮隔，無法瞻仰也。護法殿之右側為貢康（mGon-Khang），義為怙主殿，亦即另一護法殿也。殿中供吉祥怖畏金剛（dPal-Dorje-hGigs-Bzed）、六臂明王（mGon-Po-Phyag-Drug-Pa）、善天女、藥義如意

寶（gNod-Sbyin-Yid-bZhin-Nor-Ba）、白明王（mGon-Po-dKar-Po）等。

下樓離大殿。自東側門出，門之楣框，木質堅厚，察之乃白檀，寺僧頗珍視之。門側塑四大天王。下階即羅桑闕接塔殿，規制如前，不具述，惟更宏敞，為歷代班禪金塔中之最大者。東西兩配殿，供羅桑闕接與阿彌陀佛像，兩都高過三十英尺，為現班禪所新建者。

殿院進東南角門，乃大藏經方（dKah-hSgyur-Lha-Khang），百數十僧正諷誦不休，所藏藏經亦根頓翥時代物，為寺中最古之一部云。出經房，登前樓，為賢劫祠（Shal-bZang-Lha-Khang）。此祠初創建於羅桑闕接之手，歷代班禪均有增益，像類眾多，無法遍錄，難以憶追。惟知祠中有一現班禪生母之瘞骨小塔，傳母氏為救度母之化身，出家得道云。出祠見寺僧紛紛擠進大殿，蓋正鳴椎施茶時也。余亦疲乏，遂草草而歸，其未盡朝參之處，祗得餘留，以俟明後日耳。

午時，待詔來雉髮，其人馬姓，名三，奉清真教，手法甚輕鬆。雉畢頗適，予以藏銀三兩。馬三去後，覺無事可作，忽憶及來時在班禪橋東畔見一「清真古寺」綠底金字匾，不知內中有漢人否？擬往一探，就便橋下沐浴，計亦良得。遂出寺南門，沿郊路東行。至橋，即解衣入浴，河水溷濁，不及衛河多矣，惟本地人入浴多全裸，不似拉薩浴者之尚多遮掩也。浴畢，尋至清真古寺，寺內闃無一物，良久，始聞老婦病呻。尋聲搜索，得之於黑暗小屋中，強曳始起。問話復又聾瞀不堪，答語吶吶，殊不可辨，僅云：「我是漢人，男子都外出」

而已，無奈棄去。更進，似一經堂，但壞扉嚴局，楣上一匾，四大字皆剝蝕不可見，祇約略辨其右款大清（中脫二字）十七年（又脫一字）月吉旦立而已。苔階清冷，牆草披靡，西風拂襟，人影淒其，無任唏噓感喟以出寺。望斜對門有「尚義可風」匾，忖為漢裔人家，遂往探，見匾額有「楊大雄撰」款。逕入門，內一小女孩嚴叱余去，竟不得所以然，怏怏而歸。今日未晤王樂階，聞晨間余禮佛時，奇且曾來，失之交臂，歉甚。

7月28日

余憶及前日街頭招呼余之唐復生，彼或能告余以壬子變後後藏之詳情，欲往一探，遂煩王僕一人作導。詢僕名，立出一刺[21]授余，赫然上書「班禪額爾德尼巴林傳經代表諾木欽必里圖噶金堪布管家」鍾慈仁先生也。遂相偕出，至日喀則南街一長嘛呢堆後，小屋中為唐寓，逢其婦，云唐在市。赴市，則唐正在守攤，與人交易，所售為念珠、煙桿、帽結等零物。余欲往尼泊爾，必經定日之路，因悄問唐定日之路。唐見街中人多，略答自拉孜赴定日須四日。余念余之馬牌，據王樂階云可到拉孜，則往定日豈非易易，不禁暗喜！乃堅約唐明日來寺詳談，唐允諾，余遂同鍾君離攤他去。余尚欲至日喀則人戶稠密處一一遊觀，但鍾君年老，頗現畏縮之態，余遂止，祇得偕與同歸。

歸途稍繞至南郊，見一大操場，場中藏兵正操班教

21　即名刺。

練，除左右轉彎、向後轉走外，不見其他動作，殊乏味，而口令全用英語，更刺余神經。鍾君告我：「此地原為滿清制營舊址」，復揚手指西方一堆紅牆曰：「彼為關帝廟，曷不一視？」余正胃惡欲嘔，聞言立挾鍾飛步疾趨關廟之門。從後首入，正殿五間，頗軒敞，中三間供壯繆及倉、平、甫、累。[22] 龕上懸乾隆六十年御賜「綏靖巖疆」匾，稍前橫樑上懸「威鎮化外」匾，殿外門楣懸「慈悲靈佑」匾，其餘匾對甚多，不具錄。供桌上有籤筒籤文，桌前爻木棄地，香火冷落。殿柱塑盤龍，年久泥落，衰頹老廢，何以慰藉聖靈？

　　時余神經中仍深刻制營操場印象，睹此重復刺激，太陽穴欲裂，疲軟，無力再繼續參謁，辭廟直返札什倫布。悶悶不樂進寺門，鍾君見余恍惚若病，乃擾余左折至東南隅一樹園中。草地上略坐憩息良久，余稍覺清醒，乃知此園為班禪之夏日別苑吉紀納噶（Skyid-dKyil-Nags-dGoh）[23] 也，余譯之為樂園林。園中芳草如茵，白楊如屏，四周灌木成叢，到處紅樓金頂，錯綴其間，小池一泓，流繞牆根影壁之下。鍾君問我「此處比拉薩之珠園如何？」（珠園者，達賴宮苑，藏語諾布林噶 Nor-Bu-Lin-Ge）余微笑不答，因樂園林決無珠園之整秀與偉麗也。余復默然低首，思索鍾君何故以珠園、樂園兩地之比較問我？立即覺悟到西藏人觀念之狹小，凡班禪之所有，必一一擬之以達賴之所有，若無則萬般

22　關羽諡號壯繆侯。即周倉、關平、王甫、趙累，四人皆為關羽部將。

23　即貢覺林卡或貢傑林卡，位於日喀則市東側。

搜刮，傷民力，破萬姓，亦無所恤。反之，達賴左右亦必以達賴之所有，一一炫擬班禪之所有。清淨寂默之場，竟作石崇鬥富之戲。每遇外人，尤善撿舉一二事物，以比較之語氣質詢。如今日鍾君之所問，實欲博我一二美班而抑達之諛詞，常使人難以應付，故余祇能以不答答之。

嗟乎！小人敗事每每起於細微，觀大彌勒閣之巍峨，班禪之出走以此可知矣！（按班禪、達賴間齟齬癥結久遠，出走雖不專為此事，然類此小隙，菌積甚多，此亦不過其一端也。）余以無聊之心性，賞此落寞之園林，甚覺無味。席地稍憩後，立起身回諾布章康。時王樂階適公罷在家，款余以奶茶，遂共閒談。余欲探測王之肺腑，因從海闊天空談起，意大利所以能夠吞併阿比西尼亞之原因，[24] 世界現狀，反證英國決不能滅亡西藏，西藏應以班禪問題為重心，以解決中藏問題。結論到王本人應於今年冬季赴京出席國民大會，[25] 助理此事之進行，以覘王之動向。時王聞余言，心頗躍躍，余再逼緊一步，以嚴正語氣鉤之。結果王吐出數語，大失吾望，才完全明瞭，原來王之赴京之最大目的，乃欲募化五十萬元！（？）以重修札什倫布大殿！凡是西藏人赴內地者，無一非想錢之人，錢一得手，即不問出錢之人

24　阿比西尼亞即今衣索比亞。1935 年 10 月 3 日，義大利以 1934 年 12 月的邊界衝突為藉口，大舉入侵衣索比亞。7 個月後，衣索比亞被義大利占領，並併入義屬東非，直到 1941 年英軍在東非戰場獲勝，衣索比亞才恢復獨立。

25　即制憲國民大會，原定於 1936 年 11 月 12 日召開，但因代表選舉問題決定延期一年舉行，後因抗戰爆發被迫再次延期，直到 1946 年 11 月 15 日，終在南京召開。

何故心甘情願捨此鉅款之原因。前年西藏攝政熱振先生
派人赴京募化，余可逆料，即使內地能白白送給熱振萬
萬元，也不能容易使逗遛玉樹之班禪進藏，於中藏問題
亦無絲毫補益。如王樂階再來一依樣葫蘆，其結果不過
等於札什倫布大殿穿上一套新衣，及班禪左右（連王亦
在內）倍增私財而已。雖然，王固在內地官場交際久者
也，熟知漢人習性好惡，遇漢人能揀別漢人最入耳之言
語以悅之。當時之語曰：「世界上的國家，更沒有一國
待西藏人比中國好的！要錢中央就給錢，要官中央就給
官，要槍中央就給槍。中央又信佛法，所以五族共和實
乃最好之辦法，也是必然的趨勢。彼噶廈者，竟夜郎
自大，妄欲建一獨立之『西藏國』（Bod-Yangs-Chan-
Rgyal-Khab-Chhen-Po 大西藏雪山國），豈非笑話！」
余唯唯，洗耳恭聽，竟不料王如此之漂亮也。

　　余復念藏人之心思，如玻璃盤中水晶珠。即使今秋
事實上能如蔣致余之希冀，而班禪現現實實抵藏，然而
抵藏後之前、後藏兩方，祇有更決裂互鬥，其所引起之
糾紛將更大，重遺中央有治絲愈棼之困難。而班禪左右
能否始終感戴中央德意而不中途背叛，或竟投降前藏協
以謀我，甚而結援英人貪其甘言厚幣之誘惑，凡此皆為
余所不敢深刻想像者。今日余索出「募化五十萬元」之
起意，對於王之肝肺已了然無餘，因此使余不敢、亦復
不願再對王談現現實實之問題。故飯後晚間余在王處談
話，僅假借竄用大乘佛理，分晰君主專制之不適宜於五
族共和，亟力引證滿清末造之腐敗，故必須實行革命，
並略略解釋《三民主義》之精義以闡發民國宗旨。此雖

余架空樓閣敷衍時間之辭，但余相信王在內地十餘年之
學乖所得，決不能抵余今夜之一席談話。王或可因此而
大開其茅塞乎？時適有他客至，余遂與辭歸房，翻讀
《了不了義難義疏》十餘葉後寢。

7月29日

　　上午大雨，為旅行來之第二次。午後唐復生如約而
來，自言其先世原籍四川華陽，生於拉薩，幼年曾掛籍
制營，今年五十歲矣，有一妻一女，生活困難。憶昔在
營時，每月餉銀六兩，彼時銀價未耗，一兩足當今日
十兩之用，另軍糧白米一斗，贍養全家，溫飽有餘。言
下唏噓，大有不勝今昔之感。又云：「自古以來，制營
即已創立（按制營創立在平定廓爾喀事後，乃乾隆末年
也），分駐全藏諸地，營有定額。承平日久，兵士都就
地娶藏婦，生育子女，因而落籍藏中，[26] 營兵額缺，亦
往往於兵士子弟中，就地挑補，儼同世襲。壬子變後，
漢人星散，產業蕩然，日喀則子遺僅數家。上焉者開設
磨房替人磨麵為生，中焉者薄技在身差足餬口，其餘則
委命於天，轉填溝壑而已。無論存滅，都受藏人壓迫。
例如磨房每家，即須年稅藏銀三十兩，人丁稅每男五
錢，女二錢，童子則免（按拉薩漢人無人丁稅，觀此，
則後藏漢人所受壓迫，實甚於前藏也），困苦甚於前
藏。後達賴倖臣兼色南喀（Spyon-gSal-Nam-mKhah，

26　晚清駐軍制度馳廢，嘉慶皇帝繼位後，並未如前例每隔三年調防
　　一次，而是由同批人繼續在西藏駐軍。

按其人後還俗，即現頂頂大名之擦絨先生也）來後藏查案，經公稟苦求減稅，由彼轉稟達賴，始准將磨房稅減至每年八兩，迄今年年輸納，從未鬆免。」言下眉蹙，又云：「自古以來，日喀則即有關帝、城隍、龍王、喜神諸漢人廟，迄今餘廟俱存。惟壬子亂兵時，龍王廟被燬矣！」（按拉薩龍王廟亦同時被燬，遺址現被藏官仔琫噶雪巴 Tsi-Pun-Ka-Shee-Pa 吞佔建屋。）唐對事理雖不甚了了，但每言必曰「自古以來」，亦殊有趣！唐又曰：「自古以來，即有清真古寺，為漢回送葬至殯處之誦經處，其殯處即有尚義可風匾額之家也。而禮拜寺則在關帝廟附近，乃宣統年間鍾穎統率陸軍進藏時，其部下一馬姓把總購地捐建者。」又曰：「自古以來，札什倫布商上與日喀則宗，同受制於後藏糧台，效力當差。事變後，糧台由噶廈派員司理接收，札寺商上反受制於日喀則宗，故後藏僧民，皆憤懣不平，熱盼中央能早日派兵進藏，以恢復從前舊制也。」余深感唐能告我如許後藏受壓迫者之衷情語，因亦略略告以內地大致情形，並告彼拉薩現有中央設立之小學校，可多多送漢人子弟來校讀書。談久，唐遂去。

未幾，王樂階之管家來閒談，因知班禪之三大堪布：卻本堪布為旺堆諾布（Wang-Due-Nor-Bu），即現任西陲宣化使署之宣傳處長者，為余熟友；率本堪布羅桑堅參（Lo-Zang-Gyen-Tsan）即現任中央委員者；森本堪布羅桑囊嘉（Lo-Zang-Nam-Ygal）即已故之前蒙藏委員會委員。自班禪出走後，此三人亦隨之內觀，商上無人，於是達賴遂另簡放三員，其中森本堪布即余所

見之白鬍子頓耈拉，率本某已去內地迎班禪，現惟卻本某在寺。此外噶廈復簡放札薩克一員駐此，總攬札什倫布商上政教大權；貞最（Ghen-Drol）一員，為札薩克之助理，此二人可出席商上會議。其餘為中譯（Drung-Yig）一員，司文書；則恰（Tse-Phyeg）一員，司財務；業倉（Nyer-Tsang）一員，司庫；巴康（Par-Kang）一員，司印刷，共六職，皆以前藏資仲（Tse-Drung）僧官充任。歷任多貪酷暴虐，現任者除任則恰之名誐旺格桑（Nga-Wang-Kal-Zang）及業倉之闕耈（Chos-Drub），二人皆品格下賤，貪婪無度，誐旺更有敗戒淫行外，餘員尚稱和平云。

晚間，王樂階告我，民國二十二年，彼同安欽禪師奉命來藏交涉班禪返藏經過詳細情節甚悉，最後云：「自夏徂秋，數數謁見達賴，一切均告圓滿，遂決定內返覆命，十月二十二日，往諾布林噶朝達賴辭行。達賴囑云：『爾二人既速行，余亦不便再留，但余有要語望轉稟班禪，適今日身體不適又喉瘄，且俟另日，爾二人再等待數天，聽我傳請可也。』不料直至十月三十日達賴已圓寂，[27] 從未聞傳見，遂亦不知所欲轉告者究係何語。又隔數日，余同安欽在司倫朗頓公（Srid-Blon-Lang-Dun-Gun）處談及此事，司倫不勝詫異云：『達賴佛座臨寂前曾命公培拉（Kun-Pel-La，達賴晚年之佞倖內侍）[28] 速請安欽與王羅階來見，豈直至如今尚未傳

27　該日期為藏曆，換算國曆為 1933 年 12 月 17 日。

28　即堅塞・土登貢培或土丹貢培（1905-1963），為第十三世達賴喇嘛生前最信任的人，達賴喇嘛病逝後被剝奪一切權力並流放。

此命耶？』」於是余等始悉達賴猶有師弟情誼，無奈左
右太壞也。目下余等惟盼中央大軍尅日攻下昌都，則西
藏望風披靡，不戰而定，班禪進藏更不成問題。但余所
不解者，中央擁數百萬大兵，竟不能西越金沙江一步，
深屬可恥！實則二十一年康藏戰役時，中央軍隊即可長
驅進藏，終因遲疑觀望，坐失良機，痛惜曷甚！此後中
央如欲解決西藏問題，應勇往直斷，自行決策，無須顧
慮西藏方面之意旨，則凡事易為，即班禪亦易協力扶
濟，將來中央欲在西藏有所設施，後藏方面無有不竭盡
忠肫以圖報答。余尚擬在日喀則多辦學校，所有教員都
自中央聘請，凡我熟稔漢友，如蔣致余、楊質夫等，極
願招來樂與引為同事者也……」其言至此，余覺王未免
將私情看得過重，蔣、楊二人能否為班禪方面用，固為
一問題，而王與余才結識數日，竟侃侃談此種「拉夥」
的問題，無論王對余之交情，與余對蔣、楊二人之交
情，皆不足語及於此也。嗚呼！滔滔者天下皆是也！雖
然余之愛西藏無異於愛中國，然余對西藏政治現狀之冷
淡，實遠出一般熟知余之知友之逆料，而況王乃一才結
識之新友乎！而又何怪乎彼對於「拉夥」問題之密談不
膩也！殊可哂已！末後王又告余昌都帕克巴喇嘛被藏
政府誣陷入獄經過，[29] 班禪出走後，其襲公爵之弟亦被

---

29 帕克巴喇嘛又名帕巴拉活佛，是昌都最大的活佛系統。第十世帕
巴拉生性風流倜儻，放蕩不羈，1920 年有了「康馬珠」明妃，
十三世達賴喇嘛認為娶妻違反了宗教戒律，下令廢除其帕巴拉呼
圖克圖名號，管轄昌都的朵麥基巧噶倫查封其財產，並罰其於淨
地閉關靜修思過。1934 年夏，黃慕松入藏後與西藏攝政熱振協商
此事，最終熱振同意恢復十世帕巴拉呼圖克圖名號及他在昌都寺
的政教地位。土呷，〈西藏昌都歷代帕巴拉活佛與中央政府的關

革，閒散放置在家，及其他種種不法事，言下不勝憤慨，大聲曰：「所有西藏做官之人，夢也想不到內地官箴之整肅！西藏的官，惟知剝削百姓，西藏即是一無王法之地。」

7月30日

晨起出朝班禪宮，登二樓，即商上辦事各房，閒雜擁擠，紛囂殊甚。升三樓，地板光潔，廊廡寬敞，四周置殿墊，云是備僧俗集坐唪經為班禪祝福者。時余已事前與守宮寢之卻本堪布接洽，至則彼立導余朝禮，其人中年白胖，惜忘其名。所瞻謁各堂殿房寢，門上均有藏字標幟。首至東寢，名曰「喜意定水」（Yid-dGah-Chhu-hDzin），室東南隅一墊高二尺，覆以黃團龍錦緞罩，陳舊晦暗。堪布告我：「第一世羅桑闕接迄今，歷代班禪皆坐此受人禮拜。」對此一座更高大，罩黃布，東北隅有小門，通內密室，名曰「睹史多宮」（dGah-Ldan-Pho-Brang），為班禪修定處。余欲入內，堪布阻曰：「門檻適置法王（Dam-Chan-Chhos-Gyol）頭角間，凡人跨越須損壽。此室除班禪外，惟余得入，然亦不過每日獻撤淨水，進出各一次而已。」於是余乃止，堪布為啟門，容余倚立門外探首向內窺伺，惟見樑柱間堆懸羽塵、哈達、法器等物，究竟室內所供何物？有何神像？陳設何若？茫然不知其所以然。出寢，右旁一室，名「稀有建立」（Ngo-mTshar-dKod-

Pa），未蒙啟視。左一室門北向闢，名曰「圓滿普觀」
（Phun-Tshogs-Kun-gZigs），供救度母一尊，其像自根
頓翕迄今，常出語聲，與諸班禪論經云。

出，自西北隅直升至五樓，有南向正寢及東向偏
寢各一。正寢名曰「日光大樂瓔環」（Ngi-Od-eDo-
Arhen-Kun-dKyil），中龕供悉達太子，左龕仍為釋迦
牟尼，曾出語音，右龕為阿彌陀佛小像千尊，西龕長，
倚壁，供藥師七佛，室外遍懸時輪密集馬鳴怖畏忿怒一
劍等本尊絹像幀子，楣上遍懸班禪未出走前歷年所得照
像，其中張蔭棠、聯豫及英王愛德華七世諸像皆備。偏
寢名曰「三界降伏」（Khams-gSum-Zil-gNon），中龕
供曼殊阿羅波遮那（Gam-Zang-Arapatsana），像高五
尺，金銅鑄成，眾寶莊嚴，瑰瑋奇麗，光毫燦爛，雖盲
瞽亦能視，豐采殊妙，雖處子亦蕩魄。恣意觀而觀之不
厭，虔誠拜而拜之欲出，親之欲活，能度屠戶使慈，化
無神論者能信敬。噫！嘻！神矣！為余平生所見第一
尊塑像，祝之禱之，菩薩將語我以梵音。噫！嘻！余
癡矣！

龕中尚有二尺許觀音、度母各一，其他無數佛像，
都無心瞻謁。西壁有高座，座前班禪臥床，草草瞥過，
心目中無時不繫於曼殊也。強忍離去，中心若失。登六
層樓，亦即樓頂，憑欄俯視，如在紐約摩天樓上。飄
然而下，落至四層樓，直入東寢之門向西闢者，名曰
「大日光」（Nyi-Od-Chhen-Mo），乃一具有十五間之
小殿。正中供阿彌陀佛，左龕供大鵬護頂釋迦手捧白螺
像，東壁高墊是班像法座，向座中楹間，地板有紋痕，

俯視之，中一孔雀眼大小，孔周圍有七黑圓紋，狀如蓮瓣，大小都如錢。云班禪於每年三月居此修時輪法，至施食供時，時輪三天及四大王天皆從此孔出，各按方位，坐圓紋上，受供畢則供起舞，舞罷仍一一沒入孔中。其四大王天，即大殿東側門外之四大王天也。殿之西壁小供桌上，有供時輪天之小寸小圓磁碟七枚，各佇米、杏、魚、肉、乳、蘿蔔、牛血七物。桌前地上覆大板，揭板則深坑，漆黑不見底，為班禪修時輪法事，唪經至燒施時，棄置食供之坑。蓋寺中法事惟此為最。殿中柱頭，夜夜發聲，訇訇如號泣，即時輪七天出孔受供時所發囂音也。

宮中勝跡瞻禮殆遍，遂出。赴誐康札倉，殿中上首設堪布座，座右供該院之創建者，第一任堪布金剛執喜幢（？Dorje-hDzin-Ma-Kun-dGah-Rgyal-mTshan）之塑像，像後即彼之瘞骨塔。座左稍前方，供桌上一龕，龕門已啟，中供角譯師規制之怖畏金剛（Rwa-Lugs-hGigs-Byed），高二尺。時天久不雨，寺僧特遺像至殿中，闢龕作祈雨供養，云將此龕抬出，繞寺一周，當立得雨，屢驗無爽云。前檐中樑懸怖畏，東柱上樂，西柱密集三銅像，皆過五尺。護法殿在樓上東北隅，供善天女。

朝畢，離誐康赴推山林札倉，亦僅一朝護法善天女。又去稽康，亦朝護法善天女，及精柳神（？Lcham-Sring）而已。夏則因時促，未及去乃歸。余以寺中大致均已朝畢，擬明後日登寺後山頂，一瞰日喀則全城形勢。晚間將此意告王樂階，並說之曰：「君及許多後藏

人，不皆望飛機之早臨日喀則乎？然其來也必先設航空站，設站則必先有本地之氣象紀錄，紀錄則必由測候所。[30] 余之意蓋以為後山頂上最宜設測候所也！」彼首肯，時正大雨之夕也。

7月31日

晨起赴大殿之前樓各佛房朝禮，其最著者為十住殿（gNas-bChu-Lha-Khang），供十六羅漢；正道次第殿（Lam-Rim-Lha-Khang），供釋迦、彌勒、曼殊及菩提道傳燈歷代本師等像；無上樓（Bla-Med-Lha-Khang），供時輪、上樂、密集、怖畏、嘻金剛五本尊銅像，都高過五尺，東南隅設班禪坐墊，墊側為瓷櫃，陳設歷代班禪所獲大內賞賜名瓷甚富。禮畢出大殿，至羅桑闕接塔殿之院井，登東樓朝金剛執殿（Dorje-hChhang-Lha-Khang），供金剛執；釋迦殿（Go-Wo-Lha-Khang），供釋迦，並千佛三，即龕中小銅佛千尊、釋迦像之法衣上繡像千尊、殿頂布篷上染印之佛像千尊也。其北首尚有小殿兩室，無名，龕中佛像甚富，惜室內堆置什物器具，遂匆匆一謁即出。復赴昆息（Kun-gZigs），余譯之為普觀壇，壇在羅桑耶西與杯點耶西兩塔殿間之樓上，場屋寬大，中無楞柱，為全寺建築中之室內無楞柱者。蓋時輪之壇場甚大，如場屋內

30 西藏最早設立的拉薩測候所由徐近之和王廷璋建立，於 1935 年 5 月正式運作，並在專使行署平頂屋上安置百葉箱。自十月初開始各種氣象要素的觀測，和實習生每天輪流記錄 14 次，隨即用無線電報告南京中央氣象臺。嚴德一，〈徐近之為我國地理科學奮鬥的一生〉，《中國科技史料》，1983 年第 2 期，頁 50。

有柱，則阻礙壇場之陳設，故此室之建築乃不得不如此設計也。室東壁彩繪時輪天文武兩像，西壁繪時輪呾特羅中授記所云之香婆羅世界，與外道交戰之預言故事。余察此繪，不禁駭異，蓋其所繪之北方香婆羅國王乃一金盔金甲手挺長矛之武將，外道皆束帛纏頭，衣現代軍服，用機槍大砲，而戰情則持矛者所向無敵，用槍炮者紛紛殪斃，其不合邏輯乃遠出吾人常識之外。導者復告我：「圖中外道盡回回也！」吁！何其太不尊重異教耶！抑亦時輪之作用也耶？室前方推山林與稽康兩堪布在席地諷經。其左首，東南隅隙地一角布幕圍遮，余一搴視，纍纍者數百封口泥甕，不知何用，疲頓而歸。

　　午後，王樂階約赴郊外休沐，出寺南門，行約一里，至一大院，適當帕巴日山（Pag-Pa-Ri）之麓，藏語呼之謂德欽頗章（bDe-Chhen-Pho-Brang），余譯之為大安宮。宮門懸一藍地金字匾額，曰「春生十地」，頗似乾隆御筆。入宮登樓，先至東南一小角，為三大堪布公暇休宴之所，其後為簽押房，乃秘書長辦公處也。再登三層樓，外排一列，皆係班禪宮寢。此處所供佛像，無有未曾出語音者，各龕內尤多前清各帝所賜磁玉等器。後排有一屋，小茶桌面繪有人物風景，王指畫中一形式特異之橋，謂余曰：「此畫繪於班禪出走以前，畫初就時，不知此橋何意，及後出走抵蘭州時，見黃河鐵橋[31]與此髣髴，始知畫工為神也！」復導余至內室，

31　位於甘肅蘭州，光緒三十四年（1907）開工，宣統元年（1909）完工，是黃河歷史上第一座鐵橋。1924 年 5 月 9 日，九世班禪經此鐵橋抵達蘭州。

供有第八世達賴檢杯嘉錯（Jam-Pal-Gya-Tso）像，乃第四世班禪丹杯尼瑪所塑，因彼乃檢杯嘉錯之徒弟，塑此以紀念師恩也。出至一大殿，王告我此乃班禪之朝房也。如遇吉慶大典，班禪即升此殿受朝賀，尊貴如藏王熱振來此，亦不過就正座傍設一矮墊賜坐而已。殿之正中樑，懸道光二十三年六月初十日御賜「福壽」兩字匾。出殿另有正殿，供釋迦牟尼。出至大天井，堆置土方、石塊、木板、木料甚多，王指謂余曰：「此貯備為儀仗隊修建營房者也」（？班禪護送除儀仗隊外，尚有衛隊四百名，皆蒙古、西藏人，此處材料乃為衛隊建營房而備，如為儀仗隊建營房，則商上又須電中央請撥專款也）。[32]

出院，至後馬廄，都空空無一豎，乃出後廄門，白楊成列，蔭蔽甚涼。王指樹傍一帶隙地曰：「此中建營房，成長矩形。」余頷之。時宮前草地，已紮就帳房，乃同偕往。途中王為余指云：「何處為飛機場，何處為操場，何處闢新式街市，何處設學校，設電燈廠，設自來水廠……」，固頭頭是道也。

入帳稍事休息，余等乃各自入浴。浴畢，王與其他兩後藏人作骰子戲。其法，置皮墊於地，木碗中骰子兩

32　關於中央組織儀仗隊護送九世班禪返藏，時任蒙藏委員會委員長黃慕松於 1935 年 6 月呈請挑選馬步芳部信佛者五百名為護衛，帶隊官長則擬由中央派任。但蔣介石已事先指示首都憲兵司令谷正倫派遣憲兵一營護衛。谷正倫最後組織三百餘人的隊伍護衛九世班禪入藏，名義稱儀仗隊。不料九世班禪於 1937 年 12 月初圓寂青海玉樹，中央所派儀仗隊最終未能入藏。葉健青編，《西藏史料匯編：班禪返藏之路》（臺北：國史館，2009），頁 74-75、86、106、343-344。

粒，搖覆墊上，後手揭視，視各人之私碼數公碼，如骰點數而閒置之，輪流搖覆，以將私碼九枚爭先趕盡所有公碼者為勝。趕碼時骰點適可重疊私碼，或疊碼多過人者可如點殺落，或搖出兩點，凡此皆可續搖。此戲以三人共玩為最適，否則二人亦可。藏語名之為學（Sho）或曰巴鬐（Pa-Ra），輸贏多寡，則視入局者之慾望大小下注而定。精於此道者，入局三人互相趕殺，一局每每可延長至大半日時間，大約後藏人較前藏人為工云。今日王等作此戲，余毫不感興趣，僅作壁上觀二小時，已結束七局，王勝五局，余賀之。散後歸途至大安宮側之尊勝祠（Nam-Gyal-Lha-Khang），祠中供六臂尊勝佛母（Je-Tsun-Nam-Gyal-Ma）銅像，東壁繪八臂尊勝佛母，西壁繪白衣救度母，銅像龕壁之背繪繪阿彌陀佛，朝禮畢即歸。

8月1日

王之管家來談薩迦情形，言彼處有二宮，一為度母，一為圓滿，因爭立薩迦寺大方丈位故，互相涉訟，年年構興於藏政府。藏政府乃藉事勒索，故薩迦派勢頹靡不振，而寺僧紀律尤復壞弛，二三百年來竟不知戒經所出夏住為何物。後經白鬍子頓翥拉前往整頓，始乃恢復夏住，最近四五年來幸未間斷，故白鬍子與薩迦交情頗深。近日該寺情形如何，則不甚了了矣。黃昏繞寺一周，僅及哲繃寺周三分之一。其東有一高牆，全體石築，高十餘丈，寬五丈，藏語謂之貴古（Gue-Gu），每年五月間，懸掛織綿緞三世大佛像處，十四日懸迦葉

佛像，十五日釋迦像，十六日彌勒像，共有三日云。晚間余將馬牌交王，托其代取飛子，並催烏拉，且告之曰：「返至拉孜時，如能往定日，則定必一行，否則取道朋錯林返札什倫布。」言未畢，王立曰：「不能！不能！定日定去不了！」余一笑置之，何其怯耶？座中有一老僧，貌殊沖邁，王為介紹，始知彼即所謂「班禪額爾德尼巴林傳經代表」之「諾木欽必里圖噶金堪布」也。堪布稍坐，即離去。王語我：「此堪布修行甚好，前在巴林升座施時輪灌頂時，額中迸出彩虹，遍覆道場，你看他額上的月牙紋，就曉得！」余念余及堪布之高齡，額上亦能長月牙紋，人之老貌，又何足異！

8月2日

　　晨間，王僕自日喀則宗取飛子回云：「此去薩迦，不能由朋錯林返！」於是余始命馬志仁準備一切。馬自到札什倫布後，余即未曾晤其面。據王之僕告余，彼每日早飯後即出外，晚飯時歸，飯畢又出，薄暮返，進屋立寢，殊不成體統。余欲加以叱責，但礙於作客，祇得隱忍而已。余定今日登寺後山，王派其廚子名巴三者為負茶酥糕餅糖食伴登。至貢波托追峰頂，平地五分，可建小屋四五間，余思此乃天然之測候所址。再至尼薩爾峰，有石砌高墩鄂博一，上插幡，掛咒幟甚多。南望嘉孜拉山，一抹如黛，孃曲河如銀，峪中綠野連雲。西望空曠荒涼，如欲建飛機場，祇能在此中設法矣！北瞰藏江，渾渾灝灝，如大黑板上粉畫長蛇。東麓則炊煙人家，即在眼底。而日喀則宗實在尼薩爾峰之東支小山頂

上，如大佛首上戴小軍帽，余即就此支轡東下。出日喀
則宗之後，經過日喀則人戶最稠密區域，而抵廣佑寺
（Kun-Skyob-Gling），寺亦為班禪之夏日離宮別苑，
大門懸金字豎匾，漢藏合鐫廣佑寺額，寺名仍御賜者
也。進門一長巷，歷盡始至樓，上登至班禪寢，見一金
座玉琢曼殊像，精緻絕倫，上刻有御製曼殊像贊，錄其
文如右：

　　是法王子，即法王身，非一非二，何殊何親！
　　如此現象，據師子背，不見一法，千古無對！
　　五台示跡，國清留蹤，成所作智，妙應無窮。
　　扶寸非小，丈六非大，住世度人，云何不可！

　　苑中有白石浴地，未放水。空曠處散置籠圜，然多
空寂，存者僅一熊、一羆、一狐、一鷲、一猞猁而已。
更往後苑，一鹿馳過，數僧在草地上鳴筒吹角，搖鐃
鈸，擊鼕鼓練習跳鬼。復折至正殿，中供金剛手大輪
（Phyeg-Rdor-hKor-Chhen）雙身像。出殿，東數武亦
有一朝房，其制一如大安宮者，其上亦懸御賜福壽匾，
款跡模糊，不知何年所賜者耳。
　　出朝房，至一小巧院落，大門懸一匾，文曰：「好
義急公」，上款為「欽差駐藏大臣穆、崇[33]為」，下款
為「後藏小商卓特巴宜瑪頓住立，道光二十八年戊申
十一月吉」。門左右木牌對聯文曰「眷念民瘼，不惜千

33　即穆騰額與崇恩，時任駐藏辦事大臣與駐藏幫辦大臣。

金憮恤；勤勞王事，佇邀九陛恩綸」，聯旁小字，上款
為「道光二十八年歲次戊申十一月吉為札什倫布四品小
商卓特巴宜瑪頓住立」，下款為「欽賜花翎即補同知管
理後藏軍糧府正堂濮論孫書」。聯匾文字俱惡，不值一
哂，然余以為此院或即聯匾款上所云宜瑪頓住之私宅，
主人或即其後裔，但巴三告我「安欽禪師之別邸也！」
余不覺啞然失笑，不知安欽從何處覓得如此匾對以自光
門楣！入院各處一視，得一印象為：除正中佛堂外，任
何屋壁皆牢貼民國二十三年上海印刷之嬌滴滴最摩登之
仕女月份牌畫幀。出安欽公館，巴三導余至一外蒙古
僧，名羅桑尼瑪（Lo-Zang-Nyi-Mo）者室中休息烹茶，
羅桑尼瑪告余：「此寺共有僧八十五名，皆學密乘，內
中蒙古，惟余一人」云。

　　歸途繞至邦加（Pang-Cha），邦加者，日喀則西門
外，昔日漢人聚居之地也，制營、統領衙門、軍糧府、
關帝、城隍諸廟皆在此處。巴三於途，歷數諸過處斷垣
殘壁，謂余曰：「若者為統領衙門，若者為軍糧府」，
余昂首望之，跡象混濁，殊不甚了了。未幾又重謁雲長
君侯廟，自前門叩關入，東西廡各塑高大泥馬及馬童，
但不悉何者代表赤兔？過穿堂入院井，石鼎一，高八
尺，為嘉慶二年丁巳秋重修廟院時置物，殿前台階及東
西廡皆被藏人佔據，搭高架，裁織毛氈。西配殿龕中神
像三尊，余俱不識，龕下竟砌廚灶，滿院滓渣狼藉，不
忍熟睹。東配殿供三像，中左作明代裝束，東右一人作
清朝官服，復無神主可供查考姓名，余疑是死於王事之
人。正殿中除供雲長外，東一間供火神，西一間供趙玄

壇，殿中牌匾多不可具錄。出殿折至東北小院為觀音閣，殿門嚴局，僅從隙中窺見神像三尊。院中亦有一石香爐，碑刻修閣始末，余祇記其為乾隆五十三年建，五十八年重修，嘉慶元年又重修，餘不錄。

出廟，西鄰為城隍廟，正殿鑰甚嚴，未得入。西廡為喜神祠，並雜塑地獄苦惱諸像。院中花木扶疏，院前有小型戲台，頗具規制。出廟更西，過一菜園，入內遇一婦，口作蠻舌云：「我此處是漢人產業！」出園，西數武，即漢回清真禮拜寺，寺中陳設潔淨，金綠牌匾甚多，似為歷年祈禱未斷者。院中住漢人一二家外，寺中大權盡為克什米爾之纏回所把持。現聞拉薩之漢回屢向之交涉交還，都斷而不與，不知將來究竟鹿死誰手也。

參觀畢，興盡返寺，洎將抵門，巴三為導。折至長嘛呢堆後，東頭矗立長槐桿，嘛呢堆之有木柵欄隔處指謂余曰：「此中有漢碑」。余向內窺伺，見木刻漢、滿、蒙、藏四體碑，碑文以光線昏暗及余目力不濟故，約略祇辨得「鴻文」、「嘛呢判」等字，略加思索，斷定其為乾隆御製喇嘛說詩中之句。曾讀《衛藏通志》，其目錄中文獻類下有所謂後藏碑者，但翻竟該志，佚此碑文。余友徐近之亦同此感，咸謂他日不可不往後藏一訪此碑，但余今來後藏亦已十日，除見此碑外，更無他有，余亦曾數數問及王樂階，王告我者亦僅此碑。所謂後藏碑者，其將終成佚文乎？抑亦通志之誤錄耶？噫嘻！佇立柵外，弔古傷今，觀碑木之豁脫，懼文字之湮埋。思歸後謀諸好事者，集貲鳩工，一新青黃，雖云藏日之事，輕細易舉，然而何日可完此願乎！返寺後，王

樂階告我：「奇且明日遣馬來，接余赴彼莊上盤桓，聊盡地主之誼。」余曰：「諾！」

8月3日

晨間，奇且派人控騎來迎，余念與奇且素未謀面，拉薩臨行時因蔣致余有分致王與奇二人之介紹函，故曾備禮二份。不幸奇且之一份因馬志仁之錯誤，已於初到日喀則時，即損失於小麻子之手中，然今日又不能空手往人莊上作客，無奈祇得檢行篋中余所最愛之食物罐頭四枚攜去。甫出寺南門，忽遇拉薩熟人劉德澂君，略事招呼，余即上騎南駛。馳百道中，約一小時後，至奇且之莊，名德勒惹登（Dele-Raltan）者，此莊乃奇且之格爾康，為班禪方面六大世家之一。奇且已久候，及見面，為一年約四十之白胖子，余交過蔣致余書（如奇不接余來此，余已決定將此書燬棄，或煩王樂階轉交）。彼款余於正房，禮節殊周，約略談過班禪進藏問題後，即東西南北瞎話一陣。余覺奇且不深於交際，因其不善吸引來客之談話興趣也。當余與彼談話至熱烈途中，往往情緒忽然斷絕，使余感到主人之意不密。但奇且為鼓起余之談話興趣，亦屢屢拈題作文，但余終不能終卷，雖受盡彼之慇懃，而余之雅興終不高。如此混過半日，再三告辭，行時奇且贈我班禪照像一幀，茶、糖、餅乾、煉乳苦卻不獲，遂挾以俱歸。

奇有兩子，長名率南旺曲（Sod-Nam-Wang-Chu），能讀加爾各答出版之《前進報》（*Calcutta Advance Newspaper*），喜照像，未在莊。余在莊時，適見郵局送來此兩物也。

次子才十五歲，未詢其名，口口聲聲告我：「我喜歡出家為僧！」

　　歸札什倫布，眾人見余帶回許多贈品，都笑作成好買賣來！劉德澂亦在此，彼告我：「送同學師弟之名永慶者，赴離此地二日程之婆摩山洞中坐靜回。」夜晚人靜，劉又語我：「德勒惹登為班禪方面最遊離分子，凡結古多方面拍來之電，無論明密碼，彼皆竊之以告噶廈。班禪出走之十數年中，彼即以圓滑手段應付各方。」又云：「王樂階初次返後藏出席札什倫布商上會議時，昂然高據首席，更無遜讓，頓使噶廈派遣之札薩克暨以下人員，都驚愕無措，咸以王為了不起人，小心惴惴以伺王之喜怒。日久，王黔驢技窮，札薩克等人看穿之後，遂故態復萌，更無忌憚。是故王歸後直至如今，僅在商上會議上取得首席外，寺中大權仍緊緊把持於前藏派人之掌握中，恐中央實力不到後藏，則無法解除此種壓迫也。」余笑曰：「余固已逆料王之為人膽小矣！觀其阻余赴定日可知也。君無事可隨我同遊薩迦也。」遂寢。

8月4日

　　今日烏拉不齊，未得成行，遂有暇以朝夏則札倉。該院護法為六臂明王，大殿塑有彌勒，僅從窗隙中窺見。歸時至根頓犛癟骨塔殿，殿柱懸一泥塊足跡，云是犛旺古如闕旺（Dru-Wang-Gu-Ru-Chos-Wang？）之足跡。案上有一大犀角，高九寸，殿隅有銅塔，為現班禪所建。其西樓一屋，供除障礙彌勒（Sgrib-gSel-Byams-

Pa）[34] 銅像，高五尺，作步行姿勢。復至婆羅密多殿
（Sher-Phain-Lha-Khang），供大佛母（Yum-Chhen-Mo）
等像。凡上諸殿，皆在札寺大殿側樓上，謁畢即歸。下
午赴樂園林朝班禪寢殿朝房，又赴圓場（Zlum-Ra），
為小院，在札寺南。臨街憑窗，俯覽則正寺外郊路，為
班禪觀賞郊中跑馬、演劇之便殿。對此隔街，曠場上砌
有大石座，亦為班禪遊觀而設，此院座兩物皆塗黃色。
劉德澂欲學藏文文法，晚間因為之講《司都大疏》（Si-
Tu-hGrel-Chhen）。[35]

8月5日

　　明日決可起程，因赴日喀則購買一二零星小物。王
之管家，短小精悍，膽大心細。當王出走在外十七年，
彼居藏掙扎於藏政府之高度壓迫下，為王保全財產，有
贈無損，故王一自內地歸來，即得享用無缺，以度優裕
晚景，皆管家之力也。但此人對余深懷密切之注意，劉
德澂告余：「管家常背我問君行動，我未敢告彼也。」
余問管家作何狀？劉言：「管家初問我倆固舊識否？余
已答以固舊識者矣！彼立曰：『誰知君等漢人來此作何
事，要來就痛痛快快大幫人馬一齊來！今日一人，明日
二人，究係是何作用？』且已露出君如果有助於後藏
者，彼不惜以全力協助。晨間余在管家處密談甚久，彼
追問君究竟欲赴何處？余僅答以君必不止，僅赴薩迦為

34　又稱除蓋障菩薩，以除一切蓋障而著稱。

35　即《司徒文法廣釋》，藏文文法名著，作者為第八世大司徒‧曲
　　吉迥乃（1700-1774），又名大司徒‧卻吉炯轟。

足。彼曰彼將說王協助，余以王膽小難之，彼以為無妨，但說之而事不諧，則管家願獨當其難，且云：『過薩迦以後，道路遼遠，多匪賊，宜多備資斧[36]及武器，均可奉借！』故托我探詢君意如何？」余聞劉之申述後，立靜心考慮良久，經二小時後始覆劉曰：「余擬由薩迦轉拉孜赴定日，如彼在拉孜有熟人，乞寫信介紹，為余雇牲腳前往。否則若有現成馬匹，請賜借四匹，以三個月為期，任我所之。更慨允借銀，則不敢多冀，有六百兩即足敷用（時市價四兩五錢折合國幣一元）。君但如此奉覆管家可矣。」劉允接洽，遂去。余則竟日在王處閒談，並再三拜託印經之事，更深始返寢。

8月6日

　　烏拉來甚早，急收拾。王樂階交朋錯林、拉孜、昂仁、干壩四處宗官介紹信，並承借藏銀六百兩，其管家復另寫一介紹信致拉孜稽卜世家（Kyid-Bug-Zim-Shag），又為余補充糌粑、酥油、麵餜、乾肉等。余念管家情誼摯篤，無以為報，因憶及所攜黃緞已被馬志仁染髒，不復能送薩迦，因即留下贈與管家，略表微忱而已。復念作客十餘日，王府僕侍辛苦，因給以賞錢五十兩。適札什倫布之漢統堪參[37]來謁，又給以布施銀六十兩。耽擱至午始發，途中訏感管家好處不已。到宿處奈塘時甚早，遂偕劉德澂往朝奈塘寺，即至大藏經版庋藏

36　指旅費。

37　又稱康參，隸屬於札倉之組織，僧徒按照籍貫分別入固定之康參求學。

殿院，版皆木架簽列，架高二丈，上齊屋頂，上下十二格，每格可置版二百或三百塊，共四百餘架，依次陳列院中廊廡周圍。院井甚大，昔全盛時道場說法，可容一萬人，今則全被版架佔據，無多隙地，可見此版之偉大矣。[38]

升階登殿，殿門高懸一匾，顏曰：「普恩寺」。字作顏體，頗遒勁，但不悉何年何人所書耳。其前一柱，大可合抱，不加斲斧，不塗硃紫，如此大材，西藏寺院建築中少見也。殿內供釋迦，四壁架庋古時寫本大藏經，紙厚如錢，字大如核桃，古香古色，訝羨無已。出殿院，赴大殿，上首設班禪座，前柱懸金字緞聯一付，讀其文，乃福州某武弁賀其上司為子娶婦所送者，藏僧不識漢字，誤認為與普恩寺匾有同等價值，遂公然懸掛殿中，已歷數百年，非驢非馬，殊屬可笑。殿中淨房，供釋迦律儀像（Thub-dBang-Tshul-Khrins-Ma），其旁塑崖居十六羅漢。偏殿之門向西闢者，內供怖畏。出至護法殿，供北方佛業王（Byang-Phyogs-hPhrin-Las-Rgyal-Po），即羿窮神也。側室為班禪之寢殿，內度母一尊，曾發語聲，共班禪言法，藥師七佛。東北角一案，上置五台木刻印度金剛座模型，高尺餘，徑三寸，中空，四周鏤小佛像千餘，皆鬚眉畢現，刻工可謂入神，底刻小字一行，文云：「明永樂年施」，蓋五百餘

---

38 奈塘版藏文大藏經是 14 世紀初葉最初的刊刻版，俗稱「奈塘古版」，每面刻八行，印版已失傳。18 世紀中葉，第七世達賴喇嘛明令刊刻「奈塘新版」並增補一些經論，校勘精準，被譽為最佳版本。歐陽無畏所見到的即是「奈塘新版」。

年物也。又旁一室，庋藏大藏經全部。發篋啟一函視
之，赫然皆金屑書就，字大如錢，金屑鼓凸，高出二
分。其夾板皆檀木雕鏤三世佛像，花紋精細考極，全藏
百另八函，函函如是，可以猜想此一部藏經價值之鉅
矣！另壁陳列銅鑄大小塔，有高過八尺者，亦有小不盈
尺者，都古色盎然，精緻絕。據云是無憂王時代物，在
百萬塔數內，未知是否？

　　出赴傳燈殿（Bla-Rgyud），供該寺歷代傳燈本師
像三十五尊，老小不一，癯碩異貌。據云此三十五師皆
曾東覲北京，朝禮曼殊天子，校刊明代北京大藏經版，
胥受封號者。室之西壁，架上堆置手寫經論，約二三百
函，皆三十五師之心血結晶著述，蓬積土膩，蟲蛀糞
蝕，潛德幽光，零亂散失，不禁潸然涕下！

　　出至彌勒殿，中供慈氏，左曼殊，右觀自在。慈氏
之像作立態，目光視地，右足微起，作舉步意，云此像
乃自己行路跋涉而來者，甚稀奇有，為該寺最顯靈跡之
依止。現班禪幼年時常涖此像前，膜頂許願塑建慈像
作殊勝供養，像身所披黃緞法衣即班禪所供。其後札什
倫布大彌勒閣建成，果證其願力之宏圓，誠不可思議
者也。東柱懸方石，中陷足印，云是瞞蘭吹箏（Mon-
Lam-Tsul-Trim）瑜伽師所遺留者，師乃金剛手菩薩化
身也。東壁橫大櫃二，內佇歷代諸師衣履，旁復一長條
木箱，中盡歷代諸師朝山負笈跋涉時所用之拄杖也。櫃
上一銅鉢，殿中香火托於左手，右手執小木棍，砥鉢緣
左旋數匝，鉢立發聲如黃鐘大呂，聲止，復右旋亦才數
匝，鉢音如細角清商。一微鉢亦備剛柔之氣、陰陽之

變，亦異物也。香火言：「此鉢年代久遠，我佛住世時，阿羅漢即用此鉢，傳留迄今，仍住世間，與眾生結緣。有緣者剛柔之聲都越烈，然柔聲之如今日之洪亮者，萬不得一焉，公等信是過來人矣！」然耶？否耶？

出至其西鄰正殿，供三世佛，殿東南隅有怖畏壇場。又西一殿，供釋迦，曾發語音，其右供尬撣派（Ka Dam-Pa）[39] 諸師，如阿提沙（Atisa）、章敦巴（Bram-Ton-Pa）、波多瓦（Po-To-Ba）、夏髻瓦（Sha-Ra-Ba）[40] 等像，其左供大悲觀自在，又左為大鵬主（Gon-Po-Bya-Ro-Pa）。

朝畢，余復擬赴勒謝林及崔噶卜兩院瞻禮，導者告余：「兩院均在殿集，且香火又都下鄉去，無法朝禮。」余視天色亦漸昏暗，遂止。出赴塔院，塔凡九，瘞歷代諸師骨殖，多半圮塌。出寺，寺周築方城，四門有郭如漢制，乃繞城一周，計步伐，每邊都得三百左右。始回寓，尋思此廟之精華，應全在傳燈殿一處，於文獻上殊有值得整理之價值，姑誌之以俟他日也。

晚飯米臭，始知拉薩攜來米已早罄，此乃馬志仁購之於日喀則市上者。余念其屢屢僨事，並憶及在札什倫布玩忽狀，不禁怒火中燒，嚴叱之，良久，經老劉勸解始止。

---

39 即噶當派，噶意指佛語，即佛陀的一切教誨都是言教，當意指教誡，即僧侶的行為持守與修法的訓誡。噶當之內涵即把佛的一切言教當作修法僧人日常的行為規範和成佛過程的修習準則。李麗，《藏族宗教》（成都：巴蜀書社，2003），頁 56。

40 即阿底峽（982-1054）、仲敦巴（1005-1064）、博多哇（1031-1105）、夏爾哇巴。

8月7日

午至夾日尖，烏拉馬一換驢，下午抵南巴爾見宿。老劉在途遺失錢包，問隨來烏拉娃，皆云未見。恐嚇之以利害，內一小孩始將錢包交出。開篋數視，已遺半數，但既物歸原主，遂不再深究，且賞小孩酒錢三兩。

8月8日

早餐後發，至耐時，烏拉娃不識路，原應沿南山麓至董納涉水者，今乃沿北山麓過夏爾河橋至寄頂莊尖，若非該莊頭人訝問余等「赴薩迦何故繞道來此？」余尚不知途誤也。然莊後經占德貢巴亦可直赴薩迦，但余之烏拉已指定將由擦絨掉換，故尖畢出莊，仍不得不倒折向董納赴擦絨之道前行。如此枉道，否則今日早到擦絨矣！途中引路乖舛之老烏拉娃且口出不遜，老劉飽以老拳，始伏貼。至旺堆乃宿，購得子雞一隻，才費藏銀四錢，合內地不過九分大洋，可為賤矣。余之經驗告我，旅行西藏鄉間，有時連蘿蔔、白菜亦不可得。至民家，眼見其罐中佇有雞蛋，斷斷斷而不賣。母雞留供下蛋，決無售出之理。故有雞之處，能如今夜之購得子雞者，誠為口腹不淺矣！

8月9日

晨發，午至桑娜尖。一老者曾服軍役於達賴衛隊中，其二子現仍在役，詳告余前途情形，殊可感，且言「擦絨莊上頭人甚暴惡，仗勢凌人，須小心在意！」余頷之。

尖後行，念擦絨頭人既尷尬，不如不進其莊為愈，遂命馬志仁持飛子先驅，預在莊中換就烏拉，牽至大道旁等候余等，如是則既省事，亦復多趕路也。未幾，至擦絨，不見馬志仁來迎候，遂直入莊中。抵門，一老者牽劉騎進院，余等行李都已堆置院中，馬志仁高據一座，怡然噙吸其淡芭菰。老者導右向出側門，余在馬上見門外楊木森森，念擦絨札薩號稱西藏開通者流，此或彼招待來往高雅人士所特設之花園。余正私喜今日得以鑑賞名園，枯旅良宵，宿夜興濃，何幸如之！不料出門十餘步，更不見房屋，穿田阡而臨大道。正疑訝間，老者忽遙指一遠村，徐徐言曰：「請往該村換烏拉」！言畢，拂袖揚長而入。余愕然，久之始知受欺，取烏拉飛子來閱，明明指定擦絨莊上換烏拉，何故老者言遠村？此又馬志仁之糊塗，既先到擦絨，不知辦理妥善，聽令余等進莊白受老者戲弄，乃致受如此羞辱。余氣極，返身下馬，重復入莊，立摑馬志仁一巨靈掌，劉亦笞烏拉娃數鞭，立命傳該老者來見。既來，貌始惶悚，余嚴問何故「玩忽差事？」老者狡詞曰：「下莊非支應差使之處，任何達官貴宦來莊，皆不供應！」余曰：「爾初見面時，何故不先事聲明此層？故意羞辱於余，如爾莊不支應任何差使屬實，且具甘結來！」老者無辭，乃婉言曰：「故特請大人（Sku-Ngo）進莊來！」余曰：「既請我入莊，何故又導出後門至大道上？」老者窮屈，連呼「公打！」（藏語對不起之意也）。余嚴斥之曰：「爾等倚仗主人聲勢，見余等漢人遠遊孤弱，故加欺壓，然余與爾主人亦有一面之識，頗有說話餘地。今日

原不欲打擾貴莊，為爾刁滑可惡，必須住宿於此，明日寫信通知爾主人，然後再同爾理論！」老者無法，顫抖出，移時聚集本地百姓二三十人，齊捧哈達入室哀求。老劉怒其虎頭蛇尾，狡賴無恥，揮鞭亂舞，男婦驚號，紛紛鳥獸散。余急阻止，囑勿過性，眾人察知余意稍緩，乃重返入室哀求。余呼馬志仁，命其備馬返拉薩，將此情報告蔣致余及擦絨札薩。老者大懼，時劉突惡狀起立，眾又號叫奔奪以出。命馬志仁將眾人遠遠逐出，守門口，勿容復入。但未幾，老者軋一伴強入室，捧新酥一方、粉條一盤，苦苦哀告勿作書信。余覺斯後漢人來往此道，如再遇此等情事，將何以處置？今日必不能輕易放過，否則刁悍之徒將更跋扈，立擲回酥粉，但老者仍軋老劉不已，強摺酥粉於桌上，擲置哈達，愴然出去。余乘暇寫二函：一致蔣致余，一致擦絨札薩，詳述今日所遇。

8月10日

晨起，室中又立聚二三十男婦，為首一少年，約三十歲，手內捧托盤，盛雞蛋百枚，哈達一條。馬志仁言：「此是莊頭之子，其父現在拉薩，現莊務皆彼主持，特來賠罪。」乃命餘人俱出，留此少年問話。「爾昨日何往？」答：「村鄰有事，故未在家，下人不識漢威，故乃莽撞！」余曰：「彼雖不識漢人，豈噶廈馬牌亦不識，而竟云貴莊任何差使皆不支應耶？」答：「彼初擬烏拉是村派（Sa-Tshigs，按村換送之短距離烏拉也），不知是宗送（Rdzong-Skyel，迤宗聯送之長距離

烏拉也），如是村派，則下莊例不支應。」余曰：「日
喀則所發換烏拉飛子，豈不明云宗送？尚何狡賴？」答
曰：「即是宗送，本莊亦僅支應四品以上官員，其餘皆
他村支應。」余曰：「爾何以知余非四品以上官職？」
答曰：「尊騎項下無紅纓，故耳！」余曰：「余為漢人，
民國之官吏，即人民之公僕，雖大總統出行，亦輕裝簡
從，馬項從不帶紅纓，不像藏官隨事輒分階級，處處予
以不平等待遇。將來漢官經此道者更多，爾將用何法以
一一區別其官階是否四品？」少年語塞，哀求無已。余
訓之曰：「昨日既是爾手下人肇事，爾復不在莊，原不
怪爾，今且暫看爾面，饒過初次！望爾以後嚴加約束下
人，對於經過漢人無論窮富，都應一體善待。若有絲毫
差錯，被余耳聞，定必告訴爾主人也！」立命少年收回
雞蛋，彼諾諾道謝以出。

　　早餐畢，少年復來，請余參觀莊屋。導登四層樓，
有一丹珠爾經房，庋丹珠爾經全部。另三個護法神堂，
每堂代表西藏佛教之一派。薩迦派之神堂供金剛極堅母
（Dorje-Rab-bRtan-Ma）、洲圍寂土母（Gling-nKher-
Zhing-Zhi-Ma）、正教調御母（bStan-nDul-Ma）三神，
紅教神堂供鏖戰母（dMag-Zor-Ma），黃帽派神堂供六
臂明王。余覺擦絨札薩之為人究竟開通，因一般西藏世
家誰都信佛教，但各隸各派，未有如擦絨之能不分畛
域，一律平等供奉者也。是真佛性，不亦善哉！

　　擦絨札薩之臥房，有三尺高之座墊，豈欲以阿闍黎
高士自居耶？佛桌塵漬骯髒，土氣甚厚，地板鋪滿草
根，楹間懸遍酒麴、牛溲馬渤，冶一爐而治，可謂滑

稽！鄰室大小經房二，所庋都醫藥、工巧、星卜之藉，五色雜陳，尤具笑味。登屋頂，遍脊鋪砌尺方青石板，藏地睹有瓦之房屋惟此而已。俯視院後一打麥場頗大，疑是兵士操場？老劉燥急而口快，遽問少年曰：「是操場否？」余阻之已勿及，祗得戒彼斯後須慎言語，頗覺劉太不幽默，異鄉作客，大失禮貌，遂再無心參觀。下樓出莊上馬登程，烏拉皆新換，反多出一匹，莊人亦未免矯枉過正者矣。烏拉娃更謹慎機伶，抵松多蘭，道傍七八鄉人席地圍坐，張飲取樂。見余之烏拉娃，皆起立，狀殊恭敬，且慇懃斟勸，烏拉娃接飲三爵。

　　復前行，大雨中到拉雄宿。晚間獨坐，默思藏人性情，覺其乖僻。憶黃慕松同噶廈商討中藏問題之聯席會議時，因有漢奸唆使，藏人知黃新從新疆失敗歸來，敗軍之將，不足言勇，赤邁噶倫 [41] 膽敢提出藏界直抵打箭鑪之要求，並須立時撤退金沙江東之劉文輝部隊。黃使登時開口不得，激起劉樸忱總參議憤然發言云：「西藏如自認仍為中華民國之屬地，則根本無用爾疆我界，如西藏仍思獨立自雄，則對中央為反叛，不但不能撤退劉部，且更當下令於劉，即日進兵討伐！」赤邁之兇詞始戢。觀此，則西藏人實具有一種欺軟怕強之劣根性，黃弱則凌之，劉硬則遜之。大事如此，小事亦何嘗不如此，是故對西藏人根本不能以平等觀念待之，非有強大勢力，不足以使其貼伏就範。今日之西藏與趙爾豐時代

41　又名赤門‧羅布旺傑（1874-1954），1922-1936 年任噶倫，1933年後一度掌握西藏實權。

之西藏，時間雖差三十年，然程度則毫無差異。「敬蠻不如打蠻」之口號，仍就適用，故我之對藏政策，祇能以民族平等作原則上之號召，實際運用時，非有「鞭笞鈍驢」（英人柏爾語）之辦法不可。

日前王樂階謂余曰：「余等藏人，尤其為官者，但有便宜可佔，更不顧因果報應，猶靦然自認為佛徒！反之漢人中之極壞極惡者，凡事尚須顧到面子好看，聲名好聽，藏人則連此二者亦不顧者也！」其言良是！蓋西藏人自來無所謂道德教育，何來人格之培養，從來不知廉恥氣節豪情俠骨為何物，又何怪乎昨日擦絨莊上之糾紛乎！若余懦弱受欺，則余將無處掉換烏拉，即有，亦必將負擔轉嫁於他村之窮苦百姓身上，但一經余強硬對付，乃轉哀求，如恐不及，竟以余等為公門中圖利之輩，欲以雞蛋、酥粉一賄了之，其不講直道乃如此！反觀藏人之赴內地者，無論窮富，皆受優渥待遇，至少亦必獲得面子，相形之下，不可比較。漢人雖欲以同胞待藏人，其如藏人不夠為吾人同胞之臉面何？蓋西藏實為天下最無臉面之域也！復憶民十九，貢覺仲尼[42]自藏返京，呈賚達賴答覆蔣主席之函件，對於中藏關係僅云檀施與法場而已，足見西藏對漢人之根本態度完全在「錢」之一字。如有外國能予西藏以大量金錢，自然棄我以去而就人，不惜認賊作父，自相殘殺，如民國二十二年之康藏戰爭是已！思維往事，懼臨來者，令

---

42 貢覺仲尼（1883-1944），1923年奉派赴北京擔任雍和宮住持，1929年赴南京會晤蔣中正後，代表國民政府赴藏處理中藏問題，1930年返回南京後任西藏駐京辦事處駐京總代表。

人不得不哭。臨睡始查覺今晨百枚雞蛋，已被馬志仁又糊塗私下接收矣！壞余約束，氣惱大哭，如此奴才，真可殺！

8月11日

夜來失眠，晨頭痛甚。逾雄誐拉山時，驟寒冷，想是鄰近雪峰之故。至毒炯夏爾野地尖，尖處逢兩夫妻，亦有烏拉，其周歲兒另有烏拉娃為背負。

男子向余睇審良久，乃謂余曰：「君得毋為拉薩稽堆巴（Kyi-Tue-Pa，行署所在房屋之藏名也）之漢人乎？」余曰：「否！」彼曰：「君毋諱！余五月間在柳林中見君同蔣參議共桌而食，惟彼時君衣僧服，今日乃便裝耳！」余知不得復瞞，遂笑曰：「漢人固是，稽堆巴之漢人則非也！」因問其姓名，曰：「誐旺策點（Nga-Wang-Tse-Dan），空布峪人。」余不知空布峪在何處，彼云：「定日南一日，翻囊布拉大雪山，其陽下坡即空布峪也，屬尼泊爾管轄。」余問：「所謂囊布拉者，是否即為接摩隆？」曰：「否！然囊布拉已為接摩隆之邊緣，相距才半日程耳！」余問：「空布有通知加德滿都之途否？有則幾日可達？」曰：「自空布赴帕隆三日，帕隆赴尼京才七日耳！」余私計此人不可交臂失之，余乃招呼彼夫婦小兒與余同食，且告以：「余將赴尼京，由何道趨尚未定。若經空布，則希扶助一切！」彼立應曰：「諾！」

尖畢並轡同行，余尚欲約與同宿處，以便詳細探詢道路，但彼告我「烏拉乃後藏糧台所支，現糧台已先到

薩迦候我，宿處現成，有方台命！惟余此次乃送賤內回母家，前路必經定日，仍可圖面詳談也！」於是余乃與之堅訂後期，始分轡各馳。

下午二時抵薩迦，借宿民家，立遣人持名刺往達見仁波且（bDag-Chan-Rin-Po-Chhe，薩迦掌教之尊稱也）宮中請示何時準許謁見。時一老者進屋探視，命之坐談，彼曰：「達見仁波且恩德大，甚慈悲，窮苦遊方遠僧，如有朝謁，立時召見。若西藏官吏參謁，則不輕容易接待，常至祗候十餘日之久，見時且有許多儀注。但我佛爺，毫無權勢，不似從前盛時，上惟薩迦皇帝，下惟中國皇帝之時（Stod-La-Sa-Skya-Gong-Ma, Smad-La-Rgya-Nag-Gong-Ma），現則被藏政府壓迫不堪，毫無喘息餘地。」言下不勝唏噓。

時余已獲薩迦佛傳諭立時召見，準備贄敬，不暇細聆老者之言。特備黃緞一匹已於日喀則送過人情，現惟有重另打點，乃封藏銀一百五十兩，並日前奇且所送圓茶十枚置大木盤中，如此供養亦約略抵過黃緞一匹之敬意，命人隨捧。余乃檢出白鬍子介紹書懷之，一同備騎偕赴朋錯婆章（圓滿宮之藏語也）。時薩迦貢瑪已升殿，余直入殿中，行朝拜禮，跪起捧獻贄禮，仰視貢瑪趺跏端坐，衣黃錦緞內襖，罩紅毾毺袈裟，掛珊瑚朝珠，腦後有髮辮，面色微黃，額寬頤削，年約三十餘歲。座之東側一佛龕，供金剛玉尊母（Dorje-gYu-bTsun-Ma），殿中陳設簡單，如此而已。座前置墊，命坐，遂坐。莊語詢同來老者，約略數語，語音低微，可以辨似。老者恭答，答畢，即退出。殿中更無他

人，貢瑪始霽顏溫詢余之來歷，余即乘機呈上白鬍子介紹函，並恭敬答述曰：「羣配寂默（Chhos-hPhel-hJigs-Med，余之藏名）乃哲繃寺郭莽札倉（Sgo-Mang-Grwa-Tshang，余所隸學院）漢統堪參（余所屬寮部名）珠璣密參（Gur-Chhed-Mi-Tshan，余所居齋舍）之漢僧，學法三年，染二豎之症，思朝山獲福以禳，此來謁見貢瑪仁波且，喜歡無量，病當速痊。明日拜佛請經，尚祈慈悲垂拂，勾當畢了，則思一赴尼泊爾國，朝禮迦葉聖跡，敢冀佛光普照，恩賜方便遂往，並保佑前途無災無難無阻礙也！」貢瑪拆函，且閱且聆，笑問：「君何故不向噶廈索取直赴尼國馬牌？」余曰：「恐啟疑怪，忖知貢瑪仁波且慈悲，必能有濟，故敢冒瀆也！」貢瑪點首微笑曰：「我當全助汝！」余喜，恭謝不已。時一老僧入室，侍立座旁，問余欲請何經？告以薩迦五祖全集、薩迦歷代貢瑪史傳、薩迦寺廟佛蹟記載、薩迦學院經論課本四事，貢瑪乃顧老僧，命抄目下寺存所有經版目錄來，但老僧立謂余寺中無五祖全集版。時貢瑪之二子一女亦進殿，倚傍其父，長子才十四五歲，幼者頗俊美，老僧招呼，余復起立，向諸童一一頂禮。

禮畢，貢瑪命暫退，遂轉入便殿，賜葡萄飯，余略進食。導者復引登樓，至小室。陳設雅樸，上首櫃中庋置歷代銅佛、瓷碗，並無他物。時貢瑪已候余先在室，命坐座前，余視彼已更便服矣。室幽靜，頗便密談，於是余首告以班禪不久將到藏之消息，探問彼對此事之感想如何？貢瑪反問余班禪進藏後，中國是否將恢復從前之駐藏欽差大臣制度？余略加考慮，答以否。

貢瑪問：「何故」？

余曰：「駐藏欽差大臣乃滿清專制時代之產物，為君主壓迫西藏人民之替身，民國宗旨以五族平等為原則，當然無需恢復從前制度。即使派大員駐藏，亦必簡選深明佛陀教義，胸襟開闊之人物，以求達到宏揚正教、漢藏親愛，真正一家之域。」貢瑪聞言，頗現喜色，連詢民國建國道理？

余曰：「民國建國，乃係根據大佛菩薩化身之孫中山之三民主義、建國大綱、建國方略，以求造成一國內民族完全平等，國家主權在全體人民，國家財富人民公享而無貧苦疾痛，一世界上最強盛、最快樂之國家，亦即佛經所云西方極樂之現實也！」

貢瑪曰：「然則必須有一福德智慧皆臻十全之皇帝以統御臨治之！」

余曰：「不然！民國主旨在使主權歸諸全體人民，方免專制壓迫之苦。如有皇帝，則權力集於一人，雖偶有愛民衛國之皇帝一二出世，然子孫承襲，難保不肖，不如民國之選賢任能為愈。以西藏舉例言之，自松贊幹布王直至髯巴堅（Ra-Pa-Chan），[43] 吾人固無所非議，然髯巴堅不能保其子之不肖，故朗達瑪卒至毀滅佛法。若為民國，知其不肖，人民必早選立他人賢者繼統，預先防範，可免毀滅佛法之禍。然因西藏崇信君主，故朗達瑪繼立暴虐，人民無法制止，終不免佛法中

---

43 又名熱巴巾或赤祖德贊（806-838），815 至 838 年在位，篤信佛教，致力推動佛教弘法。被反佛派大臣刺殺後，由其弟朗達瑪繼位。

滅之禍也。更以滿清而論，繼統諸帝，如盡能如康、
雍、乾三朝之富強，天理人心猶不能聽任君主之胡作非
為，何況其末造乃逢西太后紊亂朝政，賣官鬻爵，官吏
貪黷，屢屢割地賠款，猶復朝野嬉頑，不圖振作，人民
水深火熱，忍無可忍，始覺悟到非將主權歸還於人民，
不足以救貧弱，於是奮起革命。清室亦知民心所向，情
願退位，於是民國成立，仍以皇帝之尊榮優禮清室，不
過一切國政，皆由人民選舉賢能以治理而已。觀此可知
清帝之遜位，並非受有人民之逼迫，而民國之待清帝仍
不薄也。」

　　貢瑪曰：「中國人民能自治理國政，固屬盡善盡
美，余亦非謂中國之人民必待有皇帝而後治，不過因中
國之皇帝都為曼殊師利之化身，如不使其臨位統御，恐
人民有毀謗佛菩薩之過，終致減損福德，而冥冥受因果
之譴報，且國亦不得治！」

　　余曰：「貢瑪仁波且因果之說良是，然亦即西藏人
對於皇帝觀念之根本錯誤所在，不但不合民國宗旨，亦
且有悖大乘佛理，何也？如適所云，則中國除皇帝外，
全國四萬七千萬人中，更無第二曼殊師利化身在，四萬
七千萬人皆凡夫俗子，此任何人不能肯定言之。經云：
『補特伽羅於補特伽羅勿執其量』，一悖佛理也。如謂
曼殊師利度化有情，必生帝皇家而後可，故民眾推倒一
皇帝，即是推倒一曼殊師利。然則曼殊利師不能化身於
西寧一牧戶家，如宗喀巴是，此現量相違也，悖佛理二
也。如謂帝王皆菩薩所化，則朗達瑪不應毀滅佛法，此
亦現量相違，悖佛理三也。曼殊師利度化中國有情，隨

其緣分，設種種方便，化種種身以度，然則中國之癱癩
聾瞽中亦應有曼殊師利，初不必限於帝皇，如其不然，
則經云：『十地菩薩能化億萬身，遍三千大千世界，或
為金輪王，或為銀輪王，……或為比丘，或為商主，或
為白衣，或為乞士，或為徒隸，於俱胝那世間，饒益有
情，廣作無量佛事』，與此相悖四也。國之治亂，視其
國內有情之共業果報而定，業報當治則治，當亂始亂，
菩薩亦視其當否而隨時入世以度之，如謂有皇帝則治，
無皇帝則亂，是不問皇帝之是否真正曼殊師利，不問世
之治亂是否由業報所成，『種種世間業力生』，與論相
悖，五也。如謂有曼殊師利則治，然則有大悲觀世音亦
可治，有其他大菩薩亦可治。返觀西藏，達賴在時之公
培拉招賄攬權，百姓嗟怨，達賴不大悲觀自在之化身
乎？竟亦無公培拉何。目下為藏王者，豈非大菩薩轉化
之大喇嘛乎？然藏中情形更不如達賴在世時，故雖有在
位之大菩薩以統御國家，亦不能謂其國必治。中國二千
年來皇帝在位無缺，即使都為真正曼殊師利化身，然
二千年來亦治亂循環，人民飽受專制壓迫之苦，豈不出
於曼殊師利之賜耶！故迂執皇帝論者，又與此等現量相
違，悖佛理六也。夫所謂皇帝者，不過一行使國家最高
權力之人之名稱，若命名之初，名之曰娼妓，然則謬執
皇帝論者，又將以國有娼妓則治，無娼妓則亂，寧有是
理！執名作實，《入中》云：『一切法假名所立，世間
言說所成』，又悖論旨，七也。故皇帝不須必有，民國
亦可得治，四萬七千萬人中佛菩薩化身隨在多有，吾人
不必求曼殊師利於皇帝，但求之於大總統已足。是故吾

人祇希望凡人民所選出之民國官吏為曼殊師利或其他佛菩薩之化身，更進者，吾人不必民國官吏盡為曼殊師利，但求諸自己為民國國民者，人人都為曼殊師利，如是豈有不治之民國乎！」

貢瑪聆畢，肅然動容。

余又曰：「今日西藏處於專制暴虐下，糧價飛漲，百物艱苦，人民生活困難，藏政府中大小官吏未聞有一人慨然提出救濟之辦法，雖菩薩亦無能為力，人民復無主權可以推翻政府，祇得忍氣承受壓迫，坐以待斃。反觀內地，則五權分治，秉我佛眾生平等之原則、救苦濟危之慈心，雖貴至國府主席、五院院長，犯法亦准人民自由控告。水旱刀兵，一切災疫，政府須負責救濟，公安、保健、娛樂受用，國家負責創設，此皆藏人所謂無皇帝治下之現象也。兩相比較，而藏人猶曰西藏是快樂福地，豈非大邪見現前乎！」

貢瑪點首不已，曰：「民國誠能如是，我亦願作百姓！」

復問皇帝（貢瑪之意蓋指溥儀逆賊）現在何處？余曰：「前幾年聽說在天津，現已死絕了，後嗣亦無！」

貢瑪復詢班禪究竟親漢耶？抑親噶廈？余曰：「班禪乃佛化身，佛性無遠近親疏，冤親平等，故親漢亦親噶廈！」

貢瑪又詢班禪進藏後，設若與噶廈爭執，釀成糾紛時，中央將如何應付？

余曰：「班禪乃佛性，當然與任何人不致發生爭執，惟其座下難免不肇事端，爾時中央自當設法彈壓。」

貢瑪又曰：「噶廈如逕欺凌班禪，中央又將如何？」

余曰：「昔提婆達都[44]陷害釋迦，致佛足流血，而達都終因造此無間業生入地獄，噶廈如敢侵及活佛，將來自受同樣惡報。」

貢瑪曰：「設班禪終久被阻，不得進藏，中央將有何法使之必進？」

余曰：「佛住處必得安樂豐稔，此次班禪進藏，原為俯順藏民輿情，誠能永不返藏，豈非內地有情福果善業所召，中央又何必必欲送之入藏乎？噶廈之阻止班禪，即是蔑棄師尊，譭謗佛菩薩，不敬佛法，所造罪孽，必具現報。」談至此，貢瑪遂詢班禪入藏問題經過，余舉所知約略以告，復詢及噶廈對中央之根本態度？

余曰：「西藏僧官多數傾心內向，盼中央勢力早日達到西藏。惟在政府中無權勢，俗官中除少數甘心為虎作倀替英國作走狗者外，大多數人仍妄想西藏獨立，自成一國。現噶廈完全由此派人把持，故此一派人之態度，即噶廈對中央之根本態度也。」

於是貢瑪乃轉詢藏政府中人物，自藏王、司倫以下及各重要官員，皆有評騭。貢瑪乃微聲曰：「聞得日前有一大勢力喇嘛自南京化緣作買賣歸來，實否？」余知其意乃暗指藏王熱振，此問使余深深覺察到貢瑪之聰明機警，乃應曰：「然！誠有是！」

44　即提婆達多，釋迦牟尼佛的堂兄弟，佛侍者阿難之兄長。

　　貢瑪乃言及彭秀（Pun-Shu）噶倫，[45] 問余：「此人如何？」

　　余曰：「據云彼於四噶倫中，對公事最熟諳，惟損人利己事太作多耳！」貢瑪大然余言，曰：「此人甚惡，但知欺壓百姓，行事毫無功德。前數年曾勾通追瑪婆章（即度母宮之藏名）侵吞薩迦公私廟產不計其數，迄今余尚隱忍胸頭，無法與抗！」

　　余默然不語，心知貢瑪言及兩宮訟事。此彼家務事，外人不便措辭也。

　　貢瑪復問及詹通噶倫，[46] 余評之為噶倫中之唯一明白事理者。貢瑪立翹大指，鼓掌贊成余說，即曰：「今日所談極洽，信是前生緣分，君有需用物件，可向我直告，毋須遜讓也！」

　　余敬謝，時適才在朝殿侍旁之老僧，又進屋，余已於進食時探悉彼乃貢瑪學經法之師傅，頗加敬禮，貢瑪囑彼將寺中經版全都洗淨，以便為余印刷。復問余在拉薩來時曾見追瑪婆章人否？（余按：當余離拉薩時，追瑪婆章之貢瑪新抵拉薩，住邦達昌家中。）余答以：「來時毫未知其到拉薩也」。

　　余乃請求貢瑪啟云：「將來余隨緣仗三世佛佑，得在內地創立藏法道場時，望貢瑪仁波且大發慈悲，垂憫有情沈溺，駕臨內地一宏薩迦不共密法，爾時自當承侍一切。」

45　又名彭雪·才旦多吉或彭休·才旦多傑（1889-1945）。

46　又名澤桐·居美嘉措或詹東·居美嘉措（1890-1938），於 1932 至 1935 年間任噶倫。

　　貢瑪大歡喜，其師插言曰：「現本寺有二青年論師，頗精內外諸明，如遣赴漢地傳法，不悉能被信受奉行否？」

　　余曰：「誠蒙派遣，自當迎奉，豈有不崇敬佛法者！」

　　貢瑪始謂余曰：「現本寺有一殿，年久失修，工大款絀，如赴漢地募化，不知能圓滿功德否？」

　　余曰：「十方皆施主，隨處有善財，如赴漢地募化，款少則何勞跋涉，款鉅則非同熱振有政治勢力不可！」

　　貢瑪乃共其師耳語，議甚久，始告余約需藏銀二千秤上下（合國幣二萬餘元！）。

　　余曰：「此事頗費力，因薩迦對中央並無直接政治關係，與熱振為藏王之地位截然懸殊，政治路線完全走不通。捨此祇有兩途：一貢瑪仁波且直接親赴內地傳法，或可藉元、明兩代之歷史聲望，以『帝師』舊資格從社會中公開募化；一俟班禪進藏後，請班禪代電中央引薦，或可藉其面子與助力，得到成就。」

　　貢瑪知此事非余所能為力，乃止。惟問：「藏政府侵吞薩迦公私廟產甚多，如控訴於中央，政府受理否？」

　　余曰：「原則上當然受理，惟整個中藏問題未解決前，尚不能急遽辦理此等瑣事。若貢瑪仁波且親赴內地，暫以宏法容身，分暇致力於中藏問題解決之扶助，以圖獲得民國冊封，則可緩圖恢復，亦且有助於薩迦內部糾紛之解決。」

貢瑪頷聽無答，忽問：「薩迦昔有無數廟宇在內地，不悉今尚存否？」

余曰：「元、明兩代，原有幾處薩迦寺院，在北京與五台兩處，但其後因薩迦自身並未遣人前去照管，住持易人，迄今湮忽既久，已無法追認領回。如諸寺現確存在，亦已全歸章嘉呼圖克圖掌握矣！」

貢瑪甚喜，問由加爾各答赴南京須幾日？答以須二十四、五日。忽又問及中國皇帝之傳位法，余告以：「自來父傳子，子眾多則立嫡，無嫡立長，無子立孫，子孫並無則以姪繼，或有兄終弟及者。清制稍變，由帝預擇諸子中之賢者，儲名金匱，崩後啟視，如其名以立。」

時余覺談話已無中心題目，乃自元代內地與薩迦關係始，根據歷史詳陳中國佛教之進展，希望將來內地有一大道場，能充分移植西藏教法。雖現在西藏教法、派別岐多，然中國為大國，人民信教有自由，該道場自不能容某一派獨自把持，且各派亦互有長短，如能混居一大道場中，相共箴磨砥礪，日久當能各各揚精澄澤，共擔宏法之任，實有情無上之福也。時天已黑，余起立作辭，頂禮。

貢瑪諭曰：「明日余請師傅引導朝寺，事畢可再來談，多住幾日，無急急就行也！」余敬諾出。

8月12日

薩迦寺南北顯密兩院，有殿堂百零八處，如欲朝

遍，非數日不得完峻。[47] 今晨蒙貢瑪派其師傳來導，亦不過就寺中主要諸殿一朝而已，同導者尚有一青年格喜，即貢瑪欲派赴內地傳法之意中人，為余任講釋之職，復承貢瑪派其侍者捧茶尾從，隨時憩息取飲，意良可感。謹將朝佛經過略志於後。

余等先至南部朵札倉，殿柱都五六丈直立大材，徑過二尺，惜不髹漆，白板光生，稍欠喬麗。然西藏建築中，全部材料皆齊整大木者，惟此處始見。院之東門隅，塑四大天王，西壁彩繪八大菩薩，幅皆二丈，藝術精細，不可多得之壁畫也。其上側一室置金剛杵（Kye-Kye-Dorje-Phug-Pa，屬無上瑜伽之喜金剛部）壇場，此為薩迦派不共密法之最主要修鍊所在。上首為正殿，殿中恢廓宏亮，佛像皆銅鑄，金光閃耀，目為之眩。自西而東，依序為貢瑪貢噶率南（Kun-Ga-Sod-Nam）造貢瑪旺堆寧波（Wang-Tue-Nyin-Po）像、貢瑪班禪釋迦桑波（Pan-Chen-Sha-Kya-Zang-Po）造如來南洲法輪（Ston-Pa-Dzam-Gling-Chhos-hKhor）像、貢瑪貢噶率南像、貢瑪稱勒仁欽像（Trin-Las-Rin-Chen）、貢瑪旺堆寧波造尊勝佛母像、阿彌陀佛像。殿正中主像為薩迦班智達貢噶接參造釋迦像，東為貢噶接參像、貢瑪突躲旺曲（Thu-Tob-Wang-Chu）像。其下經架庋帕克巴帝師從漢地請回大般若經十二大函，側為貢噶仁慶造喜金

---

47 薩迦寺是藏傳佛教薩迦派的主寺，分南北二寺。薩迦北寺始建於1073 年，經薩迦五祖勵精圖治，又隨著薩迦政權的建立，遂形成規模巨大的宮殿式建築群。薩迦南寺始建於 1268 年，其形似城堡，四周環繞 13 公尺高的城垣，外圍有護城河。

剛本尊像，札巴危塞爾（Drag-Pa-Od-Zer）造釋迦受身像（Jo-Wo-Long-Ku-Ma）。

出大殿，導者領至東廊，觀失修處，僅三根殿柱，年久罅裂待折，祗須移換，便可修峻。本地工匠謂：「換柱時，須從柱傍壘砌高與柱等之石墩，代柱支樑，然後除舊換新。」但砌墩非大方塊石不辦，薩迦之地，山多礫岩，不產大石，須三五日外路程遠處搬運前來，且柱換畢，復須折墩歸原，人力耗費至鉅，故非得二千秤不辦。余念內地木匠上樑換柱，但有旁支托正屋頂即妥，毋須壘石砌墩，費如許大氣力，此處如得一有經驗之漢木匠為掌墨師，便優為之而綽綽有餘矣。便將此意告貢瑪之師，彼大喜，立問拉薩有漢木匠否？余曰：「容尋訪！」

遂繞至殿西，拾級登樓，至一小室，一僧看守，捧出皮箱，長約尺餘，啟鑰開視，箱中錦鍛包袱，重疊裹捲，去五六衣，始見一大白螺，光彩四射，天生紋路，宛成一羅漢像、一尊勝佛母像、一梵文「阿」字。據云此物為佛住世時，聚集法會所吹用，一吹此螺，蟲豸五毒，遠離他去，故薩迦周圍百里內，無蛇、蝎、蚤、蝨寄生。如吻螺吹人姓名，視聲之抑揚，即覘其人業力厚薄。余即予以銅元數枚，令吹余姓名，螺聲嗚咽深長，不勝悽酸。

出赴護法殿，供六臂及蒙古皇帝忽必烈。據云某年此殿香火之母，因朝佛過遲，返宿不及，香火遂留其母宿殿中。午夜，母聞人聲嘈雜，起視，滿殿中神鬼蹀躞，大懼，匿被中，側耳細聽，微聞某也善，某也惡，

善者賞，惡者誅。毋汗濕厚褥，候至天明，出始告人，
所言如是云。

　　出赴傳燈殿，供貢噶寧波、貢噶仁欽、貢噶旺堆寧
波及蓮花生四像。柱懸石方足跡，據云是蓮花生赴貢塘
（Gung-Tang，在拉薩東二十里）時遺留者。另一房供
大悉地師迦耶陀羅（Gayadar）像，其外一小室，佇歷
代貢瑪衣履。四層樓一小殿，專供薩迦班智達像。

　　出赴經院，殿中遍懸漢地絹畫十六尊者像，余等在
此殿中稍憩飲茶。青年格西告我：「此札倉外之城牆乃
貢瑪貢噶仁欽時所築，時有西部阿里諸王作亂，稱兵來
犯，故築城禦之。迄今薩迦寺之神像、經藉皆得保存
完好者，皆此城防禦之力也。」茶畢，命侍者回，而貢
瑪之師亦因事回宮，於是余同青年格喜離朵札倉，偕赴
北部之誐札倉。先至一塔殿，全部銅鑄，內藏迦葉佛法
衣一襲，及過去七佛舍利各一升。出朝貢噶寧波生父瘞
骨塔，出朝薩迦傳法十大師殿，出朝色察（Ser-Trag）
護法神殿，出朝帕克巴塑像殿，出朝薩寧（Sa-Nyin）
崖洞，洞內有帕克巴足跡。出朝寶髻殿（dBu-gTsug-
mChhod-Rten），供曼殊師利，供桌上立一蠟封錦筒，
青年格西取筒拆封視之，乃一尺餘銅劍。格西捧劍坐墊
上，閉目誦經，時時沃淨水以洗劍，誦畢拭乾，令余試
觀劍上銅綠作何形狀。余諦目詳審，覺近柄一斑，類巴
枯羅羅漢像，背面刃尖一斑，狀金剛手菩薩，另一長苔
似四臂觀自在，其餘則一無所見。格西喜曰：「此劍乃
薩迦班智達修曼殊師利得悉地時，菩薩所賜，遺留迄
今，不知經過多少有緣人朝此古劍，隨其業力，能視劍

影中種種菩薩身像，或多、或少，惟大惡人於劍則一無
所睹，甚至被劍鋒光芒中沖損目力，以致瞽盲，而善業
人朝過此劍，並飲洗劍之水後，則智慧大增也。」言畢
即將盤中淨水令余取飲，余遵教，立大飲數口，覺肚腹
中甚涼爽。於是格西復將劍謹慎裹捲筒內，重燃蠟加
封，供案上。內殿楣間懸有薩迦班智達手書自作曼殊讚
偈，東西各一，余欲取視，終因太高，無法攀及，遂
止。其西一殿，供釋迦像，光線甚暗，無由細瞻。

　　出後至一地下室，四壁遍懸兵器，刀、矛、劍、
斧、弓、箭、火銃，不計其數，並有虎、豹之皮，人
熊、野牛之屍。柱間弔一人臂，色壞黑，肉已乾枯，拳
握而單伸食指。格西謂余曰：「昔時西部諸王叛亂，來
侵薩迦，攻勢銳厲，一人手指所向，弓矢紛落如雨，我
兵盡都頹退。後貢瑪貢噶仁欽乃作法擒伏此人，斷其指
臂，亂事遂平，即此物也。懸此迄今已歷數百年矣，每
每臂端滴血，則西藏必見刀兵瘟疫，蓋惡人之戾氣固
結，逢劫則必感應也。」隨又拾起一骷髏，命余視其
頂，凸起一疱，高寸許，彼告余曰：「疱乃人角也，此
人為薩迦教下之大總管，乃魔王轉化，偽入正教中飾作
佛徒，其心則始終存念毀滅佛法。後果舉兵叛，終被擒
殺，梟首號令時，始見其頂上有此一角，乃知其為藏王
朗達瑪再世，因朗達瑪之頂上生角也」。出至其傍室，
壁間蒙人皮甚夥，龕中供六臂，黑暗中無數木刻小像，
加繫枷板、鐐銬、鐵索、皮繩，皆有蠟印簽封。據云此
皆歷代貢瑪所收攝之魔鬼，其魂魄皆佇像身，若脫落一
繩，則其怪必逸出為祟。

　　出室略一轉折，進另室。入門，門後立一人，高矮
與余等，面色蠟黃，口角流血，手執刀矛，余遽受驚
嚇，以火燭之，始知為神像。云：「此乃薩迦陰兵之頭
目也。每遇戰事，必對彼大作供養，臨陣則所向披靡，
無有不勝。前年有人朝寺，至此室，偶以電炬揚其面
上，立聞神鼻出哼聲，突然射出兩道白光，朝寺者登時
身死，其煞氣有如是之兇者！」進內，黑隅中揭開神
幔，又現一門，禁鑰嚴密，鎖上布包蠟印籤封。燬封落
鍵，啟門而入，乃一小密室，中惟一龕，引火燭龕，玻
璃中供一碩大無朋之面具，察之乃摩訶伽羅神也，寺僧
皆名此為黑摩訶薩（Sems-dPah-Nag-Po）。據云：「元
代薩迦助之爭天下，即令軍士戴此面具臨前陣，故所向
無敵，武功遠邁前後各朝，皆獲神助，非繇人力也。迄
今薩迦所製甘露丸藥，合成後仍須置此像舌下供養，邀
其加持，不但藥性功效大增，亦且能化少為多，子母孳
生自繁也。從來此室除貢瑪自來，從不為外人啟闢，今
則特為君破例，令得入內直接瞻仰，余亦傲倖沾恩隨
喜，實百年不遇之良機也。」

　　出密室，候其重加固封畢。出至室後鄰室，乃薩迦
班智達之禪寮，庋藏經藉極富，梵文、巴利文、尼泊爾
文之貝葉，藏文經論，各家著述，漢地大藏經以及醫
藥、星卜、天算、工巧、詩歌諸藉，無不應有盡有。[48]
班智達之一生，其著述事業多半完成於此室中。格西為

48　薩迦寺藏有大量珍貴的元明兩代手抄佛經和文獻圖書，卷軼浩
　　繁，極其珍貴，藏書量為西藏諸寺之冠。

余架梯取下漢經數卷展視，皆大般若經，經都夾裱竹紙，官板印刷，本式為卷筒，首尾有釋迦法會刻像。金代斷臂比丘尼之版歟？

　　由此出地室登梯，復至威武不主（mGon-Po-Bu-Drag）殿，中供護法，傍窗直立，旁張黑褐帷幕。帷後一大銅鍋，容二十石，鍋蓋亦加蠟封。揭封啟蓋視之，滿佇清水，晶輝有光，千年不涸，其名曰上資糧甘露（Bla-Tshogs-bDud-bTsi），飲之可治瘋痺癱瘓各症。貢瑪每合丸藥，即取此水配製，取用必過半鍋，不加添注，復來取用則又盈鍋矣，亦一寺中異物也。此水與銅劍、面具為薩迦寺三大寶物，普通朝山人不易得到瞻仰，而余於一日間遍之，可稱幸矣。格西將鍋蓋蠟封加印後，謂余曰：「寺中主要各殿大致已盡，吾等曷歸乎！」遂偕返宿舍，已下午二時矣。

　　貢瑪送來白米一盤、全羊一腔，並請赴便飯。余敬領訖，如命前往，並帶藏銀百兩。至時仍謁見之於昨日之便寢，余即報告朝佛經過，並致謝忱，呈上攜來銀兩作為印經定銀。貢瑪收過，隨問殿柱失修事，余據情實告，即詢拉薩有漢木匠否？余曰：「有則有之，恐不易遠來薩迦也！但余回拉薩後，當極力設法使之來也可！」貢瑪頷可，且曰：「余轄屬窄瘠，無可支烏拉，君如赴尼，余遣自己騾馬，並派妥人，護君前往定日之德薩莊，令該莊莊頭為君設法，必可報命，如此噶廈亦不復致疑也！」余大喜，敬謝不已。飯罷略閒談，即辭歸。

　　晚寫一信，致王樂階。

8月13日

　　晨起，大雨，枯坐不覺悶睡。午時貢瑪之師來招呼朝佛，導者仍昨日之格西。視天氣，雨已止。偕至北寺，首朝支瑪爾（Tsi-Mar）護法殿，出至朵接雄點（Dor-Je-Shun-Dan）護法殿，神作堪布裝束，袈裟法衣，葫蘆金冠，騎馬提鞭，不同其他護法之頂盔、貫甲、骷髏、項圈之兇煞。相傳神為率南札巴（Sod-Nam-Dra-Pa）轉化，率南札巴者，哲繃寺羅塞林札倉（Bla-gSar-Gling-Grwa-Tshang，學院名）經論課本之著述者，曾為甘丹蚩巴（dGah-Ldan-Khri-Pa，黃帽派之大方丈，承襲宗喀巴法位之人），因事忤西藏當局，慘被極刑，死後其鬼作祟，無法降伏，遂請薩迦某貢瑪作法禳之。某貢瑪入喜金剛不共密法禪定中，用金剛杵鎮法亦不克降伏，法力遂窮，其鬼大聲言曰：「欲我洗手，須請我作護法！」於是貢瑪立允其請，名之為朵接雄點，即此神也。[49]

　　出至薩迦大方丈宮（Sa-Skya-Khri-Chhen-Pho-Brang），乃貢瑪之冬季暖殿。殿中僅一蓮花座、一護法殿，其餘皆無守者，撲空數處，祇得嗟嘆緣吝福薄而返。下午赴宮，適貢瑪有人謁會議事，余先至朝殿祇候。前日一度坐此，未暇瀏覽，今日始發覺貢瑪座右供有小龕，龕內屈研糾結，似花非花。貢瑪之師告我：「此乃

49　又名多傑雄登，俱力護法神。薩迦貢瑪應允杜固扎巴堅贊為護法神事似有爭議，一般記載是五世達賴喇嘛封扎巴堅贊為大力金剛，即傑欽修丹護法神，並且在拉薩城南修建召底薩沙寺，作為他接受人們頂禮膜拜的香火之地，允許他預言禍福。

上代貢瑪，亦亦現貢瑪之父，圓寂時，色身胸中，生
出異花，即此物也。」侍者來，手一英文雜誌，余接
閱，乃印度毘哈爾鄂利薩省研究會之刊物也（*Journal of
Bihar and Orissa Research Society*）。略一翻讀，內僅印度比
丘 Rahula Sanskrityena 君一篇〈搜求西藏梵笈之第二次
報告〉，頗資一讀。此君曾旅遊薩迦、奈塘、日喀則各
地，搜集各寺庋藏梵笈作比較研究，且根據年代，將梵
字文體形狀排列成表，觀此可知古代梵文字跡蛻變演進
之概念也。

　　時貢瑪命人傳呼，乃謁見於便殿，余供養白米一
斗，即馬志仁在日喀則所購臭米之全部，又另藏銀十五
兩，作為請貢瑪親手模印之藥泥小佛像之儀敬。蓋薩迦
小像，外間頗珍視，種類繁多，無慮百數十種。從來朝
山者請賜，不過三兩尊而已，余則特別屬求，請貢瑪盡
百數十種，一一為余印賜兩尊，故不得不善事供養也。

　　薩迦之骰卜頗著靈驗，因亦請詢三事：

　　第一，中日戰事勝利何屬？（余臨行前二日，蔣
致余告我北平方面有衝突，然尚不知此為蘆溝橋事變
之演進也。）卦曰：「暫時不至於開火，中國不至於
甚敗。」

　　第二，余父母之康健壽量？卦曰：「無妨！宜多誦
《度母經》、《阿彌陀咒》、《阿彌陀讚》。」

　　第三，余學法經師已赴南京作募化功德，成就如
何？卦曰：「大吉！須多祈護法默佑，並於高山嶺上爇
煙招福。」

　　貢瑪且云：「中日果開戰，余當在護法處虔誠祈請

冥助！」

余起立敬謝，復呈上前日在擦絨所書致蔣致余函，及昨夜所書致王樂階函，拜請如遇便，即乞攜寄，並蒙收訖。又款賜麵飯，飽餐辭出。

歸寓，青年格西送來寫本《薩迦佛蹟記》，一函三百餘葉，殊重大，不易讀完，必須設法抄寫一部，帶回拉薩慢慢參閱也。

8月14日

晨間貢瑪遣其侍者控兩騎來，命余赴東南之克武峪一朝邦波寫神祠。從之去，盡行危崖陡坡間，大石嶔斜，時阻馬足。沿途山洞甚多，十餘里崖間築小屋，云是貢噶寧波降生處。未幾至邦波寫神祠下，繫馬崖下，拾級而登崖腰。此處原為山洞，貢瑪闕基接參（Chhos-Kyi-Rgyal-mTshan）居洞閉關修禪，一日忽一人進洞，勺水供養，稽首叩問：「吾師有何神通？竟敢居此！」答云：「未獲神通！」其人忽沒入壁上小孔而不見，後遂於此建祠。余今得見此小孔，有銅元大，初不知其具有如是神話性也。其旁供帕克巴像，外間一室供護法邦波寫神，即前云勺水沒孔人也。案前鐵索鎖一乾屍，作跪相，頭髮蓬蓬，皮肉凝硬亮黑。據云昔時祠中金銀供器甚多，被賊殺死香火盜出，逸赴印度、尼泊爾一帶飄浪，贓資蕩盡，丐乞以歸，更窮困，故態復萌，又來祠中偷盜，被護法以鐵鍊繫鎖，至死不得脫，屍亦不腐爛，好留與後人作兇惡報應之榜樣者也。案上供一刀，長三尺，刀面一槽寬分許，深入柄內。侍者取刀默禱，

禱畢，豎刀刃尖落地，搖之，柄內珍珠三顆滾出刀槽，曰：「槽中滾出珍珠，須視其人業報，大惡人一顆亦不現，常人則一顆、二顆，多至三顆，惟貢瑪來則四顆、五顆，以至數十顆也。」遂將珍珠滾回柄內。授余刀，令如法泡製，亦得三顆，遂仍置刀供案上。

相偕下樓至祖師殿（Bla-Ma-Lha-Khang），殿中供薩迦五祖及薩迦歷代古德像甚眾。朝畢離祠，跨馬南逾高嶺，坡險路危。下嶺，坡麓即山林寺，寺之正殿供度母，曾出語聲。旁殿供三護法，即騎騾天女（Lha-Mo-Drel-Zhon-Ma）、擒縛母（gDams-Ga-Ma）、鏖戰母三尊也，依序設席於供桌之西、中、東首。桌下鐵索郎當，立二乾屍，皆護法之眷屬，每遇戰事，即遣此二屍率陰兵陷陣，即得全勝。桌旁三角地板，每邊均長三尺，揭板深黑大坑，云是血海，深九丈，居精靈。室外正樑上懸掛大野牛屍，壁蒙大人皮彩繪，斯二物皆自此血海中躍出者。

朝畢出寺，順溝水西行，出溝即抵朋錯婆章。余決定明日成行，行裝急待理，無暇再謁貢瑪，過其門而不入，殊為失禮！直歸寓。

8月15日

晨起，赴貢瑪處辭行。前日所請印像皆就，共一百十八尊，外又蒙賞賜貢瑪旅印度時所攝照像一幀，背頁貢瑪親手書寫皈佑護身咒並硃璽，歷代貢瑪配製丸藥二十三包、加持靈物一大包、萬粒紅藥丸一枚、藍綢哈達一疋、拉達蔗糖五封，余一一敬領拜收。貢瑪命

坐，與余言：「余之前代貢瑪稱勒仁欽（Trin-Las-Rin-Chen），曾應班禪召赴札什倫布朝謁，因班禪左右索賄未遂，數度請謁，皆被阻隔，憤懣不告而歸，故迄今班禪左右頗疑忌薩迦。此次班禪從內地有書召余，命余務必前往黑河會晤。余得信後，即隨時探訪班禪入藏確息，問噶廈則噶廈不理，問班禪方面則佯推不知。余鑒於前代之失，設又冒失前去，被阻於其左右，重蹈覆轍，不亦太難乎！余思中央既有正式辦事官員駐在拉薩，煩君之介，重托彼從中斡旋如何？」余允寫信與蔣參議，煩彼一得班禪起程確息時，即予薩迦方面以通知。再請貢瑪飭人為余抄寫《薩迦佛蹟記》一部，抄就後連同所印經藉一並寄交王樂階代收。貢瑪允諾，珍重叮嚀，余於是跪拜辭出。

　　貢瑪派其師伴送至寓，余念此老為伴五日，頗覺深情，惜別依戀，始乃叩問法號，曰：「瞞蘭札什」（Mon-Lam-Tra-Shi），曾任誐札倉之補處阿闍黎。立匆促修一函致蔣致余言斡旋之事付之，所借《薩迦佛蹟記》亦托人送還青年格西，乃偕劉德澂、馬志仁控騎西發，而別此情意綣綣之薩迦矣！余之行隊共四馬一騾，余騎騾，健而穩疾。馬二騎二馱，給役二僕，一名八寶不辣（Ba-Bo-Bu-La），一名札什策仁（Tra-Shi-Tse-Rin），使余感到無限方便舒適，在途念想貢瑪之慈悲德意，真無法比擬於萬一，不知將何以為報也。

　　經曲須，穿莊而過。東山七峰並列，大小如一，頂上積雪，莊嚴整齊，得得行其麓，神飛心蕩，趕馬疾馳。夕陽西下，牧馬歸槽，至馬賈宿。今日發時正午，

至站黃昏，亦行二十二英里。

8月16日

過牛哭灘，至彎橋獨戶，買糞舉炊，尖後復行，道途窵遠。至窮飽，天已黑盡，住賈康中。此處賈康，為壬子變時燬後，新近始經翠哥兒代本修復，建築簡陋，敷衍搪塞，房柱細如臂，彎曲偃蹇，如無數鴉片煙槍共支一燈盤，無復當年規模矣。對湖相望一莊，即翠哥兒之格爾康所在地。

8月17日

晨發，午尖於策旺誐，約三小時過一小崗，崗下一莊。原應在此涉朋曲水，但因前昨日均大雨，山水暴發，河流洶漲，僕人不敢率爾而涉，遂繞道欲涉羅羅水，至班巴宿。

8月18日

藏人殊膽小，晨間又不敢直涉羅羅水，稍稍沿水上行數里，至水淺處始涉，涉時又瑟縮望水，不敢舉足，堅持危險難渡。余放馬先行，立登彼岸，較之海、藏長途中之通天河渡又何如？此水深才沒脛，復不甚急也！至朵接，距直班巴才十里耳，宿。莊中新豌豆，炒羊肉，味頗美。出門便不得新鮮蔬菜，偶獲一二，如得珠寶。

8月19日

午在野地尖，黃昏抵梅摩宿。今日在途，值日喀則糧台藏官之烏拉云來者非糧台本人。西藏世家每得外放實缺，多不願赴任，避勞劇，往往招人賣缺頂替。承頂者視缺之肥瘠出價，從一百秤至數百秤不等，成交後領憑上任，而本主卻在拉薩坐享安逸，政府亦不過問，至任如何盤剝，人民如何痛苦，從不查究。如今日路遇之糧官，亦為買缺頂替者，西藏之怪現象可謂多矣。

8月20日

下午抵定日崗噶，民家忽睹漢人來到，二十餘年希有之事，爭邀入屋燒茶。但余因急欲赴薩迦貢瑪指定之村莊，都婉言拒謝，實辜負美意也。過定日不過六七里，即至德薩莊，隨來僕從將薩迦貢瑪牌照交割於莊頭，於是莊頭遂指定一民戶當差，供應余之住宿。此處白菜甚佳，晚餐飽甚。飯後賞八寶不辣、札什策仁二人藏銀十兩，飭其攜函回呈貢瑪報告平安。

8月21日

德薩莊頭，年過半百，頗曉公事，為余籌劃出境事頗盡心，今日特備便飯款余。飯畢偕赴崗噶，先憩一民家烹茶，令人去請定日宗內辦事吏目名烏堅者。未幾其人來，鼠目鷹鼻，滿臉橫肉，莊頭將余之噶廈馬牌及薩迦牌照交烏堅看閱，為彼言：「此君乃哲繃寺朝山漢僧，經有噶廈馬牌。到薩迦後，貢瑪仁波且為之算卦，須往朝崗仁波且（Gang-Rin-Po-Che，崗底斯雪峰

也），50 能卻病延年，百事大吉。但現時已屆秋令，崗
仁波且道途塞冰阻寒，不復能往，至少必須朝尼泊爾之
迦葉塔。是故貢瑪仁波且特自備牲騎送至定日，並有牌
照命余辦理出境事宜，因此特訪足下商理此事。」

　　不料烏堅藉口噶廈近日有通令到定日等沿邊各地，
嚴禁各隘關口隨意放縱外人出入，不允為余填發出境執
照，於是莊頭無法進行交涉，余乃不得不自己出面，
遂和顏悅色謂烏堅曰：「余哲繃寺出家，住年已四五
年，從未滋事。此次因病，朝山禳福，決不能有害於
地方。若認余為姦細，則噶廈亦不致蔑然為余填給馬
牌。噶廈於余猶未致疑，足下又何太不放心！既然噶
廈通令格阻，足下奉公守職，自然不能玩忽，余亦不
能錯怪於君。惟余既已身到定日，出境即在咫尺，自
然不欲空返，重負薩迦貢瑪仁波且之盛意。噶廈馬牌不
云中藏和好乎？噶廈所以為余肯填發馬牌者，無非為中
藏和好之故。余深悉西藏無論大小官員，凡肯修積功德
者，都能深明大體，仰副噶廈顧念中藏和平之苦心，何
況高明如足下者，豈能不體貼此旨而容余出境一行乎？
余之獲福，不亦足下善業增長乎？足下豈非修積無量功
德乎？」

　　烏堅仍堅執前言，再三以噶廈通令為辭，向余致歉
意。余知軟幹不成，遂即轉變語氣，又謂之曰：「足
下實不看情面，余亦無法，惟余既到定日，若竟此空

<hr>

50 即岡仁波齊峰，藏語意為「寶貝雪山」。該峰頂終年積雪，四壁
　分布鮮明對稱，形似金字塔，是苯教、藏傳佛教、印度教、耆那
　教的宗教聖地。

返，不得出境小事，失卻漢人體面事大，將使余不堪忍受。無論如何，余必須出境一行，以全顏面。此次無奈君何，惟余定另設法以求達到目的，其法無他，余惟有暫將噶廈馬牌及薩迦牌照繳押君處，即煩定日宗另支烏拉，將余直接送回拉薩，彼時余當親赴噶廈探訴，詢問有無禁阻出入之通令頒發。如實有，則余不得不另請重發經由定日出境，並可以支取來回烏拉之馬牌，再度來定辦理出境。如無此通令，則余亦必立刻重來定日與足下算帳。無論通令有無，余必重來，彼時麻煩足下之際，勿怪漢人無情也！」

烏堅聆余言強硬，乃曰：「容下走稟奉本官，明日親謁台端，到德薩莊中覆命。」余知其心已內荏，更逼之曰：「尊本官如不容余出境，又不將余直接送回拉薩，聽余流落於定日時，余不則寫信與拉薩漢官，向噶廈交涉，不則移住尊本官衙內，請尊本官擔負余旅居定日期內之全部生活費用。因余為一朝山出家人，在禮亦應受各地達官施主之供養者也！」烏堅諾諾。余即取出薩迦貢瑪所賜拉達蔗糖一封、哈達一條，囑彼轉送定日宗官，並代余向本官致仰慕之忱，烏堅即恭敬收下，別去。

事畢，莊頭即導登前清汛地。進城，先謁關帝廟，一殿三楹，中供壯繆，作鬱怒像。有乾隆六十年癸卯駐藏欽差大臣松筠書「定遠扶日」匾一方，懸正龕上，餘匾甚多，不具錄。左右板壁有蓉垣吳鼎元書《桃園明聖經》全文，殿柱木刻對聯二付，文劣不錄。見供桌上籤筒，劉德澂取下，問尼行成敗。得第一百號，注中吉，

文曰：「畫棟燕子去多時，今朝復回早春知；昨夜日沉歸海底，空中吊下玉蟾兒！」旁注行人歸、骨肉無礙、出入無災、有吉慶、福自天來、本分守常、自享康寧。余笑曰：「尼行有望也！」殿西楹供馬王，東楹供火神，殿外西廡有木刻頌德碑一塊，為光緒二十五年前藏軍糧府胡雨金君減免綠營官兵鹽折二成事，定日守備署府督率官兵、兵丁等所立。碑經風雨剝剝，下截字跡全蝕，故不錄。

東南隅為城隍廟，據云定日無他佛寺，而關帝籤甚驗，為藏人崇信，故遭壬子之變時，雖汛置營房全燬，而關廟仍完存。出廟上城台，繞一周，定日盆地一望展平，惟此城築於小石山之上，頗據控制之勢，覺盛清之規模詳密，真不可及也！下城順過汛署，滿目蒼涼，不忍卒睹。惟念盆地中有天然之飛機場，籌設之先，就汛署略加修葺，派人來此作氣象測候，事甚輕易而能舉也。

出城下山，仍至原憩處。忽來一空布人，亦定日宗之吏目，定日宗年年派此人賷送尼國歲幣二萬廓元赴加德滿都，故彼又獲為尼國陸軍之軍曹小官。其人殊爽直，言語和氣，不似適才烏堅之可憎也！且允旁助余之出境得以實現，並寫信介紹余在尼京住宿，於是余重重拜託以歸德薩。

晚飯後，莊頭來談定日情形，始知壬子變後，西藏即在此設駐代本一員，但從不駐兵。現任代本乃拉頂（Lha-Din）世家，民國二十一年時，即已調往西康，作戰未回，定日事務完全由彼之司帳名學日（Sho-Ri）

者代為執行。其人甚貧，而定日向為肥缺，所轄境域遼闊，濟隆、協噶爾、定結、喀爾大皆在屬下，盡都通尼要道。出入關卡，皆須在定日宗辦領執照，每照取藏幣章噶一枚，其餘商貨過境，皆有繳納，故進項頗多。平時對出入邊境之商賈僧侶，從不留難，此次對余藉故推阻，亦無非想賄而已。

莊頭又告余，民國十八年，藏、尼交惡，藏方亦已備戰，大軍結集於日喀則待調，防禦計劃已定定日為前方總部，分濟隆、聶拉木、絨夏、喀爾大四路，每路兵丁五百，而以一代本統率指揮。余曰：「聞尼國動員立得五萬，且都驍勇善戰，以區區二千綿羊之眾，以當五萬虎狼，豈有不立被攻破者耶？」彼曰：「諸道皆高山深嶺，扼險以守，一人足可當百，故堪防禦而無虞也。」余私計藏兵士氣之懦，軍官連普通常識都缺乏，何云指揮，平日素無訓練，飢疲烏合之眾，決不堪作戰，頗不信其言，然亦領之而已。莊頭又言：「近日協噶爾宗官亦到定日，共學日會商後，即下令民間將壬子變後，所有私自拆走偷去之房屋樑柱木材，皆限期繳還，不知是何用意。余猜為班禪進藏之影響，因恐扈從中央軍隊實力抵藏之後，防備漢人向藏政府算帳而預事綢繆也。」然耶？否耶？

8月22日

聞此次日喀則糧官來定日，乃收官息。因後藏糧府有官錢放債民間，秋收後則來收息，此外並無他事云。早餐畢，烏堅騎馬如約來莊覆命，云：「出入境執照皆

允填發，唯須將噶廈馬牌及薩迦牌照暫存案留押備查耳。」余允可。烏堅隨呈上羊肉一腿，云：「此乃敝本官略表微忱，尚祈哂納！」余收謝，即封藏銀三兩送烏堅作茶資，亦不客氣，納入袋中。令之坐，請示於余從何道出入？余初意從聶拉木出，自濟隆返。但自聞空布之名後，念該地少為內地人知，且逾囊布拉雪山時傥倖能一見埃佛勒斯峰，亦生平快事。況前月邂逅之誐旺策點已允助我，遂率直答之曰：「從空布出！」烏堅曰：「空布雪山，道途危險，偶一不慎，失足墜冰罅則死，非有熟路人導伴不可！」余即問：「君知空布誐旺策點乎？」曰：「彼前日已來此間矣！」余曰：「聞其夫人將歸寧，余擬約與同路」。烏堅曰：「伊有襁褓兒，過雪山時需人背負，先得有人過山催喚背者，等候尚費時日也！」余乃拜託烏堅為余探覓有回鄉空布人可作伴者，烏堅允諾，即別去。事既定，命劉德澂赴崗噶訪誐旺策點，並兌換尼幣，蓋出境則藏幣無法通用也。隨即整治行裝。晚飯時劉歸，云：「尼幣甚難掉換，但已囑託一處，明日見信。誐旺策點適外出，但晤其夫人，伊小名曰昂蒲蘆娃。余告昂蒲蘆娃，余等將赴空布，昂蒲蘆娃允寫信介紹於其父。聞昂蒲蘆娃之父乃空布一峪之頭人，此行余等將獲無量方便矣！」飯畢，命馬志仁將攜來麵粉儘數調酥油，烘成乾餅，以便攜帶。

8月23日

劉復去崗噶，整日始回。已將出入境護照取到，換來尼幣百枚，每枚作價藏銀一兩三錢五分。另一匯

單，言明至納且之笨伯差人（Ban-Pa-Tse-Rin）家取尼幣百枚。又空布軍曹一信，乃致尼京漢喇嘛為余商借住宿者。又誐旺策點一信，帶帕隆致其岳父喇嘛桑結（Lama-Sang-Gye），為余設法助住尼京者，另一函帶納且致其母，囑遣人逾山迎負其子者，余皆一一點收。劉云：「誐旺初時不肯作書，經昂蒲蘆娃婉逼，且云如有差錯，伊願自承，誐旺始允。同伴已約定空布人名昂巴布者同行，共有十餘人，明日即起程。又定日無處購買菜油，學日聞悉，特送一瓶。」余見應辦各事皆妥，心殊暢悅。知此去惟有步行，行李都須人負，故笨重諸件，不復攜帶。晚飯後，命劉、馬二人儘檢點打包，加簽蠟封，暫交莊頭寄存，待回時認取。整治畢已午夜，安心入甜夢。

8月24日

馬志仁作事愈玩忽，偶得尼地炎熱之說，頗畏縮不前，但又不明請假辭走。余意辭退，復礙薦主之情面，祇得隱忍容順，不料馬不知悛改，晨間又重觸余怒。余祇得令德薩莊頭少備一騎，令馬負重徒步隨騎後，略示薄懲，且亦預驗其步力。午飯後發，南行，宿夏堆。

8月25日

拉耶山前後溫度懸絕，山前太陽灼射，膚背欲痛。山後彤雲密布，時雨時雹寒澈骨，前後不過一小時，而氣候驟變分冬夏。宿嘉武臀。晚間烏拉炊婦言馬志仁思逸歸定日，出銀二兩，請德薩護送馬伕攜導同返。余得

息，即呼馬伕來，嚴令不得私挾馬志仁遁，並帶一函交莊頭，囑所寄存物，非余親至，任何人不得擅取。賞馬伕酒資，命明晨速回，不准稽延逗遛。

8月26日

余將出境執照交與守界頭人，即令為余覓雇負行李苦力，得夫婦二人，男名旺堆，婦名玉尊才人。午後南上，至邦隆之種康即宿。前日所約之伴昂巴布等一行十餘人，皆齊集此屋，屋小人眾，氣味頗雜，濁臭不堪。炊糞皆預自夏武髻攜來，草草了餐，即睡。

8月27日

睡地窄擠，不容伸足，輾側不寐，午夜猶未合眼，心急不耐，起令馬志仁舉炊熬殘飯，多置鹽辣，腹暖則足禦寒也。時適下弦，月光一彎，登時魚貫匐行，滑踏冰川，寒光晶色，幽冷逼人，襟懷寥廓，滌淨塵慮。晨曦初現，已登雪線，行伴多膚血凝僵，無力續登，咸懟余起身太早，不得足眠，神怠不繼，詁誶不已。無奈，雪坡上展鋪又小睡，約一小時，重復打疊上登。雪深沒脛，隨處裂冰罅，目不能見。昂巴布前導，隨走隨持小棍試測，棍尖落實，始敢舉步，後繼者循其跡以進，小心若此，猶蹈危坑。一空布婦，屢陷小罅，幸皆不深，略用力即出。玉尊才人負余之小皮篋，一次兩腿沒罅中，身隨沉墜，齊腰矣！眾伴共圍扯，掙扎力提，良久始出險。余旁睹狀，心突突，念今日若非得伴，必活葬於雪坑冰罅之深淵中矣！雪光強烈，刺目惡痛，眼不得

睜，探懷中風鏡，不知何時遺失矣！天乎！如此緊急關頭！念自徐近之送我後，迄今從未一用，今日準擬始戴以逾雪山，誰料其遺失，豈非天乎！

抵囊布拉山口，傍鄂博暫息，睜眼危峰矗峙，瞳瞳日出，映積雪反射如金霞，冥目靜聽風聲墜聲相和，平生未聽此聲。席地取乾糧吞雪裹腹，昂巴布指東峪告余，此路可通接摩隆，僅半日程。余恨不早知此，否則余必順便準備直探接摩隆，又何至於徒逾一囊布拉哉！無奈，余祗得默祝他年能再經此道，以探天下第一高峰。

祝畢下山，數百武，余已落後，盡失諸伴。雪坡忽遇北行夫婦二人，見余踽踽行雪上，屢屢傾躓，語余：「速行！君之伴皆候坡下。」余疾步超趨，雪線盡有濕印足跡，視跡以踐，又稍下雪都溶流，石上足跡都被蕩洗，無可趨循。又下數十武，跡重現，踐一大石，石前路跡岐為左右兩途。向右進，跡忽斷，乃重折回大石，改向左進，愈進路愈不辨，乃至深落危崖、亂石、雪水水流叢中，輾轉不得出，進退都無據。忽聞嘯聲自背後起，心知是諸伴尋覓余之呼號，余且趕越彼等而行前矣。然回望嘯號來處，復不見人影，頓惶惑，亦吹嘯報之。回響時應起於身側，知眾伴已漸漸前來。念退回與彼等合路，則往返多跋涉，且伴都在前進，度不得復合，不如仍循亂谷中下，儌倖或可得路。於是鼓勇矍起，隨亂石滾落，逐冰流而漂淌，大罅深淵橫阻則逾巒嶺。如是上下翻越，凡五六重崗，忽緊抵東峰之麓傍崖側乾處，行才一武，峰頂積雪，厚如城牆，自空掠身訇

然崩下，隨之崖石飛墜滾落，悉窣如雨。心膽俱裂，不敢再冒險而前，急呼嘯，欲探諸伴所在方向，待求援救。回聲響於前崗，窮目力向前搜索，見高崗上距甚遠，有人影五六，蠕蠕行，且行且止，若為余而踟躕者，心意稍寬，乃向前崗取直線以進。爬重崗，逾複嶺者，又五六上下，始達其地，至則闃無一人，蓋都前行去矣！意復疑懼，爬登崗上，大石旁隱坐一人，視之乃劉德澂也。大喜，如出望外，急奔趨與之握手，悽咽言死生，如再世人。才登袵席，便雷響饑腹，渴火燒喉，伏地飲雪水數口。乃偕劉而南，盤繞曲折，跨冰湖，登亂嶺，約二小時，始現明白小徑。

拾徑下，行小脊上，漸見植物生長，始膽壯而神旺，放心邁步。脊上有種康之矮石牆，牆角蹲伏一小獅狗，視之，識為昂巴布新從定日購得者，噫！竟迷失於此！若不抱回昂巴布懷中，必死荒谷，余不得不一援救，乃與老劉抱捉。狗久昏迷，見人來捉，驚懼愴惶，落崖而遁，轉瞬不見。噫！嘻！從此永不知死生，慘矣！

天陰雲黯，細雨蒙茸，幸途已坦。天將黑，大步直抵鹿納種康，屋內同伴皆出迎視，大歡喜，慶平安。入屋，馬志仁與旺堆夫婦已滾沸水圍爐憩飲，共談險境經歷。直至此時，余始深佩空布婦女之勇毅，伊等負重逾雪，矯健超捷，余空手行，尚瞠乎其後，實羞作鬚眉矣！昂巴布慨然曰：「漢人真膽大！從來此道惟空布人來往，藏人亦少行者，其他尼泊爾、廓爾喀、印度、英吉利之種，從未夢見其來。因此山護法神祇兇猛，遇外

道來，必令災疾，或殺無捨。五年前有一孟加拉人旅行至空布，亦不過至此種康即返，不敢輕易嘗試爬逾雪山，今日乃被君等平安通過，實古今稀有之事也。」余聆其言畢，私心甚喜慰，乃告彼：「君之小狗於途遺失矣！余遇之於脊上種康，無法捉來，因此夢見人即驚遁也，殊為愧憾耳！」

晚間，兩睛痛甚，如欲奪眶躍迸出外，睜目亦不見物，心殊焦燥，念若從此失明成殘廢，則此生休矣！馬志仁鞋破，向余索取，余亦無餘鞋，老劉帶有新膠皮底籃球鞋，予之。彎腰、吐舌、搔頭、婢聲，言謝不已，狀可厭甚！

8月28日

晨起，空布人都已先發，祇剩余等一行。至阿爾耶尖，主人一老者，甚和藹，堅囑余：「過納且後，切不可食熟物，因此道土人多有放蠱毒，中毒者或四月或半年必死，蠱者咸信被蠱死之人之福祿能轉嫁於己，故不惜傷天害物以為之！」余不禁毛髮直豎，老人又囑：「納且有尼國守界軍士，如遇盤查，祇云三大寺僧，即不留難。」言時且先豎其大拇指余，復換翹小指窗外，喻余為大人，不必懼怕彼守界小人也。老人又示余一銅牌，前面為 H.C.，背面為 77，另英文介紹苦力信一紙、苦力雇用書一紙、服務證明單一紙。老人告余，彼之二子去年在英人喜馬拉雅俱樂部（Himalaya Club）任爬雪山隊之負重苦力，每人每日可獲報酬盧比七元云。余將文件一一檢視，念我國科學落後，凡人之所能

者，我則無一能之。國內現有之一切科學組織，尚無資格以語及於爬登雪山，未免心痛而面赧，竟瞠目對此老人，不知所云。尖畢，予老人以柴錢，老人亦不收，另向之伸謝以出。下午抵湯墨堆，即宿旺堆家。此處已產洋芋、白菜、蔥等新蔬，逾雪山後得大嚼，亦快事也。玉尊才人之二子，一八歲、一六歲，頗活潑，齊依膝下撫弄，天倫之樂怡然，一室都春。余不覺潸然涕下，觸動父母鄉邦之思，年來飄零烏斯，今且遠適異國，不卜何日團敘也。

8 月 29 日

村有肥羊，命旺堆導馬志仁去購一隻，價十四尼幣，牽來時已近午，急整頓出發。玉尊才人返家不欲再離，所有背負都旺堆獨力肩承。遂命馬志仁牽羊，羊頭被繫，掙扎不前，余與劉隨後趕逐。峪中霧滿，目痛稍輕，三小時後抵納且，直投笨伯差人家。主婦迎入，即將匯信交割，主婦立付尼幣百枚，並烹茶享客。馬志仁央旺堆作助手，牽羊赴溪邊，移時即返，臟腑都收拾妥淨，不愧善屠，馬本清真徒也。羊肉下鍋時，適昂巴布來探視，余拜囑雇一苦力負行囊導往帕隆，彼允諾，於是留彼，並招主婦，並伊愛女、旺堆、馬志仁共食。余覺此餚不易，惟天上有也。

8 月 30 日

旺堆辭回，另賞以酒錢尼幣二枚。等候苦力，枯坐半日，乃得勘視空布之住屋。盡樓房，全部木材建築，

祇有樓上、下兩大間，佛堂、住寢、灶房，皆在樓上大
間，樓下則堆積柴草糧食並畜圈，屋頂為篾席、木板
牢釘。每年秋後，雨季既過，天氣日漸乾燥，則折屋頂
換新篾席，非此則屋中無日不潮濕、淫霉也。余又發現
空布人之情性，殊豪爽亢直，如此主人婦對余等有所需
借，立應，毫不猶豫。自昨夜迄今，燒大油松柴，皆粗
如碗，長三尺，同時擲灶數十根無吝色。余酬以錢，謝
不收，云峪中向無賣柴之舉，其落落大方之態度，較本
部藏人之斷斷於小塊牛糞之得失者，相去何啻天壤！昂
巴布告余，空布峪中從未發生盜竊。嗟！衣食足則知榮
辱，倉廩實而知禮義，空布峪非今世之桃源耶？余有終
老此鄉之志矣！

　　午，所雇苦力妥，詢其名，曰誐旺丹津，才十七
歲，力資七尼幣，遂發。馬志仁竟落後，余屢候於中
途，余不耐，乃命老劉督率苦力先往宿處沸茶湯。余挾
馬志仁行一小時餘，仍躦跚不前，無奈，囑彼隨後緩緩
前來，余遂逕前至董布，劉已迎候於門。入屋止息，晚
餐罷，仍不見馬志仁來，余知情有蹊蹺。未幾大雨淋
灕，來三戎巴言：「道旁崖洞中一漢人展鋪齁臥，余等
促與同來，彼唯哼哼，不應，狀頗類瘋癲！」余知彼等
所言乃馬志仁，大膽敢爾！余之行李完全交彼背負，竟
沿途故意遲滯落後，令余不得有被褥到宿，而彼返儼享
現成！急命老劉率誐旺丹津持電炬去喚來，否則亦務須
將余行李取回。去，途不甚遠，未幾即返。劉、誐共
云：「崖洞中，馬志仁裸身酣臥君衾枕中，賴死不肯
來，余迫之交出君之行李，裹捲負來，且囑彼明晨速

趕！」余大恨，然亦無如之何，幸未失一物，且放過今晚再論。

8月31日

晨起，劉仍欲候馬志仁，余令止，聽之所颺，竟不來，且省余一份伙食。立將馬志仁所負共老劉分肩，自念平生出行，自作苦力，惟今日始，是好男兒，無悲戚，硬著頭皮幹去！遂發，日密雄尖。沿途雨甚大，有一種小蟲，形同蚯蚓，長二三寸，蔴線粗細，常附人體吮血，飽則膨脹，粗如筷，立墜地死，人體被啄處，血股注。余等一行三人，無不遭其荼毒，詢誐旺，云其名曰「巴答」。[51] 今日之途最險，近大德一懸崖上，僅鑿六七凹，如拳大，隙祇容趾。余過時手摸崖壁，手忽滑，上身傾斜幾墜，幸足穩，未脫凹隙，否則直墜萬丈深淵矣！至大德宿，覺左邊腎囊刺痛，伸手探入，有蠕蠕者錐入囊裡寸許。急解褲，燃燭照視，乃一蟲，上半身全沒入。老劉強力拔取，蟲身立斷，遺上半截不得出，束手無策。幸誐旺丹津取熱柴灰罨之，約十餘分鐘，其蟲乃脫穎而出。取視頭部如錐，啄尖細而頸粗圓，腰腹以下復細小，故刺入皮肉中則如箭簇不易取出。問其名曰「靈巴」。晚餐淘米，主人婦見糠粃未盡，乃自動為余春碓豁淨，心感不已。此處已見南瓜、四季荳。

天黑，一戎巴來云：「馬志仁回納且去矣！」余自

51　即斑紋山蛭，形似蚯蚓，以吸取動物血液為營養來源。

念馬志仁每日工錢二兩，合內地大洋五角，且由余管伙食。初雇時，蔣致余猶嫌過奢，但余為路上便利計，不惜較量錙銖，並預付兩月工資為之安家，待遇不可謂菲薄。不料在途，如羊井堆，如日喀則，如擦絨，如定日，如前晚，不但不能對余有所便利，反處處予余增加不便利。班仲堅[52]有「皆非孝子順孫」之誠，余今始深體其意！

9月1日

　　數日陰霾籠罩，不見陽光，今日更大雨。逾旺札什拉山，復登匣摩囊髯山，途較昨尤險而寫遠，沿途不見一戶。鞋復爛，跣足行，鑽瀑出時，小衣都透溼。淋漓至講納薩種康，頂漏地溼無乾柴，火不得舉，且途中未尖，飢寒煎迫。急展被褥，幸尚乾，裸臥衾中，微溫暖，更換小衣，牙始戰，面容蠟黃，明日不死將大病！未幾來夏巴七八人，戎巴三四人，亦欲炊而無柴，視屋柱猶乾，共議換拆此柱取火，眾都鼓掌。年青者爭外出，握彎刀，微聞丁丁不息，立扛一大樹至，枝葉盡伐，粗細略如柱，即度其短長，齊橾豎正，易柱而舉火焉。因余為遠客，謙讓容余先炊，今夜飢甚，五大碗猶未饜，復食糌粑二大碗。飯後燎大火，燔柴乾溼盡投，熔熔熇熇，寒魔始祛，溼衣亦漸烘烤致乾。余可望明朝不死亦不大病矣！如論人生，今夜實為黃金剎那，蓋萍水相逢，如今夜之夏巴、戎巴之恤災濟難，俠情義氣，

52　後引語典出《後漢書・班超傳》，應為班仲升（班超）。

當為余永遠鏤嵌心之深淵而世世不忘！

9月2日

感謝蒼天，使余於此窮荒野谷中，得到昨夜之溫暖。今晨精神百倍，立逾匣摩囊鬐山。下坡經章噶牛廠，尖，購得鮮乳一桶、雞蛋兩枚，服後頓覺活力陡增，自信猶富少年春情！尖畢，繼續前行，至鹿即鋪，逢大雨，衣褲又全溼。恐重蹈前昨覆轍之苦惱，見道旁牛廠，即討宿焉。

9月3日

今日天氣晴，陽光照耀，進峪來第一次也。尖於山坡間之新種康，宿仁摩。

9月4日

自仁摩發，天仍晴。惟將抵帕隆，已見余等之投止目的時，忽大雨傾盆，衣履全溼。淋漓至誐旺策點之岳家，赫然乃一紫頂黃牆之西式洋樓也。攜來昂蒲蘆娃家信，立即交付。居停主人為闞前院下榻，九日辛苦，今日始得稍息，不得不感念誐旺策點也。

9月5日

余等之主人名桑結，土俗以其豪富，且為空布地方對尼政府負責辦事之人，故並及子孫皆尊稱之為喇嘛，原非削髮為僧者也。喇嘛桑結本人現年已八十五歲，老妻亦七十九歲，先藉住空布峪西之貢巴雄，桑結始創

業帕隆。生三子，都已析產分居，長、次都故，現惟剩幼子，亦年過半百，名曰喇嘛達瓦丹津（Lama-Dawa-Tan-Dzin），即余之居停主人。奉養其父母於家廟，廟名接旺（Kye-Wang），距此有半里，故余等到時，彼不在家也，惟承女主人招待一切。彼夫婦倆共生一子六女，誐旺策點乃其長婿也。下午，云主人公回，乃備束帛往晤，談四小時。主人告余彼將設法種茶以供本地需要，余覺不易成功，因無熟練茶技師也。余請彼為余雇馬赴尼京，彼云：「水大不可涉，必待冬令水退始可，否則惟有再勞玉趾，如需人負物，雇苦力則可！」余乃煩之雇二僕，議始定。

9月6日

此地有扁豆、萵苣、王瓜、白菜、玉蜀黍等，頗動鄉思。主人之近族有喪殯，全家出送葬，哀聲聞遠近。余亦心酸，覺打攪作客太不情，良久心不安也。

9月7日

喇嘛達瓦丹津來余屋坐談整日，其子名策仁大貞（Tse-Rin-Tam-Drin），侄孫札堵鋪瓦（Dra-Dul-Pu-Wa），都十三歲，侍側嬉，頗溫婉。叩其學，已畢業於尼京小學，現在家廟習藏文。下午，余等共攝一影。

9月8日

達瓦丹津又來，坐談一日。

9月9日

　　雇得二人，皆戎巴，每人力資十二尼幣，其一能藏語，沿途可任余舌人，定明日成行。余感主人五日盛款，膳食豐腴精潔，禮貌周詳，不令余自炊，方便奚似！念無以為報，乃解一卡脫自來水鋼筆贈其公子，以作記念。晚間整治行裝。

9月10日

　　在主人處早餐，食罷即發。進西溝遇雨，立止，宿拉已頂瑪。

9月11日

　　逾配接拉山，尖於坡上道傍之民家。雨後泥路滑，不良於行，腿脛復被巴答蟲咬五六處，血出滿腿都赤。宿誐窩。

9月12日

　　逾果拉，山上道傍野尖，宿拉勒。天氣已甚熱，非高原帶矣。晚餐得雞。

9月13日

　　黎哥拉岸初見稻田，逾絳瑪嶺，已離夏巴族界。宿他大勒。今日未遇雨，為過襄布拉天氣最佳之一日。

9月14日

　　午時至密贊，始見尼國鄉鎮街市。余購米，秕糠未

去,須俟春。春法殊笨拙,不似我國之豎架踏舂,乃手
杵長三尺,握其中,置米碓中,手力舂擊。每斗米須費
時一小時,令候者焦燥不耐。道路尚平坦,復未值雨,
故足步頗健。田中玉蜀黍已收割,歲豐獲,亦見少數蔗
田。園圃中有竹林,蒼翠陰森,能解旅渴。有蔬菜,無
論如何不出賣,殊可恨!每近戎巴人身傍,即嗅到臭
氣,似牛汗亦似濁蒜,令余頭暈。晚宿希日窩瑪。戎巴
之宗教觀念殊頑錮,無論如何,不令異教人至屋內宿
息,余等自此祇能在門外階沿上睡眠。在人簷下,不敢
不低頭,亦始料所不及也。

9月15日

逾雞史巴尼占髻,至巴斯蒂峪。峪中近日出虎傷
人,遇途人言:「昨夜虎闖入某農舍,銜去小兒矣!」
尼政府已調兵捕獵。峪中又瘟疫流行,死亡甚眾,實為余
旅行此道中最悽慘之一段境地。同行者復懼途中值虎,
遭不幸囓死,屏氣促息,疾趨出峪,宿諾木朵察直。

9月16日

初見鋼架鐵索,逾基剌帝匝卜山,復登基大日山。
未及山口,宿加直古直崖洞中。

9月17日

登山順脊行,俯瞰左右兩流雙濟,暢甚。沿途拾枯
枝,至頗哲作野炊尖。尖後續行,逾基大日山,下坡宿
丕的。

9月18日

　　黎森哥尖，逾加拉巴直山，宿寧加里。今日行旅已漸熱鬧，負販往來不絕。沿途莊村房屋雖鱗次櫛比，然無多空隙，宿處雖階沿亦不易得。一入戎巴界，柴火須出錢購買，每把銅元一枚，一炊四五把不辦。戎俗尤忌在其屋內烹飪，實無異野餐野宿。惟見香蕉結實，饞吻欲滴，惜不熟，不然準擬大饜老饕也。

9月19日

　　逾寧加里山，山頂道旁一壞樓，云曾經盜劫，一家全被害殺死。行人過樓下咸惴惴，如兇難逼臨，膽小亦同藏人，殊可笑！未幾至聶巴的之種康尖，過薄哲大鎮，進入擦哥拉峪中，已近黃昏。僕言晚飯後趕夜路，許之，即借道旁售酒茅棚舉炊。食畢，月明甚，正中秋前一日也。行行夜路，節節上坡，未幾聞風琴歌聲相和，音韻悠涼。至一大鎮，即薄雪亞，駐足倚街旁珠蘭樹以聽，花大發，蓓蕾玉參差，香氣撲鼻，塵汗都消。余等稍憩，即下坡，至下薄雪亞，人過疲乏，無力再進，借得民家階簷下六尺地，買瓜啖，聊以解渴即睡。

9月20日

　　晨至盤絲菓兒，平地稻皆熟，近割矣。他大勒尖，麻新巴直香蕉值賤，購三掛，約五十餘枚，費尼幣四枚。沿途啖食，未幾都盡，腹亦飽矣。下午至匝哈爾，復沿脊登山，沿途小莊無數，不暇詢查地名。愈行愈坦，至即古河源時，已望見鄂畢山口之樹，遂一鼓作氣

以登。最後一段約數百數，方向作西南。逾山口，拾級
而下，蓋已身入加德滿都之畿鋪範圍中矣！（山口之東
另屬一縣所轄）坡道二三里，都光潔，石板鋪砌。過一
寺門，寺內有銅浮屠，初不知其為南無佛陀。僕告余此
為勝跡，應進朝拜，問其名，則不知。勉強入寺，見壁
上彩繪神像，類明王，然又不若西藏常見者，頗狐疑其
為外道神祠，乃不參拜，僅繞塔一周即出。至巴尼巴大
鎮，已有長途汽車，余欲搭乘，則今日可到尼京，久候
無車，遂復行。經無數村落，來往多疾病，人人捧藥
行，似附近有醫院者。郵差疾走背負包囊，持叉棍，叉
上繫之小鈴，琅琅然，如在西藏所見者。蓋英印郵制，
凡走送郵差，皆如是行頭也。日落崦嵫，抵一大鎮，名
誐薩，投一鋼柱馬口鐵棚廠之種康宿焉。午夜睹團團明
月，清輝覆衾，勾人愁惱，錯一日便不能在加德滿都度
中秋，豈非憾事！

9月21日

　　西行，稻色金黃美麗。至巴特高，街中停長途汽
車，盡破敗之舊卡車。警察紅布纏頭，如上海之印度阿
三。上前招攬搭乘，至尼京每客尼幣半枚，行李每負銅
元七枚。登車久候，司機不待客滿不開車，高聲喧唱，
當街拉客。一小時後，尼國軍隊一營，經街開赴出操，
若非見其右腰後佩彎刀並跣足行，余幾疑其為英國皇軍
矣！殿隊後，有便衣伍二十餘人，荷肩木棍如荷槍，或
始入營之新兵耶？又半小時，車始滿載，遂開。正西
行，馬路經修築，但黃土頗厚，灰塵飛颺。至一坡，值

雨後，泥濘甚，車輪深陷，搭客紛紛下車推挽，情形宛如陝甘道上，不禁啞然失笑！沿途道旁植娑婆樹，甚高，左右蔭蔽，頗涼爽。直至尼京中心之公園廣場下車，鐘聲正噹噹鳴十下，就涼亭暫憩，購油燴麵餜充饑。遂詢明婆喉陀道路，向東行至半途，余發覺來時之汽車路即在道右，成平行線。早知如此，即可由巴特高直來婆喉陀，何必搭車枉赴尼京，重又倒途而行，可謂冤誣不淺也！

　　聞午炮三響即抵塔，尋投所謂支那喇嘛者家。支那喇嘛不在，其子名巴布者出而招待，余將自定日得來之軍曹介紹函交付，彼即打掃二樓兩間潔淨小屋，為余等下榻。稍憩，命購燒酒賞從來僕飲，立修書付之，囑回謝喇嘛達瓦丹津，給貨款飯遣去。下午理髮洗澡，今日始獲真正之休息。晚間巴布來談，始知國內已展開全面抗戰。離拉薩六十餘日，消息隔絕，今日重獲國內新聞，如隔世紀。抗戰影響，必妨余在尼行動，始頗悔此行，然既已來此，祗得依前計劃做去，成敗利鈍，豈能逆睹哉！遂約巴布明日導遊尼京街市，並購物。

9月22日

　　聞名已久之婆喉陀，今晨始得瞻謁。塔基佔地約二十餘畝，砌成十字形磚台，凡三層，每層都高八尺，得八隅，前四隅角上有四小塔，塔瓶圓形，狀如覆瓿。周圍一百另八佛龕，龕都高二尺，所供均金剛乘中本尊石像。瓶上塔座高達丈，作正方形，每面均繪有佛目一對。座上為塔身，全部銅鑄，自下而上，堆積匾塊立

方,由大漸小,約二十餘級。塔頂四銅豎柱,共支塔
蓋,蓋形如傘,雕鏤花紋精緻,皆銅質而金表,蓋上金
頂矗出霄漢,每當夕陽西照時,倍覺光明四射。塔周外
圍街,隔街環築矮牆,牆上裝鐵殼嘛呢輪,或六或六為
一欄,繞塔搖轉以修功德。東南、東北、西南、西北四
隅有四小龕,高不足三尺,按其方位,供雕石四大王
天。正北之正門口一殿,供此塔護法神,東、南另有三
小門通出入。面對護法殿為塔廟,僅一小間,供蓮花
生、釋迦、宗喀巴等像。東西兩壁繪馬頭明王、大鵬明
王、十六尊者,內一尊者戴托力克眼鏡,羅漢亦摩登
化,畫工可謂善謔者矣。

塔戶百餘家,環塔而居,出入總門在南,門外即大
莽(Ta-Mang)鎮,為尼京赴桑哥汽車大路所必經。門
左隙地一方,堆大石無數,移石揭板,地穴深黑,乃一
大墳墓。人死焚化後,骸灰即棄穴中,婆喉陀之全貌如
是而已。民國二十二年,尼國地震,京畿城鄉房屋都
圮,惟塔絲毫未損,塔戶都云佛力被佑之故。然余以為
覆盆於地,膠黏小木塊其上,即此塔之模型也,除非地
殼上掀,翻轉過直角,此盆不致失去平衡,對佛力被佑
之故,可以思矣。然尼人建築藝術,余對之乃因此而
印有崇高之觀念,覺得殊勝稀奇,乃歡喜雀躍繞塔三
匝焉。

下午,巴布導余赴尼京,先至郵電局寄信。余發電
與蔣致余,請其查押馬志仁,並代余匯款。余於此局付
過報費後,局員令余持報送英使館拍發。巴布導余去,
距館尚里餘,行人紛紛下車馬,巴布告我:「一入館

界便不得騎乘，禁例如是也！」抵館，進門數武，另一
郵電局，職員皆印人，余交過報底，印人告我八日後有
回電，嫉火燒余，使余不願須臾留，立即促息跟蹌趨
出。至大街購物，巴布先導余至一售自由車而兼書籍文
具之小肆中。肆主通藏語，頗和靄，自言其名為曼陀斯
（Mandass）。彼因巴布而知余為中國人，乃立搜出一
份九月四日之印度《前進報》交余閱，時我國抗日戰事
已在閘北、瀏河間矣！余殊感謝彼之關注，因見有小學
教科書，遂購其一全套而別出。

　　出即逢尼王輦駕出，禁蹕殊嚴，衛士衣紅軍服，摩
托開道，繼之阿拉伯馬騎士一小隊，繼之為步行數對，
未武裝，但雙手捧犛尾，繼之汽車，中坐尼王班薩噶
爾，年約三十歲，衣純白海軍服。道傍民眾都舉手及
鼻，搖幌歡呼「鴨鬃！鴨鬃！」後又一馴駕六輪轎車，
車中尼總理定薩噶爾衣黑軍服，年約五十餘歲，民眾又
「鴨鬃！鴨鬃！」歡聲雷起。余問巴布「鴨鬃」二字
何義？彼告我其意為「王」。余乃悟，余將「羅吒」
（Raj）誤聽矣！輦仗過，赴一照像館中攝六寸影，留
作他年紀念。館中見五十年前中國欽使與尼國君臣合攝
之影，欽使花翎黻黼，尼人軍刀戎裝。觀此，尼人之接
受西洋文明，尚在我先也！復赴布店，赴雜貨店，赴食
物店，無一不使余失望懊惱，因所售盡劣貨，而我之國
貨竟無一針一芥。傷心歸塔，已電炬通明矣。

9月23日

　　念父母朋友仍在南京否？抑或早已遷避？因修家

稟，並陳、徐諸友之函，不悉能收到否？又恐尼國扣留，但余此時必須大膽作事矣！多顧慮何益！

9月24日

余擬得到拉薩方面之覆電後進行余之企圖，故決定在八天日獲得充分之休息，暇時請巴布教余廓爾喀字母。實際廓爾喀文即印度文，廓爾喀不過印度文中之一種方言而已，課本即用前日買來之教科書。

9月25日

命老劉赴尼京城取像片，發信，並置辦零星雜物。

9月26日至28日

【無記載】

9月29日

讀《尼國佛蹟記》，令余憎恨。如果記文屬實，則婆喉陀之修建時期應在釋迦降世前數萬年，人類始祖猿人時代即有磚石建築與銅金雕鏤，實遠出吾人常識範圍之外。而飼雞䗪之傳說，且倒置尼泊爾之開化於巴比崙、埃及、中國，任何古國開化之前，巔倒錯亂，有如是者！

9月30日

肆中黃豆值甚賤，擬作豆腐，但借來磨盤都無鋸齒。似此無齒之磨，不知尼人置備何用？百思不得其解。

10月1日

老劉赴尼京，探回電，結果毫無所獲。

10月2日至4日

【無記載】

10月5日

赴純蒲，晤尼泊爾苾芻名達摩落嘉（Dharmalok）
者，談四小時。此人於去年曾遊歷吾國平、津、京、滬
一帶，並朝禮五台、九華、普陀等勝跡，對吾國寺院之
叢林制度，甚表贊許，而於西藏之大乘密法，則頗表懷
疑。知余志在贊特羅學院之圖書館中，允代為協助一
切。復談至中日戰爭，殊不甚了了，然其言暹邏足為滇
緬交通之害，亦有見地。能讀梵文、巴利文、尼泊爾
文、印度文，蓋一好學狷潔之士也。出另赴一處，晤一
外蒙古喇嘛，乃色拉寺僧，結廬修靜於此。略談及近年
三大寺格西考試情形，對於熱振之收賄濫錄均不勝惋
惜。辭出，瞻謁瘍摩娑羅鍵陀浮圖，殊不足引起余之興
趣。據云：「塔瓶即山腹，山後有門可入，瓶內舍利丘
積，有天龍、藥叉[53]守護，非大福德人，不得入內。昔
尼國某王曾啟鍵深入，出後即遭瘵死。自後封閉，迄今
無敢進者。」瞻拜畢，拾級而下，林中猿猴甚多，攔路
伸手乞食，向之搖手示無，則亦竄躍離去，並不廝纏。

---

53 天龍指諸天與龍神，藥叉又稱夜叉，皆屬天龍八部眾，是佛教護
　　法神。

歸途遇人持網在鄉間捕民雞，據云：「此乃尼國對英國
使館之特別優待，每年陰曆九月，準許使館館役於指定
之鄉間捕雞，無論多寡，皆不給價」云。

10月6日

老劉去城，回言：「曼達斯云圖書館中閱覽，須得
尼政府之特許，如能晤到贊特羅學院之院長蘭姆三希爾
君，則易設法，因彼乃尼總理之侄也。」余念拉薩方面
迄今無回電，余不能為候電而不進行余之企圖，若電終
不覆，余豈將終無辦法以枯守之乎！誠能達到閱覽咒笈
之願望，預計亦不過一年之羈留耳，余或可從國內之其
他方面得到幫扶，不如明日一訪蘭姆三希爾之為愈也。

10月7日

大雨整日，阻人不得出屋。

10月8日

赴贊特羅學院，得晤蘭姆三希爾君。余將來意說
明，彼表示歡迎，囑余須往見總理之秘書長，並允派一
人為導，余立謝過。遂談及中日戰事，余告以明治維新
後，中日兩方之歷史原因，乃日之帝國主義之侵略，受到
中國民族革命潮流之阻礙，演成激烈矛盾，故爆發而為
戰爭。蘭姆三希爾對此說甚表同情，興奮言曰：「I hope
Chinese will win the last blow.」余曰：「I hope Nepalese will
follow after Indian to start a boycott movement against the
Japanese imperialism.」彼默然。未幾，余告辭，參觀該

校數部分而歸。

10月9日

　　赴贊特羅學院，約導者偕赴則哥察，晤一書記。導者以廓語告以來意，彼乃以藏語囑余須赴秘書長私邸中會面。下午一時半，晤之於會客室中，乃一老官吏名曰 Marich Mar Sing，首先詢余認識尼國駐拉薩之甲必丹否？余告以曾於宴席上識之，並致來意。彼允轉請於摩訶羅宰，於是略談及班禪入藏事，即辭出。至門外，候導者至二十餘分鐘始出，告余：「現值尼國新年，各官署都放假，不辦公，君事無處接洽，須待至本月二十日始能覆命。」遂歸塔。居停居人已於昨晚回，夜間來余屋談，甚相得，自言：「梵名居娑邏婆折羅（Kushalavajra），今年四十七歲，其先世本蜀中比丘，禮佛至尼，居塔閉關，不飲不食者百日。尼王驚服讚歎，迎請入宮，教王子讀中土文字。哀請蓄髮，遂入世，王給稻田百畝，命世世守塔為香火，並代治境內之榮爾摩藏族，尼人遂尊稱之為支那喇嘛。子某，光緒間隨貢使為譯人，朝貢觀北京，未至而道死德格。孫即居娑邏婆折羅也，已忘其祖姓氏，猶平素作漢衣冠，示不棄祖國。娶四婦，育三子二女。巴布其長也，亦娶三婦，皆有所出。蓋繁衍已及五世矣。」

10月10日　國慶節日

　　晨起，余告支那喇嘛今日為國慶節，彼懵然。

10月11日

余覺所謀或有望，而拉薩竟無電來，疑被尼政府扣留，或蔣致余已離去拉薩。念友人張筱舟之兄相誠君在加爾各答，可為通消息，遂修書作毛遂自薦，煩代電拉薩查詢。

10月12日

支那喇嘛來談，民國二十三年冬，黃慕松來尼，與彼曾共汽車，向之探詢尼國之政治、軍事、財政情形，並允返國後為之設法一位置云。

10月13日

【無記載】

10月14日

英駐尼公使名 Baily 者，暨其隨員男女若干來塔遊覽，支那喇嘛忽一連三次差人請余去會面，命老劉去，且囑：「如有詢問，一概裝傻。」英使去後，支那喇嘛來謂余曰：「The Minister said, 'I heard that here are two Chinese monks, I want to see them.' Why you went not to see him?」余曰：「He ought to come to my room if he is a gentleman of politeness. He called on me only by order, but not invitation.」彼點頭稱是，乃曰：「前歲有一中國人黃君，偕予同謁摩訶羅宰。談及藏、尼間交涉事，摩訶羅宰微露欲對西藏加以懲伐之意，黃君立即警告之曰：『Every time you must remember these words: Tibet

Is Belonging To China!』」

10 月 15 日

尼人新年。晨起，年幼者皆壺酒榼飯，雜陳菜餚，盤盞都樹葉編織所成，攜赴長輩處拜賀。賀畢，則人人新衣盛飾，色酥黏米於額間，或穿花為頸鬘，踏沓街市，遊宴為樂。

10 月 16 日

巴布欲赴加爾各答經商，有犀角一，問余此物在中國值幾何？余告以不知。彼言：「犀角、象牙惟中國人收買，余等攜赴加爾各答售與彼等可獲倍利。但此二物，一經捕獵得獲，例須貢呈國王，不准私自出賣，然重利所在，無復忌憚。出國境時，私匿褲中，則可倖免查驗脫露。然有不幸犯露者，則終身處囹圄，決無寬免也。」

10 月 17 日至 19 日
【無記載】

10 月 20 日

今日有人供養塔衣修功德。所謂塔衣者，僅塔蓋上一布帷，另長繩四根，縛小經旛，聯懸塔頂與四周民屋間，浸紅花漬水染塔瓶。黃昏時支那喇嘛首坐，率十餘人，以菓米堆作曼陀羅，唪經一小時，儀軌即了。如是簡陋，據云需用尼幣六百枚云。

10 月 21 日

赴尼京晤 Marich Mar Sing，問前約，云：「待後日問摩訶羅宰。」

10 月 22 日

微聞德國派遣使節將到尼，不悉為何事來？

10 月 23 日

遣人往 Marich Mar Sing 邸中探信，歸云未得晤。

10 月 24 日

再遣人去 Marich Mar Sing 邸中探信，歸云今日星期六，尼俗休假不辦公。晚間忽有人來通知，云余有信件到，囑赴城收取。

10 月 25 日

遣人赴城取信至，視郵戳二十一日到加德滿都，蓋已延擱局中五日矣。拆閱乃張相誠君自葛倫堡之覆函，言已代電拉薩。一月餘焦燥，今日為之一寬，張君仁俠，可感也。

10 月 26 日

德國遣使致送勳章於摩訶羅宰，尼方日前已集合全國軍隊修除道路迎候，聞今日抵達。余覺德、尼地遠交疏，忽然致送勳章，殊覺突兀，出意料外。德人來前，英使 Baily 預於十七日去印，是否為此事故意遠避？擬

明後赴城探詢究竟。

10 月 27 日

遣人赴尼京詢 Marich Mar Sing，回時云今日適值授勳典禮，故未遇。

10 月 28 日

余赴城遍詢德使姓名，都無知者，但多言來使為武夫，階級晉至上將矣！至曼陀斯肆中，遇一廓爾喀人向余絮絮問話，頗聒燥，突詢曰：「Why you came to Lhasa? Because you are a Chinese.」余大怒，惡聲報之曰：「Because I am a Chinese, therefore I came to Lhasa. Are you as foolish as a pig? Did you not know that Tibet belongs to China?」爭執幾至動武，旁人勸阻乃止。余不覺傷心極！中國人赴拉薩，尼人竟以為不當，已咸不認西藏為中國領土矣！彼等平素慣聽大不列顛之麻醉宣傳，究竟以西藏為獨立國乎？抑大不列顛之屬國乎？余今日乃無故而蒙此玷辱！余今日乃燭知廓爾喀人之肝肺！彼等僅恃二三年程度之英語，便敢對異國人賣弄聰明，傲而無理，知識之幼稚，可哂矣！

曼陀斯拖余離肆，導至一私塾，教員乃其侄也，告余：「中國已派遣軍隊數千護送班禪入藏。」余疑其言不實，因我正抗戰，不暇西顧，此息若出諸英人，必為造謠中傷之語也。余以此意告之，談話乃轉入中日戰事，彼曰：「We sympathies with China because we are oppressed nationality also.」余能深切領略此語言外之

意，不由余不感動，覺得究竟啖教育飯者之知識有特出
處也！謝之。出至一尼人商號，其拉薩之分莊名曰登
龍廈（Tan-Long-Shag），因托其用尼文拍拉薩一電辦
理匯款。又發一信，覆張相誠，內附一電煩轉發蔣致
余，請彼飭知高師原號中，將余存款悉數交登龍廈兌
尼備用。

10月29日

支那喇嘛告余，拉薩電報發尼須經饒克嫂兒，由拉
直通至饒僅一日，再自饒快郵遞尼京亦一日，祗兩日即
達。而余九月二十二日之電迄今未復，豈非怪事！復談
及巴文俊使尼時事，云中國政府賚與摩訶羅宰之黑貂皮
氅褕一襲，摩訶羅宰臨終遺命轉贈其師某婆羅門作為供
養。婆羅門得後，即以印幣二百元售與支那喇嘛，支那
喇嘛復以印幣七百元售與摩訶羅宰之某子。

10月30日

正午，德將偕其婦、若女來朝塔，曾問支那喇嘛以
班禪返藏消息，支那喇嘛答以：「中日戰事已起，恐不
克實現。」德人臨去時，給支那喇嘛以印幣五元。彼頗
喜，持以告余。余曰：「每年如此收入，必定可觀！」
彼曰：「余每年稻穀收入在外，僅外人遊歷所給遊資及
遠近朝塔供養，約可三千餘尼幣。又在印度股票紅利，
及隨時經營商業，亦可收入二三千尼幣。余之一家賴此
溫飽。」余曰：「然則前歲黃慕松及前日英使Baily都
曾予君若干乎？」曰：「然！黃十盧比，而英人則五

也。」余為彼賀，彼更喜，乃曰：「此乃余暢曉英語之
所賜也，凡遇外人來遊，余必為之詳細講述塔之歷史、
塔之建築，及塔牆嘛呢輪上之六字真言之意義。遊人於
聆解之餘，必予我資，且彼等歸國後時常為其鄉人道
及我支那喇嘛之名字，於是我之名譽乃得傳播於全世
界各國！」余曰：「君醉矣！中國尚未知尼泊爾有
支那喇嘛也！」曰：「黃慕松回國豈不言乎？」余曰：
「黃之視君，亦猶君之視我耳！豈復念念及君耶？」彼
乃赧然無語。

10月31日

　　余詢支那喇嘛以塔戶言語非尼非藏之故？彼告余：
「塔戶之族名大莽，其先世由夏巴遷來。居既久，浸習
尼語，而又不能盡棄其原來土音，故混合而成為一種特
殊之大莽語。本質應仍屬藏語系統，惟參以尼語變音調
以出之耳！」且囑余勿常赴塔戶中飲食，因彼等皆製蠱
毒，服後重者立死，輕則三年。余樓下住有西藏夫婦二
人，其長女即被蠱，病三月乃死。聞之令人髮指。

11月1日

　　曼陀斯偕其侄名達摩羅那憂波娑加（Dharmaratna
Upasaka）者來談。尼國軍隊不許尼泊爾族入伍，政府
官吏之地位重要者亦不許尼人染指，無論尼人學識、品
行如何優越，最多不過局、所而已。政府且強迫尼人棄
佛教改崇印度教，禁止尼人學習尼文。為此事，曼陀斯
曾一度組織團體，希欲維持固有文化宗教，已得會員

二千餘人，不料即痛遭尼政府解散，而曼且身受笞刑。
言時且將其褲，示余以腿上創瘢。又言廓爾喀統治下之
尼國，真無天理可言，尼人受其不平等之待遇亦已矣，
而廓爾喀人且常常破壞甘地所領導之印度革命運動，印
度黨人時常被廓爾喀兵士襲殺。彼廓爾喀之人者，英人
令梟其父母之首級來，亦悍然為之，而勿恤者也！余問
尼國現有革命團體之組織否？答云：「無」！余問其何
故竟無有？曰：「惟待印度革命成功，或中國革命勢力
延入西藏後耳！」余曰：「噫！革命者，乃自我犧牲
也，胡為乎而待人？自助人助天助，依人者不自立，賴
人者無苟免，勉之！」

11月2日

　　尼俗今日又新年，云今日為雞新年，明日為牛新
年，後日為貓新年，又後日為狗新年，又後日始人度新
年也。晨起，見塔戶皆籠雞，為之洗刷，潔食精飼，誦
經祝福。奇風異俗，可謂無地不有，明日且將同樣施之
於牛、貓、狗云！賭禁弛開，街上呼盧喝雉，通宵達
旦，喧聲振耳，徒令愁旅無寐耳！

11月3日

　　支那喇嘛之次婿某，乃廓爾喀貴公子，其父現任要
職，忽謂余曰：「I heard that Generalissimo Chiang Kai
Shek has been suicide！」余與之大鬧！嗟呼！廓爾喀人
之肝腸！自此余對廓人咸疾惡視同蛇蝎！Marich Mar
Sing 之油滑無信，使余感覺「非我族類，其心必異」為

至言！余之所謀，已絕望矣！不免動歸思。

11月4日

　　老劉赴城探覆電消息，回攜來張相誠寄來印度報十份。喜極，拆開讀通三遍，始略知上海方面戰情。截至今日，余之旅費全部告罄，身邊不名一文，此皆Marich Mar Sing害我也！余欲留，盡余力以謀此行唯一之企圖之實現，然彼乃匿不余見！怫然欲起程返藏，則資斧無著，豈甘效行腳苦僧之托鉢乞食千里行丐乎！如得決定，余留，則設法旅尼接濟；余去，則設法川資，兩皆可十二萬分把握。乃Marich Mar Sing禍我，留則彼終不為我力，去則又防彼為我助，乃致使余進退失據，無所趨從！憤火中燒，立修一書致彼，重責其背信，且申欲親往謁見摩訶羅宰，直接陳述余之企謀之意，限三日內作覆。晚向支那喇嘛借得三十尼幣。

11月5日

　　晚飯後，步至大莽鎮街中，見街左樗蒲酣戲，街右焚燒人屍。支那喇嘛時而登法台朗誦經咒，時而蹲場中豪擲孤注，人間矛盾，抑何至此耶！午夜，鄰舍一巫降神，鏗鏗擊煤油箱不息，天明始寂。

11月6日

　　從街市偶聞德人在此秘密活動，因德不久將對某國作戰，希尼國能遣送大批志願兵赴歐。摩訶羅宰為此事集會討論，但議未決而適逢新年休假，事遂懸擱。然德

人則迫不及待，已一連催請數次，要求尼方從速答覆矣。如此駭人聽聞消息！英使 Baily 之事先離避，益證非無因也！余私揣目下歐局大勢及德國素抱政策，此舉若成，實不利民主政治派國家。尼人上當，固無足惜，然抗戰中之我國，無論前線後防，勿蒙受其直接間接之禍害也！

11 月 7 日

或云尼人不致受德人愚弄而墮其圈套，因當阿比西尼亞事件，英、意地中海關係緊張時，英曾請尼派遣全國軍隊之半額為助，而摩訶羅宰對英之答覆為：「如替英國防守後防殖民地不上火線，則全國軍隊任憑調遣！」蓋尼人鑒於歐戰時，尼助英作戰，盡上火線，死傷殆盡，而英軍反在陣後督催，不能不有私憾於胸，故此次不願再蹈覆轍，以徒供人作無謂犧牲也。英、尼邦交親密無二，尼猶不肯臂助，然則德人之來更無望矣！余估計尼國現有軍隊大約為兩師四旅之眾，共兩萬五千人，晉將級官員據支那喇嘛云：「約有二十五員以上，皆王族子弟。晉上校級者約二十員，皆王族以外之貴族子弟兼領。一統於巴布三希爾，彼即參加歐戰之尼兵統帥，戰後敘功，獲英皇誂錫之 Lord 爵位，為人頗具野心，容易被人利用也。」余憶民國十八年，主張侵藏最激烈者即此人，彼無時無刻或忘念於我之西藏，若被德人利用，則德人立將藉日德防共協定，嗾之出兵攻我西藏。思索此事之演化如何，日夜使余心神不寧。

11月8日

支那喇嘛派其侄赴城，為余探取 Marich Mar Sing 之回音，仍如前空手而歸。晚間有尼政府派出兜售彩票人員到來，支那喇嘛家人都踴躍購買，且勸余一試運氣。余性不喜賭博，且阮囊羞澀，拒之。

11月9日

又借支那喇嘛尼幣三十。彼告余彼幼年在印度中學讀書時代，與日人河口慧海伴住三年之久，熟知河口氏之性情。其為人頗強暴，每乘火車必叱令先來之印度人讓位，不聽則立即拳腳交加，並申斥告之曰：「爾不知我日本國人耶」！余聞斯言，不禁自慚，蓋余此時正為一企謀失敗之倒霉弱國人也！

11月10日

支那喇嘛侄又去訪 Marich Mar Sing，仍無回音。

11月11日

昨晚臨睡，忽新從西藏來一藏人，與余在拉薩有一面之識。彼於八月下旬離拉薩者，告余目擊蔣致余與英國走狗髻衣巴都在熱振佛之喜德寺（Shi-De-Dra-Tsang）內觀藏劇，席上因細故口角情形，且稍稍言及班禪不能入藏矣。余聞後，陡然激起余之朋友感情，神情立不安，歸念因是以決。

11月12日

又借支那喇嘛尼幣二十。

11月13日

支那喇嘛侄赴城回，告余 Marich Mar Sing 明後日有答覆。

11月14日

Marich Mar Sing 遣人來，云今、明兩日休假，余事再俟三日答覆。

11月15日

余承認所謀失敗。Marich Mar Sing 若再來通知，亦無非推蕩延擱之意，決無誠懇之答覆。余不能再事稽延，必須斷然北返。余將此意通知支那喇嘛，彼勸余再忍耐。余曰：「余離拉薩時，萬不料國內全面抗戰崛起之如是急遽，原對尼行抱有絕大收獲之希冀。余若在拉薩得聞得抗戰到底之確息時，余早已收拾袈裟換戎裝廝殺去矣！冒冒然來至尼國，父母師友存亡未卜，接濟堪虞，然余猶堅苦持忍至二月之久，以待余企圖之實現。迄今受人欺弄，一事無成，平白誤余參加抗戰之機會，痛恨何似！困至袋中不名一文，而 Marich Mar Sing 猶不肯收息其狡獪，豈直欲逼我於死耶！」支那喇嘛曰：「君勿性急！但忍耐！君住此即使一年半載，余當供承一切！」余謝曰：「君萍水交，盛情實感，然余於此已灰心！余借君款已再三，長此何以為繼？且余亦無此厚

顏。行矣！勿我阻也！」彼知余意已決，相對愴然！復
叩余：「君北返盤纏需否？」余念張相誠當不日有回音
來，乃遜答之曰：「已經設法！」彼長嘆曰：「甚矣！
尼人之弊也！我屢請當局將京城自來水接通至塔院，尼
王共有司都已諾承，但迄今三年，仍未實現。今日又逢
君失意事，實不勝同憤！」余問：「尼有司辦事素麻
木不靈耶？」曰：「非也！貪得重賄耳！」余默然！

　　余固未曾饋一物與 Marich Mar Sing 也！然余即非
被特派赴尼研究之專員，亦非挾貲遊洋鍍金之驕子，余
不過一時求學過程所經，志趣所趨，興味所在，偶欲在
尼稍稍獵獲。身固一窮僧也，尚須求賴到處檀越施主垂
憫給食以養命，豈有餘貲以賄彼 Marich Mar Sing 乎！
然則余此次之失敗，非余之罪也，乃錢亡我耳！余乃大
澈大悟，避席以謝支那喇嘛曰：「敬受教！」

11 月 16 日

　　余既決定北返矣！念支那喇嘛之長孫無恃，後母凌
虐，意欲攜回拉薩，令受祖國教養，俾使其族毋得永論
於犬羊之化。數商之於支那喇嘛及其子巴布，卒不果，
余之德抑何薄耶！

11 月 17 日

　　支那喇嘛仍不放棄其對余之熱心，今日復遣其侄赴
城探余事，結果仍不出余料，云明後日候覆也！余殊歉
仄，反阻支那喇嘛，勿再勞動侄郎。

11月18日

支那喇嘛遣一僕為余事赴城，歸時持來一信，乃張相誠函，十一月十三日所發也。內得學生曹異來電言：「請譯轉尼歐陽鷔師尊鑒：轉電敬悉，蔣不理，只由生等負責，款匯何處？祈示！異等。」等語。張君函中復稱：「十月二十八日之電，因候前電覆電，故暫未發，現既得覆，遂即拍發，想不日當有回電。」等語。擘慮精細周詳，為之感謝無已！兩月來一塊心頭重石，始得放落。

11月19日

晨曼陀斯侄烏波娑加來，才進屋，一外道婆羅門亦來。其人鬍鬚蝟戟，右臂長爪直伸指天，即在余屋諍辯解脫問題。此宗皈依三寶，證佛智慧以求解脫。彼主須仗梵天護引，導登覺岸。蠻言詰譌，余無一語得解。烏波娑加既辯、既為余譯，約一小時始止諍，亦不悉何方曲直。婆羅門去時，烏波娑加直送出門外，且以好言慰遣，返身謂余曰：「此輩工蠱善咒，不宜開罪，如激其怒，每致喪生，外道邪魔，不可不防也。」

11月20日

支那喇嘛頗望余留尼住一較長時期，聞余匯款將到，又遣其侄赴 Marich Mar Sing 處。回言仍不出余料，且聞摩訶羅宰不日將出狩獵。彼若離京，則余事根本無人主持，Marich Mar Sing 何用再施狡獪！

11 月 21 日

初抵塔時值秋燠，懼熱不敢出室外，近晨則見嚴霜，霧氣蒸騰，曉寒侵人，惟午時尚溫暖。念不日將離此，因乘暇修國內親友函信，報告居尼兩月經過情形。又一函張相誠告行意，並謝維助。

11 月 22 日

晨間曼陀斯叔侄來，言匯款已到，共印幣百元，囑明日赴燈龍廈領收。下午余即雇妥苦力二人，皆藏人，一名噶的，一名甲米杯桑，由尼至聶拉木，每人力資尼幣十四枚。

11 月 23 日

赴城取款，並購置歸途需用物件。晚間收拾行囊，並還支那喇嘛借款。

11 月 24 日

辭支那喇嘛，且囑代發一電致拉薩方面告行期。支那喇嘛贈余舍利二小包作紀念。羈館兩月，鄰舍多成熟習，情感融乳，贈別依戀，助米饋肉，卻之不當，愧領言謝之餘，一一走辭。十時發，重復踏上征途，直至天黑盡，宿波羅補遮鎮，晚風甚大。念羈尼兩月，一礙於言語不通，二礙於資斧短絀，匪僅所謀失敗，即尼國之普通社會調查亦未進行，成績毫無，深夜捫心，益增疚疚。

11 月 25 日

早發，近午賓頭羅尖，晚錠頭羅宿。

11 月 26 日

什浮利尖，婆邏毘宿。沿途所見稻田，割獲後且有種植冬季作物者，皆小麥、菜子。村中機聲唧唧，婦女每於農隙織布，可見尼國鄉村社會生活之一般。

11 月 27 日

伽賓尖，始見西藏高原南下之驢馱，晚宿婆邏毘斯。此處南下藏人甚多，蓋地方恰當尼、聶中途，藏人性畏熱，憚於赴尼京，故負鹽至此即易米以歸。聞市價每鹽五升，易米四升，每人能負二斗許，在此值尼幣十六枚，負至聶拉木，則值四十二三兩。時尼幣一枚，換藏銀一兩五錢，除開道中來回八日伙食，所得無幾，僅足抵力資而已，然藏、尼窮民賴此生活者甚眾。

11 月 28 日

午至迦利斯鍵割後之稻田中尖，下午抵波咀他利。原定宿此，因明日須爬山，為勻節體力計，又多行十餘里，至恆提宿。

11 月 29 日

晨間氣寒甚，而余僅夾衣。未幾抵曲峪，尼國關卡檢查行旅，余將鋪蓋箱篋一一開示。卡丁殊和靄，並不留難，見篋中有中國文及英文書籍，問余苦力噶的，余

是中國人否？答云否。又問途中曾說中國話否？亦答否，遂放行。卡外溫泉，有人沐浴其中，余亦思沐，而同行不欲久滯，遂未果。至卓尼崗，尼守界兵三十名，皆黑色尼人便裝，束帶荷槍，亦搜檢來往行李，稍一過目即放。過大拉瑪橋，即入國界矣。下午至札木宿，遇尼國新任駐拉薩甲必丹於此，藏方已為之徵發烏拉苦力百三十名背負行李。余在尼時已早聞該員於十月中旬離尼，何故迄今猶滯遲於此間？聞烏拉行李中夾帶銅釜二百餘，乃拉薩某尼商之貨物，借官情強烏拉代運，圖省腳價，故烏拉娃頗有怨言，尼國設此稅卡復從中狼狽，助暴為虐。幸藏政府勿以甌脫視此，而不自憫其民也！連日尼境內宿處，祗得階沿棲身，今入國境乃得房屋，但尼人亦借屋棲宿，何不亦僅睡階沿耶？自入藏境，路政不修，步履艱苦，村莊則糞穢狼藉。田中作物以青稞、菜子為主，沿途林木頗盛，竹林最茂，隨地砍伐，架屋編籬，民家可謂得天獨厚。

11月30日

今日直不見農田，午借納尖，過此竹林亦稀，杉林則富。晚宿雀鍬，北顧又童山濯濯矣。

12月1日

氣候酷寒，余夾衣已無法抵禦，乃加氆氌袍。晨過橋，傍右岸行，見山後有一大雪峰，溶下雪水沖下岩石橫塞河水，水被迫逼靠右崖腳流，致將原有河灘道路一小段淹沒，路遂絕，即絕路處架河橋復折回左岸行。余

始悟峽谷中之道路無定,年年有遷改,將來開發西藏之陸地國際道路時,設計甚困難也。午至基磨雄野地尖,峽風尖屬,炊飯不熟,飲食都無味,腹不裹即棄食於地而前。見姑靈及鳳凰二雪峰後,未幾即至聶拉木。入口處搭一棚,棚內坐一書吏,巡查出入。余即將定日所發執照交過,遂放入。覓至主人名為郭塘耐孃者,投宿其家,即算清苦力力資,並賞每人酒錢尼幣二枚遣去。欲往晤宗官商辦烏拉事,但適值宗內集議公事,宗官不暇,遂回寓所。坐席尚未溫,忽介紹余等赴空布、帕隆之誐旺策點來探視,他鄉故知,不勝欣慰。彼告我馬志仁自空布復逾囊布拉雪山逸回,至嘉武鬐與彼相值,彼乃攜之回拉孜後,馬始自去,余稱謝不已。又告余蔣致余已於藏曆九月十一日[54]起程赴印內返矣。

12月2日

晤宗官,其名曰寫噶巴,頗年青,為前噶倫赤邁之甥姪,人尚和平,惟對尼人頗表嫉惡之態。余與之商烏拉事,彼云:「君之馬牌不到聶拉木!」余知烏拉不妥,乃請彼為余設法二騎雇往定日,並代購一皮袍以禦寒,因余之皮袍留存札什倫布王樂階處,未隨身也。皆立允,遂辭出。下午尼員到聶,藏方除預先派員出關迎請外,宗官復親赴尼員處謁見慰問,頗盡以小事大之禮,余聞之不禁氣冷!

---

54 即國曆 1937 年 10 月 15 日。

12月3日

　　噶廈派阿仲（A-Drung，藏政府傳送公文之使卒）一員，沿途照料尼員赴拉薩。其人適與余同住一屋，為余言：「照例尼員赴拉，烏拉騎三十、駄五十。此次該員忽額外要求加添十五騎，支差之頭人、百姓等，皆知此十五騎為輸運某商銅釜之故，都抱怨不肯支應。余從中極力調解，始允此額外之十五騎發給半價腳資，爭議始息。」言畢，搖首不已，且曰：「尼人每每倚勢凌壓，遇藏、尼交涉，必藏方吃虧！」

12月4日

　　尼員隨來之衛兵，有竊軍服以私售與藏人者，藏人不慎，為他卒邏獲，幾釀成交涉。後查明為尼兵私售者，尼員始無奈，革斥犯卒，而該藏人被殃無恤，反受聶拉木宗官之笞杖！同時尼員之夫人雇一藏婦為奶傭，該婦昔傭於前任尼員，因事革斥，阿仲防此傭再生事端，乃婉言諷露，尼員會其意而又逐之。又前任之屬僚某娶有藏婦，僚返國時，婦不願隨去，留止於聶，不料新任之屬僚職榮某，竟強而娶之，聞昨晚已成婚矣！

12月5日

　　聞聶拉木缺頗肥，一則因宗方可以隨時漲落鹽、米價格，以資操縱，二則因聶本藏、尼孔道，上下貨物經過者，皆藉故勒令上稅，有重苛至每駄須繳稅藏銀百五十兩者。宗官三載一任，贓賄可盈二三千秤，而民則不堪命，聞差賦每崗年須輸麥七斗、柴十八斤、草

三十斤云。

12月6日

晤寫噶巴，已為代雇二馬，每匹腳價七兩五錢。又皮袍一件，售余百五十兩，且云此袍乃彼自用物，因尺寸小故讓出。昨日尼員亦欲購此，但僅出價至百三十五兩，不獲成交，如余決須此袍，則返拉薩時再晤面付款亦可。余允諾，聲明明日決行，彼送余糌粑一口袋，羊肉一隻，遂別回。

12月7日

念自逾囊布拉，行道皆徒步，惟今日始重控征騎。午後發，至偏接林寺麓之借莊，忽遇前日為余自尼至聶負行李之苦力噶的，乃導余至彼家中宿息。

12月8日

偏接林寺中有聖跡，但余心情蕭索，不欲朝瞻。晨自噶的家出，過寺門而未入。下午二時許，至大結林宿。聞尼員明日自聶起程，沿途差徭催迫，居民惶惶，如臨大災！

12月9日

早發，行至西去濟隆岔路口，南風大發，冷甚。據云年來山雪少，故農事不佳。下午四時，至獨龍口宿。

12 月 10 日

通拉遼遠荒涼，故子夜即起，燒大火，煮薑粥，餐後始行。天光猶昏，星色稀微，峽風如鋸。天明始至山麓種康，余已雙足麻木，呼吸薄弱，乃下馬舉炊又煮粥，食後稍辟寒氣。繼續行，步行登山，風大，吹人皆臥，幾經躓蹶。逾山口，則陽光溫暖矣！如離冰獄，風亦不揚。坡路坦緩，徐步而下，三十里折出小彎，已可遙見定日雉堞黑影縉挹！遂復登騎，策馬疾馳。天黑盡乃出峪，又北折，行約十里，始至朗果，人家都已閉戶滅燭尋夢矣！統計此次旅行，除雪山外，當以今日為最苦。

12 月 11 日

日出始發，過莊前蕩芭寺之門，仍徜徉於定日之盆地東馳。日才午，即至德薩，莊頭迎候於門，攜手而入，互慰平安，即宿彼府上。晚間檢行囊，取出特為彼自尼帶來之國色香煙一條贈之，彼大喜。就與商自定日赴昂仁、拉孜之烏拉，彼主張明日先赴定日，晤學日善言交涉，如不辦，則彼願自己負責，令德薩屬下人民支差備騎，送余經蘇祖鋪以赴魚見，再由魚見轉送赴昂仁。因魚見亦為薩迦圓滿宮之屬莊，自能體貼貢瑪意旨，一樣照應也。議既定，彼復告余：「馬志仁曾來此取彼所寄存之物件，但因君已來書預先囑命，非君親身至莊，任何人皆不得擅取之故，余即拒絕君僕，令自去矣。」余再三稱謝。

12月12日

晨起，端正禮物三份，一送學日，一送吏目烏堅，一送空布軍曹。偕同莊頭至定日，立晤烏堅，已成熟知，故情愫遂不若前次之疏淡矣！余將禮物悉數交彼，托其代送餘二份，並煩轉達學日，為赴昂仁烏拉之事，烏堅立即允諾，且言：「學日已下鄉，今晚或明晨可回。明晨余當稟達君意如何，當親至德薩覆命，否則亦必遣令小兒前來也！」於是余再三拜托而出。復上山，謁關廟後始回莊。下午莊頭交還前寄存各物，檢視無誤。晚間寫一信致支那喇嘛，交莊頭托便人帶尼。

12月13日

晚間始得烏堅回信，云烏拉允支，請明日來定出發。余大樂，即修一書致薩迦貢瑪，詳陳旅尼朝塔經過，及德薩莊頭來回照應之情，概當敬謝出於貢瑪之所賜也。書畢，附在尼自製五香豆豉一罐，交莊頭乘便轉呈。

12月14日

晨起，莊頭送余等至定日。劉即去訪烏堅，回云：「不料烏堅反悔，言烏拉則可，惟須照本地腳價給資耳！」余認為亦無不可，但莊頭云：「腳奇昂，且沿途民戶不招腳宿，困難莫可言狀，不如仍回德薩，由我送君往魚見之為愈也。」余略一思慮，乃曰：「得之矣！」即封藏銀十五兩，另酒錢一兩五錢交莊頭，並附耳密語，畢即差人去請烏堅來，莊頭袖銀彼手，烏乃滿口承應，遂去，莊頭亦歸，云：「明日復來也！」黃昏

時烏堅來，云：「烏拉全得！」余稱謝，留彼久坐，並款以晚餐，令彼歡喜辭去。

12月15日

　　晨赴定日宗，晤學日，得取回前存噶廈馬牌，並新獲自定經昂仁赴拉孜之短程逢村即換之馬牌。學日復送余羊肉半腔，余稱謝辭出。時德薩莊頭已來，余告之曰：「薩迦牌照未還，奈何？」應曰：「無恐，余將有術以致回！」余立請教，彼曰：「烏堅，我德薩之民人，余重派差徭以迫之，彼懼，則必為我致回此照。即如昨日，若君之烏拉不辦，則余送君赴魚見，亦必令烏堅支應馬匹。無論如何，彼將蒙受損失也！」余乃大笑，語之曰：「勉諸！余去後，君善自為之也！」莊頭始別歸。下午尼員抵定，聞彼逾通拉山口時，因寒僵斃一四歲小兒，慘矣！隨來之役告我：「尼人都無裘服，聶拉木臨發時，購生羊皮數百張，繩縛之於胸腹肢背上，臃腫騎馬上以逾通拉，屢屢顛蹐，蹐起再騎，則需人抬上，重如乾豬！」余不禁嫣然而笑，蓋在聶拉木預購得皮衣，殊得計也。

12月16日

　　晨間烏拉來，即發，沿途經過村莊如西木、林夏爾、對密，皆須換馬。對密尖時，囑鄉老守護行李，不料其子竟發篋竊零錢，被老劉覺察，嚴辭詢責，其妻且惡詈余等，民風刁悍有如是！余怒，令將所有行李都交該鄉老負責暫管，余向地方官長交涉。鄉人都恐，群環

馬首哀乞，且有捧錢求告者，此乃藏人慣伎，以為凡事一出錢即了，與前在擦絨所遇可謂異曲同工。余更怒其卑鄙無恥，非欲得其真不可，命交出鄉老之妻子，笞杖洩忿。鄉人大譁，齊起鬨，洶洶言：「不過小事！究竟誰曾發行篋竊物？哀求亦不饒！送錢亦不饒！汝饒則饒，不饒則我輩齊心打死汝！」余大咆哮，並揮鞭痛笞其為首兩人，餘眾都鳥獸散，無敢譁者，反跪求饒。欺軟怕硬，固藏人習性耳！余策馬欲行，都圍阻不放，余揮鞭飛舞，放馬潰圍以出。經茫穹莊，原應換烏拉者，亦不換，逕至運動宿處始下騎。對密鄉老懼禍及，將行李謹慎護送後至。余命運動頭人扣押該鄉老，數以三罪，發篋偷竊一也，婦人惡詈過客二也，糾眾欺凌孤旅，誼譁滋事三也。若供服具甘結悔過，始可寬饒令歸，否則余必強騎對密之烏拉馬直返拉薩，然後再追論今日之事。

12月17日

晨起，運動莊人從中調處，具得甘結來，遂易馬而北。登運動山，回首見愛佛勒斯峰，駐馬移時，飽觀饜足，平生大快慰事，無逾乎此者矣！逾嶺下坡，約當午未之交，余見前途岐出二路，一順峪水下行，一右折轉入峪名之為將馬鋪者。老劉已前去甚遠，不見人影，烏拉娃蹣跚於後，不見其來。余子身獨行，正猶豫不知所趨，忽一隊背負窯器之鄉人徒步前來，攔路邀問：「何處人？」余告以漢人。復問：「有同伴否？」余告前後皆有。復問：「若攜有鹽否？有則見賜小許！」嘈雜聲

中一人曰：「彼無馬袋，何來鹽！」遂讓路。余問道所
從趨？告右折溯將馬峪水上。如其教策馬東進，至峪之
深處，逢野馬數十成群，羚麜稱是，於馬登嶺。盡峪水
源頭，前瞰嶺外之水溜溜東去，嶺上泥土疏鬆，陷馬足
深過尺餘。四視無動物足跡，路都斷，情知迷誤，悔恨
負窯器人不止！無奈倒策馬馳而返，忽聞嘯聲起於峪
口，心知是隨來烏拉娃呼我，乃亦還嘯應之，疾馳出峪
與烏拉娃會合同路，已薄暮矣！

順水北下，路黑月高，始至猵康，老劉已苦候，焦
悶獨坐久矣！余甫進門，劉即顫聲而言曰：「班禪已圓
寂矣！」[55] 天乎！余果不幸而言中！中國之邊事！急問
其詳？云日喀則糧差適亦抵此過宿所言。彼來時，王樂
階適赴拉孜溫泉沐浴，突接急電，匆匆趕回札什倫布，
翌日寺中即傳出班禪圓寂消息。現班禪棄世之哀誄，及
速請再劫轉化之啟請偈文，已製就鏤板印刷，到處張貼
矣！余頻頻頓足，嗟乎！我國之辦邊務者一誤再誤，竟
至於此！天下奇貨可居者竟不常有，貨有而無呂不韋，
亦終不得其利。新近青海出生之第十四世新達賴亦一奇
貨也，朝中理藩諸公善自為之！勿再糜費金錢！勿再豢
養毫不實際之冗官蠹僧！勿再重視藏方意旨！勿再借重
漢奸與藏奸！勿再顧慮英國之干涉！勿再……思前度
後，心緒紊雜！

偶語老劉以被負窯物人給弄迷誤之事，劉曰：「余
亦遭攔路索鹽，余未之理，直衝而馳。抵此詢居民，始

---

55 1937 年 12 月 1 日，九世班禪於青海玉樹結古寺圓寂。

知附近多莠民，設若受給下馬，為之發篋，則彼等立時
蜂擁劫奪，身命且不保！」余不禁駭汗，今後宜戒荒野
獨行矣！

12 月 18 日

易烏拉，逾多鱉山，望多鱉莊瀕大江，馳而下，即
宿焉。

12 月 19 日

定日天空晶瑩，不見雲，而此處則昂首盡蒙茸陰
翳，一山之隔耳。晨易烏拉而東，至著隆又易烏拉，至
柏定渡冰橋，對岸寧噶爾又易烏拉。再東，西風大起，
移時至戎投宿。居民言班禪圓寂後，札什倫布商上令屬
下各莊貢金以便修塔，其餘淫需濫索尚不知幾何！吁！
活佛之死，小民之災也！

12 月 20 日

易烏拉行。下午逾戎巴山口，見堅錯大湖全貌，雄
偉闊大，惜無樹木，否則亦高原雪界中之莫愁、西子
也。傍晚抵噶爾喀宿。今日全程除山口路稍寬坦外，餘
幾盡屬懸崖聳壁，僅容單騎，且到處阻流堅冰濘滑，時
蹶馬蹄，不慎必立墮崖底死。

12 月 21 日

晨易烏拉，傍湖而東，見湖面已結薄冰。一小時即
馳至昂仁，持王樂階函赴宗往晤宗官，至其門，僕殊傲

慢。拆信閱後，立睨白眼曰：「老爺在宗裡！需用各物，須照價算給！」徐徐起身，導余赴宗官休憩處，又摒余於門外，鵠立兩小時，仍不得見，僅取得換烏拉飛子一紙以歸。詢居民該宗官誰家兒子？云是康福安之親侄。念彼邊徼錮塞之人，不悉交際禮貌，亦遂諒之。下午赴昂仁卻丹禮佛。大殿僅供一釋迦、一度母，度母之前一柱，云昔宗喀巴大師遊方至此，度母為之說法，宗喀巴不覺倦困倚柱假寐，柱上遂現斗篷褶痕。後藏政府為修造達賴骨塔，強迫將此柱移換運走矣！殿樓上一大彌勒像，除此外寺中無他蹟，惟從壁貼上得讀新近班禪逝世之哀誄與啟請，不禁哽咽涕淚！返寓，忽宗官遣僕來言：「晤面則明晨請駕臨宗裡，需用物祈吩咐！」余謝曰：「貧僧無所求，明日行矣！晤面何為！」

12 月 22 日

晨發，順道至宗裡朝釋迦殿，其側殿供宗喀巴像千尊。東南角供蓮花生像一尊，法衣攢簇小針殆遍，言插針者可獲智慧！更上一層樓為幻化祠（Sprul-Pai-Lha-Khang），供三銅像，都高七尺，中時輪，東上樂，西喜金剛，云此三像為三遊方天竺僧所塑，七日而成，開光後，三僧即各自隱入己所塑像而沒。朝畢出宗，控騎登程，逾覺種山，至山麓之覺種小莊換烏拉，又經札馬隆、危，兩換烏拉後，沿朗錯郭納行。湖水碧綠，黑鴨十餘，游泳其中，白鷺迴翔，夕陽返射，倍添詩思！此湖高度似出堅錯之上，亦居風口，而嚴冬不冰，殊異。潮高三五尺，濤聲如雷，不意高原中得此壯觀也。天黑

時抵把爾康宿。

12 月 23 日

易烏拉發，至章瑪叢瑪，又換烏拉。此處與隔河之僧格隆，兩月一輪，支應烏拉。莊後之儉白寺，乃屬薩迦派之寺院。稍東至納卜洗，又換烏拉。出莊傍藏江北岸，時天昏氣厲，陰風大起，寒甚。行荒灘中，刺草蓬蓬，野兔竄馬足。至接德，換烏拉，南望賈錯，峰上雪厚擁。稍下，行至亨尬爾，又換烏拉。抵此始重見大田陂，為北返後所見之最沃腴地。向拉孜直進，抵江岸，木船擺渡。至拉孜時，正沙風蔽天，已萬家燈火矣！入民家找宿，即命鄉約持王樂階信送往宗裡，蓋余有鑒於前日在昂仁所遇得之倨慢待遇，故此次不擬親身拜訪藏官也。

12 月 24 日

晨命鄉約導往稽卜，僅距里餘路，未幾即至。稽卜者，班禪座下六大世家之一，其家有旺堆諾布者，班禪之卻本堪布，與余素識，且王樂階之管家又有函介，故余親往拜訪其府。主人年青，乃旺堆諾布之侄也。晤見略留坐寒溫，彼勸余往拉孜東北溝一禮蓮花聖跡，從之。談移時，即告辭歸舍。未幾旺府遣老僕名阿喜者控騎來，遂共偕東馳，約一小時至絳，乃一大廟也。正殿釋迦，云曾共班禪語來！左右樓壁各繪最近俱已圓寂之

之普慈、[56]廣慈[57]兩大師像，惟普慈像前多置大元寶銀錠二枚，繪工之意，得毋謂普慈大師好貨利耶？觀此可以想見後藏人對彼之嫉甚矣！環繞正殿皆小室，左排二室，一置大嘛呢輪，一供騎師子曼殊師利。後排二室，一鑰一開，開者中供觀自在。右排二室，一供金剛瑜伽母（Dorje-Rnal-nByor-Ma），一供宗喀巴、嘉察、開鼟師弟三人。登樓，樓上小殿供觀自在、曼殊師利、金剛手三種性主，皆新塑者。惟金剛手像作白臉，脣朱齒潔，鬚眉清秀，不類習見之金其臉而紅其鬚眉者也。該寺寺僧共祇十八名云。朝畢出寺，稍北行，有蓮花生修禪之崖洞，洞深三丈，寬一丈餘，洞門西向。正中供蓮花生像，云曾出語聲。右壁崖石皺褶，現一怖畏金剛像。洞外一殿，中供蓮花生像，左馬頭明王及唐通接波。右一護法神像，像貌極兇惡，據云為蓮花生所幻化者。殿中廡架庋全部甘珠爾經。此殿乃西藏出席希姆拉會議之首席代表倫欽沙吒（Blon-Chhen-Sha-Tra）[58]出資創建。彼當壬子變時，奉命驅逐駐藏漢人，轉戰西康，危難中屢夢蓮花生大師護佑解脫。事定後，乃獨力築廟以供養，即此殿之由始也。朝畢返拉孜，旺府送來羊肉一腿、雞蛋三十枚、牛糞一簍，均領謝訖。

　　晚飯時忽來一醉漢，自稱係班禪之馬伕頭目，猖狷痛詈噶廈為阻班禪終死不得返藏故也。余挑之曰：「非

56　即十三世達賴喇嘛，封號「護國弘化普慈圓覺大師」。

57　即九世班禪，封號「護國宣化廣慧大師」。文中「廣慈」應為筆誤。

58　即夏札・邊覺多吉或夏扎・班覺多吉（1860-1919），曾出任噶倫、倫欽等職。

噶廈敢爾！奈班禪左右常以密電洩告噶廈，唆使為之耳！」彼即揚右手駢五指，橫頸作殺頭狀，曰：「此輩該殺。」言畢，驀起身出，及門喃喃曰：「賈米過遏邐松！」（漢人曰賈米，過為皮船，邐為船纜，邐為顛倒，松為己也。此言乃譏漢人對藏無辦法，致困死班禪，故曰漢人將船纜顛倒，故皮船鬆脫，殃及船中藏人受淹溺之禍也！）余默然不安者久之。夜間將噶廈馬牌交鄉約，飭明日支應差馬起程。

12月25日

晨起，朝拉孜卻丹。[59] 正殿釋迦像頗偉大，登至三層樓上，始見佛面。像前一銅塔，中瘞此寺創建者則巴喇嘛（mDzad-Pa-Lama）骸骨。前樓為修煉密咒所在之誐康。寺外山頂一崖洞，洞內天生一毘盧遮那石像，為寺中最著之靈蹟。出洞，復入寺內一朝善天女護法，畢即回寓午餐。餐後發，浮沙撲面，征旅頗苦。下午至嘉膽宿。

12月26日

晨發，東北行，經耐薩、札什宗，即至朋錯林。住欽差行轅，因得略窺漢人在藏勢力全盛時代之規模。檢出王樂階信，照前日施行於拉孜者如法泡製，命鄉約轉送宗官，並交噶廈馬牌取飛子，飭速支應。

59　今拉孜曲德寺，為第五世達賴喇嘛所創建，信奉格魯派。

12月27日

晨起，朝朋錯林寺。正殿釋迦曾出語聲，其旁環塑過去七佛。外護法殿供善天女，殿樓為度母殿。另一殿供金剛瑜伽母，傍有班禪寢室。室內櫥龕中，小金像及歷朝御賜漢玉、官瓷甚富，尤多明代物，中一銀塔高尺餘，即鐫有「明天啟五年四月內清泉張造，用銀十一兩」十七字。出寢室，盤石級登山。一小殿中供六臂、尊勝、正意、天女等護法，內室供怖畏，云昔時此像常作牡鳴，吽聲聞遠近，與穹日伍且之怖畏同出一工手塑，該寺靈蹟以此為最。每晨大殿早茶集尖，必俟此室供養誦經畢，始吹螺號，設有誤，則地方必有刀兵災疫等事發生云。聞初建此殿時，鑿崖高嶺，結構未半而崖崩石墜，壓死工匠百餘人，可謂鉅大犧牲矣！離去，復另盤石級至吉慶明王（Tra-Shi-Gon-Po）殿，壁間張掛人頭、人手、人皮、戈矛橫列，劍戟森然。側室供覺囊派始祖多羅那他像二尊，額廣目秀，長鬚飄拂，魁梧奇偉，美丈夫也。讀其名著《天竺教法史》（*Rgya-Gar-Chhos-nByung*），想見其為人！出殿，盤石級登山，為彌勒閣，供大彌勒。左後角小龕，新塑怖畏，僅有牛首，而無身軀、肢幹。殿後小室二三，伫多羅那他衣服、經藉、用物、著作手澤等甚富。一複室甚小，供多師身像，大小老少雜然並陳。朝畢登至山頂，至一門嚴扃，門上懸小白土塔，塔上一撮枯草，此為閉關人阻客訪之記號，遂止步不入。返身下山，返行轅。聞覺囊尼寺在南溝內，欲去朝禮，但日已遲，明日且行，人復疲累，往返皆不及矣。

12 月 28 日

晨發，東行，順流下。沿途山皆不高，但雪水橫溢，到處泥濘。過板達後，方向忽南折，地勢大寬展，田畝縱橫，眼界為之大擴。宿頓犖定。

12 月 29 日

途中沙風大起，涉夏爾曲河。河峪中有路翻山通崗見貢巴，接合於八月七日自奈塘赴薩迦之大道。但余欲一訪爸孃（婆摩）山塔崖洞之勝，命烏拉娃仍沿江岸行。江流刷崖根，岸斷路絕，遣烏拉娃赴最近之三翥崗村中雇嚮導。遂登崖附壁，攀援而上。人下騎，行李下馱，人負之以逾高嶺窄坡，行二小時，始過危險地段。天已暮，至錯之小莊投宿。此莊民居僅有兩戶。

12 月 30 日

晨起復行岸坡，近午抵郭陽札什崗，尋至王樂階之徒弟名某者之家中投止。老母迎門，余問山中漢和尚在洞否？曰：「在！」大歡喜，遣烏拉先赴東莊之名絳林者暫候一日。立作餐，餐後偕老劉登山，東南向繞坡而上，良久始逾嶺。嶺口瞰見小寺蹲坡下，女尼十餘欹坐斜陽中，突見余等至，則歡躍起迎，紛紛然曰：「漢和尚迄未離洞！半年內不來熟人探訪，受罪甚！今日公等來，可舒其鬱悶矣！」入尼寺，寺中有班禪寢室，尼眾即為余等下榻，遂赴東洞探視漢和尚。漢和尚誰？老劉師弟，零陵永慶行者也！永慶已迎立洞門，相晤互道契闊。晚間，劉在洞謀行者行止，行者決定行矣！因挽余

山中盤桓幾日，遂命老劉明日下山，先率烏拉返札什倫布，購買酥茶熬施尼眾，為行者酬尼澆裹，並向王樂階借牲騎。

12月31日　二十六年除夕

黎明，劉已下山去。余倦睡，不覺晏起，永慶備麥飯款余於洞中。因談及山外事，如中日戰爭及班禪圓寂，行者都未聞悉也！洞居真別有天地世界乎？

1938 年

1月1日　二十七年元日

　　行者導遊附近諸小洞，或在懸崖，或偃深谿，石窟玲瓏，清奇挺拔。念他年摒當塵累，厚儲十年糧食，隱此潛心學譯，靜境中堪了此生矣！行者復指彼所居洞外一紅石堆鄂博，謂余曰：「此中有護法神！每當欲起塵染離洞他去時，睡夢中即有人緊握余腦附耳言：勿去！勿去！」

1月2日

　　晚間黑盡，老劉回，云：「王樂階已借給三騾一馬，並遣一僕隨來照料，已均在絳林預候矣！」乃共議明日遊山，四日熬茶，五日下山。

1月3日

　　晨起即上山，一尼前導。西登數級，道旁一石，指印摩娑，云是蓮花生妻耶西錯接（Ye-She-Tso-Gyal）作石曼陀羅時所遺者。更上，見山之主峰，乃一天生大石塔，雄渾奇巧，莫可比京！導者言：「此峰從天竺飛來，頂入忉利，底坐龍宮，蓮花生咒之始收縮成今狀，故環山皆塔身也！」又上，道旁大石，石心凹陷作鞋印，云蓮花生右足踏後所遺者。未幾至爸工（Po-dGon），義曰男寺。蓋共余所居之尼寺名曰孃工（Mo-dGon，義為女寺），合稱為爸孃，為此山命名之所由也。寺中無僧眾，僅一白髮白衣守之，殿中亦祇一蓮花

生像而已。

　　出寺，登數武，至短洞（Phug-Thung）。入洞頗深邃，洞中石床、石櫈、石龕都備，蓮花生率其二妻曾居此修練云。出洞，又登山，乃至長洞（Phu-Ring）。此洞三倍深於短洞，洞內石壁光滑渾整，壁上一圓孔，足容人身，光線透露若天窗。導者曰：「此壁乃刀山也！請上登！探身出天窗，昂首向外大呼三聲，我某某已盡刀山苦危矣！則死後可免刀山地獄之苦！」於是永慶、老劉皆脫襪爭先奮勇爬上刀山，探首天窗外，如其教而大呼。狀類癲狂，余立壁下仰視，為之失笑！過刀山，上下岩石忽偓蹇平合，壓榨緊密，人須伏地蛇行，匍匐而緣，頭鑽膝貼，通過頗苦。既過，導者言：「此中有道也！生時得過，則死後定免中有苦處！然大罪孽人每每壓榨不得通過。昔有某康婦，朝禮進洞，經此中有道，上下岩石忽關合，婦被壓不得脫。幸同伴哀禱，許大懺悔，改惡向善，岩石始鬆開得救。婦出洞，即堆亂石作百零八曼陀羅供養，其跡迄今尚存也。」余等得知今生死後可免中有諸苦惱矣！歡喜如中嗎啡針，皆精神陡增。再深入，左右兩崖夾峙，側身而過。導者曰：「此是惡趣道也！大惡業人必不得過，被崖壁擠攏死！人生時過者，死後必不生惡趣也！」再進，則至洞盡頭，云即飛來石塔之腹裡，塔頂即端居此上。然余忖測，塔頂尚距此甚偏，並不端直垂正也。壁上有蓮花生像，四周皆鐘乳滴溜，有苔草形如荳芽，長者過二尺，爭採拮啖之，云可延年卻病。導者燃炬示壁隅石陷一足印，曰：「此即圓寂不久之班禪幼年時，朝此洞抵此，

攀緣欲上登以窮探腹穴，才落足即現此跡印！」至是洞中勝跡已窮，乃返。躅處盡石膏，余等各俯身傴僂採掘，稍得則喜極，如獲珍寶，懷之出洞。

洞外稍憩坐，俯瞰坡下石堆數十，錯綴排列如陣，導者曰：「此即康婦之百八曼陀羅也！」憩起，即逾嶺，已繞過飛來塔而行山之陰矣！歸途晚唱，無足贅述。整日繞塔，已神疲力竭。聞塔之極勝，須繞其頂始見，余等今日之所經，僅得其腰耳！時間不敷，不得窮此山之勝，遊罷猶留微憾在焉！晚間，永慶搬出洞外，同宿寺中。

1月4日

永慶山居半載，汲水負薪，皆尼眾侍役。故今日之熬茶，既為酬謝，亦為漢人顏面增光計，實不得已焉耳！熬茶外，復施每尼銅元三枚，皆大歡喜，功德無量！

1月5日

余、永慶、老劉偕下東山口。出峪即絳林莊，上馬登程，下午至賈欽則宿。

1月6日

晨起沿江東行，中途老劉遙指隔江一大峪，曰：「班禪出走即由此道北去，君不見峪底之高山乎？翠哥兒疾追被阻處也！」余望之，殊不甚了了。下午抵札什倫布，晤王樂階，相對黯然。南京淪陷，班禪坐化，談

話無復神熱！幸薩迦貢瑪與王兩人為余代印之經藉都竣就，在余個人當不更別有他求，可謂此行圓滿也！

1月7日

一夜如臥針氈！班禪之死，中央在後藏之威信頓掃地！從王樂階之神情中可以覺察。昨夜彼且大罵護送專使諸人，言語不堪入耳。余念去年夏季，賣盡余一身氣力之正面宣傳，彼時何等興奮！僅隔半年，乃事實之劇變竟與余之言論完全相反！余等漢人重來此間，實無光彩顏面，怨誰乎？辦理邊務者本庸奴，毋怪王樂階之憤激也！余原定干壩一行，不得不因此而全盤放棄，亦且向王羞於啟齒！聚九州鐵已鑄成大錯，夫復何言！在此又不得不稍留住幾日，而度日如年！厚顏強遣無聊，如之奈何！強忍遮掩，購酥供佛，殿閣依然，人事全非！嗟乎！亢歌梵韻，盡佛涅槃之哀聲；錦墊文幢，無色歡喜之靡供！緄衣一衿，禪血羞沸；龍泉三尺，僧顱借硎！睜目常嗔行屍走肉之客，捫心難守斷染離塵之箴！吾其無望乎證覺，寧甘勇於墮身，不成佛，必為魔之雄也！

1月8日

藏曆十一月初七日，其俗謂之「聚九壞敗」（Ngan-Pa-dGu-Rdzogs）。相傳昔有人是日出門行九事，皆遇然，九事盡敗，無一成者，俗遂相戒，年年此日，不事一事，居家晏息，行樂而已。故王樂階備盛饌，邀余等共樂樂，席上無外客，然余以為黃連樹上彈琴也！

1月9日

永慶與劉約同赴薩迦，然王不肯協助，云：「外間謠諑大言我窩藏漢人二三十，實不便！」托詞耳！班禪已死，漢人皆彼等眼中釘也！

1月10日

余決定獨自回拉薩，將馬牌交王遣僕赴日喀則宗取飛子催烏拉。永慶向王堅決表示赴薩迦，願自雇腳，不希協送。

1月11日

王宴請一曾到過外蒙之老卓尼，盛治樽俎，邀余等作陪。余勉強坐一日，食何曾甘味！

1月12日

偕永慶赴關廟、清真禮拜寺等處。

1月13日

赴日喀則購米，及歸途需用各物。回後檢旅尼時所攝小像一幀，題字贈王，並收拾行囊。

1月14日

王及其管家餽送不薄，永慶與劉皆送余至日喀則。烏拉都齊，終因候伴，直待日傍西山時始發。循去夏來路行，抵匾宿時，已明月高懸，深夜二鼓矣！

1月15日

過扼馬崗，趨衛藏中道。下午傴日尖，天寒甚，重裘不暖。黃昏時，抵𤩥摩火大宿。

1月16日

天未明發，月光皎潔，但寒酷不能騎，步行至天明，始跨鞍。過答衛喀後，天忽陰，不見陽光，峽中氣候惡劣。哭龍尖，仁琫宿。

1月17日

候換烏拉，午始發。不久即抵戎絳欽寺，心緒惡劣，未入朝大彌勒。宿德基林。

1月18日

天明發，午後早達瑪日宿。

1月19日

晨發，午匝膽尖。至格桑大橋，合路於藏印大道，始見羊卓雍湖。湖中野鴨數百，密集成陣，嬉泅恬樂，如飄羽筏，殊賞心悅目。沿湖北進，乃至白地。此地草價昂貴，余伴購草才一簍，不過二十餘斤，索價藏銀九兩，合國幣二元矣！

1月20日

易烏拉發，逾干壩山，下嶺即宿巴則，天尚早。

1月21日

晨發，抵江，木船擺渡。午抵曲水尖，並換烏拉，疾馳而行。天黑盡，抵絳堆宿。

1月22日

天明發，未午至業塘尖。黃昏返抵拉薩，卸裝。

附記

計自去歲七月十五日始發迄重返拉薩，凡百九十二日。尼、藏浪跡，不學如余，焉有心得。惟追憶聞見所及，並綜括記載，得感想數則，附記於此，以供後遊賢者之參考。

一、西藏民眾，宗教使其愚蠢，官吏使其貧苦，愚蠢則知識譾陋，貧苦則生活墮落，鞭策桎梏到處皆是，不但無抵抗壓迫之能力，抑且無奮鬥前進之志趣。如果認藏族猶為民國同胞，則治藏之要，不在乎掌握其最高治權，而在培植有效教育，廣播革命種子。

二、藏中階級觀念濃厚，任何人都不明平等二字之意義。突言解放，心致盲無所從，愈使社會混亂，而不易推行民國制度。在大部分藏人未具充分新自治能力之前，毋寧稍加鉗束為愈。

三、西藏在在須仰仗外力扶助，與其厚祿豪佛顯宦，不如急切減輕民眾之消費剝削，而合作事業刻不容緩，目前內地輸藏之茶業，尤應肩負大部分責任。

四、自班禪內觀後，達賴統一西藏政權，樹基迄今二十年，已成堅固不可搖拔之勢。班禪方面雖欲思再度

分裂以圖恢復昔日狀態，不但不可能，亦且不必。蓋在我國整個國防及外交關係上言之，政權之統一，實較分化為有力量，主張前、後藏為兩個省單位者，實至愚之錯誤。惟目下前、後藏之關係，必須約略加以調整，最急要者，莫如噶廈先事撤消其所派遣之札什倫布札薩喇嘛，蓋應允許該寺在宗教上有完全獨立自主之權力故也。

五、中國對尼泊爾國交之和睦，實西藏邊防最可靠之安全保障，應從速樹立對尼正常外交之基礎。

六、遊歷西藏，應先自問能在六千公尺以上之高原徒步千里，且攀危坡、援絕壁而呼吸自由，體力勝任否？如攜帶僕從，必須在內地預經嚴格訓練為合用。蓋西藏僕役根本不曉事理，即使其忠實勤儉，但其習慣思想終令主人有非我族類其心必異之憾，絕對不能合乎吾人旅行中負有工作任務人之高度需要！西藏人天性中之搖動、易惑、易誘、鄙懦、虛謊、負義等不良習氣，尤為吾人旅行時致命傷之危險。

七、余年來多不為愛我者所原諒，其故皆余削髮為僧，而又未經剴切公開解釋之故。然事實勝於雄辯，此書日記走筆之重點，即完全置於坦白、真誠之觀點上，遺漏多有，虛謊毫無。無論何事，無論何人，文字之所述，即余心目之所思。凡余在此次旅行中所發之粗詞野語、橫暴蠻強，皆和盤托出，無復隱瞞，攻擊傷刺，罔顧忌諱，自以為言忠於行。讀余日記，愛我者可以諒我，仇我者可以殺我！

藏尼絕句

堆隆雷雨

穀僧自在老魔摧，無畏精神不更灰；
山路何如人路險，長驅駑馬逐風雷。

岸尬爾河峽懷古

斷牆零落此山河，征戰當年血染波；
波逐西風腥一片，時時把劍舞婆娑。

遙望年青唐拉雪山

千里霞光夕照中，萬年寂滅七情空；
雪山何事衣縞素，為悼人間曲未工。

蓄穀嶺

衛藏咽喉崖勢矗，綢繆當得陳倉谷；
他年更願結連騎，十萬兒郎餐蓄穀。

回憶陽間之險

北道青青寬廣（陽間譯意）野，南征一夕珠圓[1]下；
王師欲斬大雄魔，何日陽間先牧馬。

---

1 應為珠圍。

逾崗底斯之馬鬐山

我登天上騎蒼龍，孑影孤斜千眼（堅東譯意）峰；
眼底群山千百萬，蛇盤獅伏盡朝宗。
前朝橫躍年青巘，今日蹄飛崗底斯；
阿耨達池如果在，辛頭一帆到婆斯。
（萬山綱目：阿耨達池在崗底斯雪峰下，為佛經殑伽、[2]年頭等四大河源所出。又大孔雀經之婆斯乃西天竺辛頭河尾瀕海小國，疑是今之孟買。）

馬背俚歌

繡輿煌煌十六檯，黃衫綠褲狴犴盔；
驚起萬民爭跪拜，齊聲禱佛早歸來。
傜徵轉糈二千氂，負到黑河萬姓膏；
萬姓膏輸誰受用，那聞一路哭嚎啕。
皆云氂馱犒軍前，為洽歡情漢藏聯；
憶結古多除夜淚，國軍下箸莫悁悁。
尺白長髯薦牘修，赧言東道禮嫌羞；
移此真情期永遠，豈容再餓我貔貅。

望夜逾熱公山

長星遙落黑雲間，風月淒迷人馬孱；
影裡魑精迎我舞，狂歌直下熱公山。

---

2 即恆河，殑伽為梵語音譯。

南陵宗

重山坳裡屈流江，巉嶼危伸水繞雙；
鐵索橫懸巒合抱，空中樓閣紫金幢。

日喀則懷古六首

班禪橋

班禪橋畔夕陽西，柳帶煙愁水帶泥；
濯浴誰知流濁恨，提提鴉噪滿殘隄。

西門邦加

焦土蓬蒿古寺鄰，烏衣巷口見遺民；
蕭蕭楊木秋風裡，盡睡乾嘉血戰人。

制營

一戰規模百代功，誰人更繼福康公；
迄今號角鳴鳴響，不見蜀兒弄技工。

糧台衙門

斷楮殘存畫棟薪，旗門蛛網滿灰塵；
廡前猶有喧叹雀，竟日啾啾道跡陳。

關帝廟

鼎煙淡蕩碑文落，殿宇冷淋桷棟斜；
簷下但聞機杼響，龕中不見戥觥加。

清真古寺

清真古寺冷清清，衰柳河邊聽水聲；
淘盡春秋無限恨，興亡子剩老嫗評。

札什倫布雜詠十四首

大寺

三千八百了心心，檀粥由來不計金；
懶學豪僧干國政，西陲唯一淨叢林。

懷根頓翥巴

西天自在觀自在，活佛之端其事晦；
量論翻前開翥驚，中般接察深言外。

彌勒閣

莊嚴喜地散花鬘，減我明明無量觀；
八八肘身前禮足，願出來劫作阿難。

萬歲殿

虯角金甍窗闇排，明堂不見玉墀階；
中龕供敬班禪像，小案高供萬歲牌。

五金塔

大師一一色乾枯，日費金敦萬斛酥；
白骨荒郊圍寺外，山門禮拜金浮屠。

無上樓

五部金剛無上天，遠離愛染斷常邊；
修成佛母楊枝露，遍灑三千大小千。

普觀壇

時輪揭帝娑摩訶，無上瑜伽呾特囉；
祕密壇場修練苦，寰球難覓香婆邏。

賢劫祠

菩薩從來樂自然，拈花色相玉趺蓮；
不曾撒手歸空去，暫作祠中受用祆。

班禪宮

禪床冰冷佛蒙塵，螺吹嗚嗚鼻更辛；
羽塵光鮮瓶水淨，灑除不見老宮人。

樂園林

東南一角沁園春，金頂紅樓粉堊堙；
隱隱白楊叢樹裡，紫煙飄起祕宗輪。

大安宮

春生十地見春難，十二年中不大安；
等待今秋揚法日，啼鴉不再噪宮寒。

廣佑寺

虎豹圍中學杜多，熊羆圍裡讀維摩；
猿狐鹿鶴同來度，廣佑群生證佛陀。

宣化大師

色相輪迴命遭魔，劫前真性阿彌陀；
重回淨土宣鐘鼓，快放梵音唱共和。

札薩喇嘛

許亡鄭大宜安枕，多事莊公置守臣；
太廟仍完民未散，監城久逸哭秦人。

奈塘

白馬馳僧到普恩，沙彌落鍵啟山門；
風吹冷殿蕭蕭雨，淨洗階臺拜世尊。
甘丹譯版喜完存，架下徘徊念布敦；
卅五龍師留像澤，元明兩代共檀恩。

薩迦

六百年間號帝師，兩宮爭立太參差；
曼殊賜予朝參日，默默無言待暮遲。
下有漢皇上薩皇，皇家殿寺太悽愴；
朝過百八加持地，神鬼佛僧共一堂。

協定途中

處處危崖處處營，蕭蕭壘壘盡殘城；
傷心烽火遺墩在，不見中原半個兵。

定日三首

關廟
漢官威儀今何在？雉堞明堂影僅存；
亂石橫磨刀柄瘦，雲長廟貌國家魂。

崗噶
斜陽不照草淒迷，誰憶當年血染泥；
三十年中存一劫，漢兒處處眼眉低。

四郊遠眺
危疆八隘無兵守，東拒西迎容外寇；
猶幸人心戴漢恩，誰來撫此安黔首。

囊布拉雪山

兔落烏升[3] 玉海霞，銀宮晶殿梵天家；
古今探險風騷客，更有何人此嶺爬。
接摩隆歟南天門，門外山河日月昏；
大霧迷雲流淚雪，冰川風雨最銷魂。
人影無光冷淚流，刀光沖起雪山頭；
雪中滴淚淚融雪，刀誓南山雪大仇。

空布峽谷

煙樹蒼茫霧滿谿，人行路口聽猿啼；
蟬聲瀉出秋風緊，咫尺山河盡故畦。

納且

陰雲密雨亂層間，秘峪南來第一關；
趁得候人眉眼錯，輕身下了萬重山。

尼泊爾女郎

綾帕包頭金鼻圈，陌邊跣足步姍姍；
逢人尚解三分澀，俯拾裙腰故弄屏。

匣摩囊髻山

寬容寸趾上青天，忽下懸坡直墮淵；
路斷時攀飛瀑踐，爬人浴出瀑花巔。

---

3 應為兔落烏升。

帕隆雜詠

峪中惟此最留人，秀媚山林菜味淳；
更有南流天竺水，漣漣濯去我行塵。
鍾靈秀傑號喇嘛，闢野田荒更種茶；
子婿絲絲瓜結厚，夏空翹指首官家。
多情最是月禪（達瓦丹津譯意）翁，五日留賓黍飯豐；
攝得階前芳客影，莫教閨裡瘦迎風。

九月十日

三年禪石寄居廬，更訪林泉讀梵書；
歷盡崎嶇塵世路，愴然何處學真如。
生來豪氣不銷亡，威猛降魔見法王；
廿五年間人海過，怕嘗燒酒老泡薑。

菩斯蒂峪

危崖削壁水漸漸，涯側時聞父母啼；
夜半山君臨屋內，黎明兒骨暴溪西。

鋼架鐵索

飛橋橫纜墜長虹，矯矯凌虛匠運工；
人馬安馳郵驛便，強贏鏈板曳秋風。

巴答蟲

細小長蟲吸血工，犀尻錐啄蟬蚯同；
殷殷注得腸肥滿，落地么魔命已終。

九一八
故園風物染羶腥，飲恨遼人六載經；
富士山頭倭跽日，中華民族耀威靈。

月夜臨薄雪亞
明月山頭白玉臺，珠蘭香氣遍崔嵬；
涼風送客忘形影，一片琴歌接我來。

薄哲
眼底群河入薄流，雙橋貫結蛟螭虯；
觀風何用人情訪，但立道傍看鬥牛。

中秋
一粒芥塵宇宙遊，年年異地度中秋；
觀心月夜難題事，世法涅槃兩顧愁。

鄂畢山口
南嶠橫行最後山，山荒爭闢嶺陂間；
遢來北侵尼商夥，彼國生艱即我艱。

橫斷行終
千山萬嶠重重斷，日夕天淵境忽遷；
跋涉逢偏秋澇雨，黃泥溝底白雲巔。

巴尼巴

香風吹透稻新黃，十里煙村菜荳鄉；
樓屋家家懸玉蜀，貧僧初見汽車場。

巴特高所見

楚咻胡服一蠻營，移橘過淮跣足兵；
行列縱然金鼓整，摹摹上帝佑王聲。

抵塔聞民族抗戰興憤口號

白山黑水不甘放，揚子大河又板蕩；
中朝不靠李鴻章，四萬萬人齊抵抗。

婆耶帝利揭須浮圖（婆喉陀）三首

狀塔

寶光旭日映朝暉，金頂圓瓶夕照晞；
古塔爾能經幾劫，不教地動損分微。

傳塔

王言既失飼雞嫠，一切佛陀集助之；
未有釋迦先有塔，人傳信史我傳疑。

轉塔

喃喃心口仗虔誠，手轉法輪繞塔行；
工到如泉噴舍利，我聞一切願都成。

瘞摩娑羅鍵陀浮圖（純蒲）

曼殊破地奪天工，寶塔渾生萬木叢；
七佛皆來輸舍利，因緣都付老猿公。

加德曼都雜詠十首

尼王駕出

禁蹕中街鐵甲馳，紅衣繡幘躍騏騢；
趹行對對持氂尾，輦駟傍民禮鴨鬍。

英使館

黃沙路面禁車馳，沒日孤風十字旗；
侵略先鋒郵電急，爾能跋扈幾多時。

舊王宮

無憂法事付塵埃，哽咽宮中受禪臺；
鳳闕空陳千佛供，龍樓憑弔萬民哀。

贊特羅學院

金剛寶典此中尋，太學洪鐘久已沉；
門外徘徊空感喟，春風不拂我衣襟。

市場

不見華茶與漢瓷，扶桑島上購珍奇；
可憐舉國胼胝值，祇⁴換遮羞半縷絲。

---

4 應為袛。

屠牛

頭角繩羈尾手掄，善屠傍頸試刀新；
彎光閃眘分身首，欣看太牢血浴神。

新年

秋高氣肅夜蟲悲，煮酒烹雞樂歲時；
一幕人間矛盾劇，街南盧雉北焚屍。

外道婆羅門

梵天有路何煩指，無路指之墮斷邊；
言語如能消隔閡，救公心力不唐捐。

尼國婦女

後宮五百極妖嬈，右族家家蠻素嬌；
歌倦井欄祛舞汗，薰風裙下落茵飄。

拾聞

桃源溪水泛波浪，日爾曼來領導悵；
惹動歸心如箭急，深秋風雪返危疆。

贈支那喇嘛居沙邏婆折羅

震旦靈根佛種留，其昌五世好春秋；
上人滄海曾經過，香火田中百里侯。

下賓頭羅山後藉獨木舟以渡

雪峪洪流太古槎，文明人至野蠻涯；
森森咒域人皆鬼，鬼嘯河驚岸走沙。

巴喇毘斯

杖行尼轟恰中途，上米下鹽相對輸；
若望鷲峰揚法日，先籌巴集縮軍需。

自尼京至此行軍大路若即若離

同屬封藩手足親，如何攜貳覷覦真；
留得趙尹驃騎在，怎讓夜郎稱不臣。

臧尬爾峽谷

斷黃敗綠暫崖梯，瘦竹林松猿鳥棲；
來往冰流橋小過，登山又見稻漫畦。
鐵索千鈞毛髮重，木橋獨板頡頏同；
河中駿骨才新白，岸下驢骴又血紅。

曲峪

老子堂堂函谷行，何須狗盜與雞鳴；
認清此處華夷界，瀑自山懸橋自橫。

聶拉木

寒自鵬山雪吹風，冰從罎壁鎖銀虹；
嶺雲阻塞樵迷徑，勞燕孤飛影絕空。

嘲新任尼員

逐孃斥卒顧邦交，職縶新藏金屋嬌；
銅釜苛求差馬運，宦遊長袖舞飄飄。

駐馬濟隆路山岔

征馬不嘶人不語，高山流水勁寒天；
板橋西去男兒樂，快榻崖銘補鞍韉。

獨龍口

嵐光疑是血光染，烽火雖平野火長；
龍口年年風霤峪，山靈個個睡眠郎。

登通拉山難

冰罍戈矛戮殺人，重裝如紙肉如鱗；
風吹萬馬千軍過，衹剩心弦冷調呻。

朗果

新月一鈎山一彎，馬蹄得得征人還；
回看來路如穿線，針簇黛峰萬仞關。

晨過蕩芭寺

紅牆殘堵下經過，忽見蕩芭寺區磨；
聞說當年天竺士，曾來隱此耽波羅。

登運動山回首望愛佛勒斯峰

天藍地紫淨無雲，蹄下濃香浸腦芬；
南望元峰如睡佛，天垂瓔珞真紛紜。

獭康噩耗

陋屋黑耶天地黑，油燈明處有無明；
不爭壽佛神形化，大願空歸極樂行。

柏定渡冰橋過江

峽冷河深江不流，沙風吹下板冰浮；
蹄搗玉磬敲聲過，馬戰伶仃北岸頭。

噶爾喀

湖光熨得紫蠻燒，燒死夕陽灰線條；
西是萬重山影黑，羅多去路遙不遙。

昂仁歌

抱負湖山好個宗，為何基業付奴庸；
滿街繡緞袈裟客，盡假詼諧取自容。

朗錯即景

鳧兒輕躍潑浪花，十里山風縐水奢；
不捨斜陽吹戀火，潮聲驚散萬條蛇。

拉孜

黃沙雲裡黑風吹，樓閣騰空見拉孜；
除卻撐天大石筍，山開水合好田陂。
朝到東山有古洞，蓮花瑞聖著神通；
慈悲獨教沙吒利，盡逐漢兒寧靜東。

朋錯林謁多羅那他遺像

曾讀多師天竺史，篇篇偉麗餐瓊瑤；
大江灝灝寒林古，共伴真容賞寂寥。

爸孃

天竺飛來石塔雄，頂居忉利底龍宮；
先經短洞尋長洞，已訪孃工又爸工。
零陵和尚離中華，撒棄韜符似棄沙；
六月閉關風雨苦，洞參直欲勝蓮花。

元旦書懷

十年不識是兒心，跡在東西虎口唫；
煩惱祇因如解脫，河山比我刧還深。

札什倫布後詠（仍雜詠韻）

群生何事負天心，骨塔累累又聚金；
卜式當年非鹿苑，張松今日在雞林。
從龍蠕蠕攘行在，鬼魅嗞人消息晦；
侸促青康誰不疑，煙塵滾滾金沙外。
高原妖屬皆長笑，血染河山如是觀；
察木陳兵真可殺，不知刀俎上頭難。
狐鼠矗矗敢闔排，無端買笑禍誰階；
歡來杯酒辭鋒後，人去樓空不鬥牌。
甘露熇燎天地枯，人生將老樂酡酥；
登場傀儡宜如是，膚癢難醫思過屠。
回回夢魘驚魂魄，日日囈涎雨寺邊；
不信魔根無法斷，龍驤虎賁各三千。
旛影黑時詻誄黑，途人讀罷忽嘈囉；
醉人未是瘋迷竅，痛罟漢人過過邐。
花箋針蕊落紛然，我亦曾愁月照蓮；
寒露滴萎枝瘦損，搦腰從不拜財祆。
天教辣手擔風塵，欲馴蒼鷹共苦辛；
無奈龜蛇巢穴住，不甘長作講經人。
雪漠漫漫何處春，堅冰萬里築壕堙；
自由不出慈悲旨，平生須爭生死輪。
涕洟王業正艱難，大漢臣民不苟安；
江戶鷲峰痛飲日，鞭箠天下島夷寒。
茫茫塵海劫仍多，恩怨糊塗是達摩；
期待車書同化日，五州歡喜讚彌陀。
烏托邦中不見魔，涅槃心相色純陀；
釋迦地獄經過者，究竟人天有倡和。
夢幻過思境逼真，見諦渾不辨君臣；
無論反掌剷龍象，今日從頭認主人。

仁琫

愁雲漠漠鬼風悽，蛇舌尖頭一撮泥；
口角涎涎天上水，龍漦淌出斷崖西。

傍羊卓雍湖行至白地

天陪湖境乾坤碧，地襯山嵐遠近紅；
怪我羊裘顏色惡，羞看鳧泳畫圖中。

干壩山

民族從茲分衛藏，地形前後隔江湖；
危崖險峻摩天隘，日夜紛馳基督徒。

曲水

北控珠園安佛子，南防干壩禦仇讐；
江裡金沙流不出，高原都會急須籌。

暮歸拉薩卸裝

諸人歡笑滲愁痕，強作解顏淪茗樽；
最感慇懃咸白勸，明朝且莫問流言。

自題旅尼小像

探險跨冰川，尋禪嗅碧血；
祖國河山北，天顏冷過雪。

民國日記 96

西藏踏查（一）
歐陽無畏藏尼遊記

From Tibet to Nepal:
The Records of Chhos-hPhel-hJigs-Med

原　　　著　歐陽無畏
審　　　訂　韓敬山
總 編 輯　陳新林、呂芳上
執行編輯　李佳若
封面設計　溫心忻
排　　　版　溫心忻

出　　　版　 開源書局出版有限公司

香港金鐘夏愨道 18 號海富中心
1 座 26 樓 06 室
TEL：+852-35860995

民國歷史文化學社 有限公司

10646 台北市大安區羅斯福路三段
37 號 7 樓之 1
TEL：+886-2-2369-6912
FAX：+886-2-2369-6990

初版一刷　2022 年 10 月 31 日
定　　　價　新台幣 400 元
　　　　　　港　幣 110 元
　　　　　　美　元 15 元
I S B N　978-626-7157-61-9
印　　　刷　長達印刷有限公司
　　　　　　台北市西園路二段 50 巷 4 弄 21 號
　　　　　　TEL：+886-2-2304-0488

http://www.rchcs.com.tw

國家圖書館出版品預行編目 (CIP) 資料
西藏踏查 . 一 , 歐陽無畏藏尼遊記 = From Tibet
to Nepal : the records of Chhos-hPhel-hJigs-
Med/ 歐陽無畏原著；韓敬山審訂 . -- 初版 . -- 臺
北市 : 民國歷史文化學社有限公司 , 2022.10

　　面；　公分 . -- (民國日記；96)

ISBN 978-626-7157-61-9 (平裝)

1.CST: 遊記　　2.CST: 西藏自治區

676.669　　　　　　　　　　111015369